Pierdante Piccioni
con Pierangelo Sapegno

MENO DODICI

*Perdere la memoria e riconquistarla:
la mia lotta per ricostruire gli anni e la vita
che ho dimenticato*

MONDADORI

www.librimondadori.it

Meno dodici
di Pierdante Piccioni con Pierangelo Sapegno
Collezione Strade blu

ISBN 978-88-04-65996-9

I edizione gennaio 2016

Indice

Meno dodici

A mia mamma, che mi avrebbe guardato
negli occhi, sorriso e dato una carezza

«Bisogna incominciare a perdere la memoria, anche brandelli di ricordi, per capire che in essa consiste la nostra vita. Una vita senza memoria non sarebbe una vita, così come un'intelligenza senza possibilità di esprimersi non sarebbe un'intelligenza. La nostra memoria è la nostra coerenza, la nostra ragione, il nostro sentimento, persino il nostro agire. Senza di lei, siamo niente.»

LUIS BUÑUEL, *Dei miei sospiri estremi*

Parte prima

BUCO NERO

I

Mi sono svegliato alle due del pomeriggio del 31 maggio 2013 su una barella con le lenzuola bianche e le coperte candide del pronto soccorso di Pavia. Davanti a me c'era un medico con il camice che mi dava le spalle. Stava dicendo che «la Tac per l'emorragia è negativa». Sono state le prime parole che ho sentito nella mia seconda vita.

«La vita non è quella che si è vissuta, ma quella che si ricorda e come la si ricorda per raccontarla.» Sono parole di Gabriel García Márquez.

Avevo avuto un incidente in automobile. Ma di quello non ricordo nulla. L'ultimo ricordo che ho è il momento in cui sto uscendo dalla scuola elementare di mio figlio Tommaso, dopo averlo accompagnato in classe la mattina del suo ottavo compleanno. Nella mia testa sono passate poche ore, quelle in cui avevo perso i sensi. In realtà sono trascorsi quasi dodici anni, perché Tommaso aveva compiuto otto anni il 25 ottobre 2001.

Cercai di alzare la testa e vidi che ero legato in posizione supina. C'era una voce che veniva dall'altro lato della stanza: «Ragazzi, il dottore si è svegliato». Mi domandai se stessero parlando di me. Provai a dire qualcosa, ma mi uscivano solo parole sconnesse. Volevo chiedere: «Dove sono? Cosa mi è successo?». Ma bofonchiai nient'altro che mezze frasi incerte, balbettate così malamente da spaventarmi. Provai anche a liberarmi delle cinghie che mi trattenevano, e mi accorsi che la parte destra del mio corpo era paralizzata. Sono un medico, ci capisco. La prima cosa che pensai, con terrore, è che dovevo avere avuto un ictus.

Un viso sconosciuto mi guardava. Una cuffia e una mascherina lasciavano liberi solo gli occhi, occhi molto svegli e di color castano chiaro. Lo sguardo di una donna.

«Ha avuto un incidente, ma va tutto bene, non si agiti.» Si avvicinò a me. «È legato sulla barella per sua sicurezza, ma tra un po' la liberiamo.»

Cercai di stare calmo e provai a pronunciare la prima domanda molto lentamente, sforzando la mia balbuzie: «Cosa mi è successo?».

«Le ripeto che ha avuto un incidente questa mattina mentre guidava. Adesso sta bene. Ora la faccio parlare con un suo collega.»

Dietro di lei udii una voce calda e conosciuta: «Ciao, bentornato fra i vivi. Mi riconosci?». Era Vito Palozzi, medico anestesista.

«Certo» dissi.

Era il compagno della mamma del migliore amico di Filippo, il mio primo figlio. L'avevo riconosciuto dagli occhi, scuri e profondi, ma il resto del viso era incredibilmente mutato, come se un programma di fotoritocco l'avesse raggrinzito e invecchiato. Pensai: ma cosa gli è successo a questo? Distolsi lo sguardo. Gli chiesi dov'ero.

«Al pronto soccorso di Pavia. Ci sei da questa mattina alle otto.»

«E adesso che ore sono?» Mi uscivano solo parole sgangherate, confuse, molto faticose. Però mi feci capire lo stesso.

«Le due del pomeriggio. Sei rimasto incosciente per sei ore. Hai qualche difficoltà alla parola, ai movimenti della parte destra, con il braccio e soprattutto con la gamba destra.»

Poi si aggiunse un'altra voce nota, che arrivava dall'uscio: «Ma non hai niente di neurochirurgico, per fortuna». Era Paolo Cantore, un mio amico, medico neurochirurgo. Lo guardai e rimasi sciocсato. Vidi la medesima cosa che avevo notato prima con Vito: gli occhi scuri erano gli stessi, o meglio l'iride era la stessa, ma il resto del viso era invecchiato.

Paolo mi stava dicendo che mi era andata bene: «La macchina è distrutta, la tua Volkswagen Touran è da rottamare. Tu no. Ti ricordi qualcosa dell'incidente?».

«L'unica cosa che ricordo è che ho portato mio figlio Tommaso a scuola. Con le pizzette e i pasticcini, visto che oggi è il suo compleanno. Sono uscito in strada per prendere la macchina e andare a lavorare. Poi non ricordo più niente.» Feci una pausa. Mi venne in mente che bisognava avvisare l'ospedale di Crema, dove lavoravo nel 2001. Glielo dissi. «E dovete anche dire a mia moglie di andare a prendere lei i bambini» aggiunsi.

«Ma tu non lavori più a Crema da anni.»

Cominciai ad agitarmi. Lui continuava a guardarmi: «Vuoi vedere tua moglie e i tuoi figli?».

«Mia moglie certamente. Ma forse non è il caso di far entrare bambini così piccoli, non so come sono ridotto.»

Ero persino stupito che me l'avessero chiesto. I miei figli, Filippo e Tommaso, avevano undici e otto anni. Ci fu un silenzio strano, in cui tutti si guardarono perplessi. Alla fine fu Paolo a parlare di nuovo: «Dimmi che giorno è oggi. Giorno, mese, anno».

«Oggi è il 25 ottobre 2001» risposi.

«E che giorno della settimana sarebbe?»

«Giovedì» risposi dopo una piccola esitazione.

Vito controllò sul cellulare, poi guardò stupito il neurochirurgo: «Il 25 ottobre 2001 era proprio giovedì!».

Continuavo a non capire. Alzai la voce: «Perché era? Perché vi comportate in modo strano?».

Paolo mi sfiorò con la mano: «Va bene, ne riparliamo dopo. Stai tranquillo. Adesso faccio entrare tua moglie insieme a una vostra amica. Vediamo se le riconosci».

La porta si aprì ed entrò Assunta. Le guardai gli splendidi occhi azzurri, e li vidi inumidirsi. Ma anche nei suoi confronti provai la stessa sensazione: lo sguardo era uguale, lei però sembrava più vecchia. Aveva più rughe nel collo e i capelli erano più corti, avevano un colore diverso da quando l'avevo salutata il mattino prima di uscire. Sarà andata dal parrucchiere, pensai. Strano. L'amica, Renata, pediatra e compagna di banco di Assunta al liceo, sorrise senza dire parole, stringendomi la mano. Pure lei sembrava più anziana. Solo gli occhi non erano cambiati. Com'era possibile? Era successo a tutti la stessa cosa, come in un film di fantascienza?

Guardai mia moglie. «Dove hai portato i bambini?» le chiesi.

Lei si girò a fissare Paolo, come a cercare aiuto. E lui mi si avvicinò di nuovo. Parlò lentamente, con tono calmo: «Senti, pensaci bene prima di rispondere. Mi dici esattamente che giorno è oggi?».

«Ma ve l'ho appena detto!»

«E tu ridimmelo.»

«Oggi è giovedì 25 ottobre. Il compleanno di Tommaso e anche di mia suocera, e della nostra amica Gemma. Soddisfatto?»

Assunta si mise a singhiozzare.

«È successo qualcosa ai bambini? Perché piangi?»

«Non è successo niente a nessuno» intervenne Paolo. «Tranne a te, che hai appena avuto un trauma cranico commotivo e sei ancora un po' confuso. Ora cerca di stare calmo, di ascoltarmi con attenzione e soprattutto di capire bene quello che ti sto per dire.»

Fece una pausa. E quell'attimo di tempo mi bastò per ritrovare quella stessa sensazione che avevo provato nei momenti importanti della mia vita, prima della laurea, di quel sì sull'altare, della nascita dei miei figli. Questa volta, però, sarebbe stato diverso.

Lui disse, quasi scandendo le parole: «Oggi non è giovedì 25 ottobre 2001, ma venerdì 31 maggio 2013. Evidentemente, il trauma cranico ti ha causato un buco di memoria di dodici anni».

Guardai Assunta. E lei annuì. Pure gli altri annuirono.

Era vero, anche se non ci credevo, anche se mi sembrava impossibile. Ce ne avrei messo di tempo per capire. Ma adesso, che tutto questo tempo è passato, posso dire che un pezzo della mia vita non la ricordo più, e forse è davvero come se non l'avessi vissuta. Però ho dovuto ricostruirla, per continuare quella che sto vivendo, per riprendermi i miei giorni e i miei sentimenti, tutto quello che sono.

Ora, non so se è vero quanto diceva García Márquez. So che ho rimesso insieme i cocci, uno per uno, e quando l'ho fatto, anche se non ho potuto ritrovare ogni cosa che avevo perso, ho cercato dentro di me anche i frammenti della vita degli altri.

Non esistiamo da soli, l'ho imparato sulla mia pelle, da quando il destino mi ha cancellato un pezzo della memoria. Dodici anni spariti in un colpo. Ho imparato anche che non siamo una persona sola, che nessuno torna più quello di prima. Diventi un altro, il buco del passato fa di te una persona diversa: sei un altro per te stesso e non sai chi sei per chi ti conosce. Che sa di te cose che tu ora ignori.

Alla fine, è come se avessi vissuto due volte, incrociando percorsi lontani, eppure così uguali, per riconquistare quello che ero e quello che sono adesso, per sapere di non aver camminato invano dentro a quel buio che mi è rimasto. È come se avessi fatto fermare il carro e fossi sceso. Da qualche parte ritroverò la strada. E dovunque andrò, avrò qualcosa di grande da ricordare.

La vita.

II

Il fatto è che in quel momento non credevo ancora a quanto mi veniva detto. Mi sforzavo di farlo: a parlare erano medici, ed erano miei amici. C'era mia moglie che non tratteneva le lacrime. Ma la storia mi sembrava assurda. Non era possibile che fosse venerdì 31 maggio 2013: non esiste che uno si sveglia nel futuro se non nei film. E poi c'era un'altra cosa, soprattutto: io ricordavo troppo bene quell'altro giorno, giovedì 25 ottobre 2001, quello in cui mi ero risvegliato. Rivedevo i miei bambini, i loro volti, i loro sguardi, sentivo le loro parole, ripensavo a quello che stavo facendo. Ricordavo tutto con nitidezza, io che accompagnavo i bambini a scuola, accelerando perché ero un po' in ritardo. Anche questo mi era tornato in mente. Mi rividi al lavoro all'ospedale di Crema. Dovevo fare in fretta, non ho mai sopportato chi arriva in ritardo. Sentii il sangue gelarmi. Con spavento pensai: i miei figli sono morti nell'incidente e non vogliono dirmelo.

Deglutii. «Chi c'era in macchina con me?» chiesi.

Vito mi stava guardando. Era in piedi accanto alla mia barella. «Nessuno» rispose.

Io lo fissavo. Ma avevo una paura matta.

«Il personale del 118 ha scritto che eri solo.» Vito aveva dei fogli in mano. Cercai di sbirciarli. «Per fortuna non sono state coinvolte altre macchine» continuò lui. «Hai abbattuto il guardrail e sei finito in un campo.»

Tutto da solo?

Sembrava che mi avesse sentito. «Forse hai avuto un colpo di sonno.»

«Voglio vedere i miei figli» dissi. Se per disgrazia era successo loro qualcosa, non potevano più mentirmi.

Paolo annuì. «Va bene.»

Assunta uscì e dopo qualche minuto riaprì la porta. Con lei c'erano due ragazzoni, due marcantoni ben piantati in jeans e maglietta, che sembravano avere almeno vent'anni, uno con la barba, l'altro che mi fissava tutto serio. I miei bambini no, loro avevano undici e otto anni. Il più piccolo ne compiva otto proprio quel giorno, il 25 ottobre 2001. Io ero in pena per quei bambini, non per questi due che avevo di fronte. Avevo paura che fossero morte le mie creature. Non so spiegare quello che provavo. Ma per un attimo i miei bambini erano morti davvero, ed era morto tutto assieme a loro. Anch'io ero morto.

Se quello che mi dicevano era vero, e cioè che il mondo era più vecchio di dodici anni, i miei figli avrebbero avuto rispettivamente ventitré e vent'anni. Anzi, il più piccolo doveva ancora compierli, perché eravamo solo a maggio 2013. Mi dissi: va bene, proviamo a crederci. Perché tutti, compresa mia moglie, avrebbero dovuto mentirmi? Mi chiesi solo se sarei riuscito a riconoscerli. E come avrei fatto a essere sicuro che loro fossero davvero i miei figli? Sarebbe bastato guardarli negli occhi?

I due giovani si avvicinarono lentamente. Parlò per primo quello più grande, che aveva la barba a esaltarne il pallore. Io ero sdraiato e lui stava in piedi vicino a me.

«Sono Filippo, papà, mi riconosci?»

«E io Tommaso» disse il più piccolo. Si era messo a fianco di suo fratello. «Come ti senti?»

Io però non li stavo neanche ad ascoltare. Con stupore e spavento cercavo di guardarli negli occhi. Ho imparato che gli occhi non mentono. Sono qualcosa di più dello specchio dell'anima. Sono la nostra carta d'identità. Forse sono anche la porta dell'amore.

Li scrutai con attenzione: il colore era lo stesso, azzurro con sfumature verdi e gialle. Il resto, però, era così diverso dal sembiante dei miei figli che non ce la feci più. Mi sentivo male. Abbassai lo sguardo e chiusi gli occhi. Balbettai stranito, con la saliva che mi impiastricciava le labbra e la lingua: «Sono molto stanco. Sono confuso».

Il futuro ha questo di strano, che non ti aspetta. Tutto il resto del tempo ti sta accanto, in un modo o nell'altro, anche quando ti sfugge via, perché sei tu che lo perdi. Il futuro no. Me ne accorsi in quel momento. Tutto è già avvenuto, anche quello che deve ancora succedere. Se uno ci pensa bene è terribile. È una sentenza. Ecco cosa mi è successo. Mi ero risvegliato alla fine di un processo a cui non avevo potuto nemmeno partecipare. E tutto era stato già deciso.

Allora mi feci forza. Riaprii gli occhi e li osservai entrambi, prima uno e poi l'altro. Avevo timore a toccarli. Ma dentro di me speravo che pure loro non lo facessero. Nonostante quelle carte d'identità, io li sentivo ancora degli estranei. Avevo appena perduto i miei bambini.

Il grande sorrideva, mentre il piccolo era serio. Filippo era quello con la barba. Se la lisciò una sola volta, come se ormai ci fosse abituato. Doveva avercela da un po'. Tutti e due avevano i capelli corti.

Richiusi gli occhi. Forse cominciavo a capire, era tutto vero.

Fu solo un attimo.

Vito disse che bisognava uscire. Erano tutti attorno a me. Paolo andò ad aprire la porta, mentre Vito stava dicendo: «Adesso che l'avete visto e vi siete tranquillizzati, dovete lasciarlo solo perché dobbiamo finire di sistemarlo».

«Stai tranquillo, veniamo a trovarti più tardi» disse Assunta.

Restò solo un'operatrice nella stanza. Aveva gli occhi marrone chiaro. Ormai avevo imparato a cercare gli sguardi quasi automaticamente. Come se tutte quelle carte d'identità potessero rassicurarmi: le persone sono sempre le stesse, il mondo non è cambiato.

L'infermiera stava finendo di sistemarmi la flebo al braccio. «Se le scappa la pipì me lo dica che le porto il pappagallo» disse. «Si sforzi perché altrimenti le devo mettere il catetere.»

È una strana sensazione passare da medico a paziente. Non è solo una barriera che divide due ruoli. È che tutte le cose diventano importanti, anche quelle che sembrano solo routine. È un modo di guardare la vita da un altro punto di vista.

«Va bene, ci provo» risposi. La ringraziai. Quando facevo il medico non dicevo mai grazie. Me lo sentivo solo dire.

Rimasi solo. E chiusi gli occhi per non far vedere che piangevo. Dov'erano i miei bambini? Dov'erano finiti i miei figli?

Mi avevano dato dei calmanti, ma non avevano fatto effetto. Continuavo a pensare e ripensare a quello che mi stava succedendo. Alle cose che mi avevano detto e soprattutto agli occhi che avevo visto. Cercavo di ricordare le emozioni che avevo provato. Non avevo sentito nulla quando i miei figli erano entrati nella stanza e mi avevano salutato. Mi domandavo perché. Invece mi batteva il cuore e mi veniva da piangere se pensavo ai miei bambini, al giorno del compleanno di Tommaso, in quella scuola elementare, con i pasticcini in mano.

La cosa strana è che i miei ricordi, prima di quella data spartiacque, erano nitidi e precisi. Non potevo ricordarmi tutto quello che avevo fatto, ma i nomi, i volti, il posto dove vivevo, la casa, gli amici, le parole e le voci era come se fossero il mio patrimonio di oggi. Quello era il mio mondo. Dopo quella data c'era solo il buio, un vuoto totale, come se niente fosse esistito. Forse era per quello che non provavo alcuna emozione di fronte ai miei figli. Quei due per me erano due estranei, gli usurpatori dei miei bambini. Era come se non esistessero, perché appartenevano a un altro mondo, che ancora non riconoscevo.

Da quel momento mi sono accorto di avere una memoria nettamente superiore a quella di tutti i miei amici, sulle cose che arrivano fino al 2001. So ritrovare persone e fatti che gli altri hanno dimenticato o conservato in maniera confusa, e so farlo nei minimi particolari, come se si trattasse di cose successe appena poco prima.

La memoria è un contenitore che raccoglie la vita: è evidente che dodici anni in meno l'hanno alleggerita. Come quando si cancellano dei file dal computer per farlo funzionare meglio.

Questo, però, non basta a darmi delle spiegazioni. Credo davvero di essermi risvegliato il 25 ottobre 2001, e anche per quello i ricordi sono così nitidi. Ma se è così, allora, io non sono arrivato direttamente dal passato, io sono esistito in quei dodici anni che mi sono stati cancellati? Chi sono io adesso?

Mille domande senza risposta mi passavano per la testa. Ripensavo alla mia casa, al mio lavoro, cercando di trovare una ragione alla mia sofferenza. Ripassavo gli occhi di tutti quelli che mi venivano in mente. Ormai era diventata una fissazione. È che ne avevo bisogno. Avevo percepito chiaramente la sensazione di essere l'unico spettatore del mio film. Quello che ricordavo non esisteva per nessun altro se non per me. Eppure, attraverso gli occhi, potevo identificare anche persone che non riconoscevo. In fondo, era successo proprio questo con i miei figli.

C'era un gran silenzio attorno a me. Dovevo ridare un minimo di ordine alla mia esistenza.

Ci sono due mondi dentro di noi. Il mondo della vita e il mondo della morte. Li portiamo sempre con noi. Forse è davvero così. Ma devono essere due mondi separati, esistenze parallele che non si incrociano mai, neanche quando tutto finisce. Invece, per me era come se il sistema operativo del computer fosse saltato all'improvviso, come se un circuito fosse impazzito disobbedendo alla logica che governa l'esistenza. Quei mondi si erano mischiati, in una specie di nastro di Möbius, dove dopo aver percorso un giro ci si trova dalla parte opposta. Io portavo insieme la morte con la vita. Non la morte e la vita.

III

«Mettetelo lì, al numero 2» disse l'infermiera della Stroke Unit rivolta ai barellieri. È strano vedere il tuo mondo dall'altra parte. C'erano i camici dei dottori, gente in borghese che camminava sovrappensiero, c'erano quelli che passavano veloci, come facevo io quando andavo da un paziente all'altro.

Stavano spingendo la barella. Io vedevo il colore delle pareti. Non ci avevo mai fatto caso. Sono bianche e verdi. La cosa che mi è rimasta più impressa è vedere le luci del soffitto da sdraiato, sopra la lettiga. Non mi era mai capitato, pur avendo lavorato molti anni in ospedale. La luce è diversa, più diafana.

Ero rimasto altre due ore al pronto soccorso da quando se n'erano andati mia moglie e i miei figli. Poco alla volta cercavo di convincermi che quello che mi sembrava impossibile potesse essere vero. In fondo, perché avrebbero dovuto mentirmi? Ero stato vittima di un evento straordinario, uno di quegli incidenti che capitano solo nei film per costruirci storie immaginifiche. Dodici anni di vita. Che cosa mi ero perso in tutto quel tempo? Se non lavoravo più a Crema, dove lavoravo? E se fosse stato tutto vero, anche io ero più vecchio di dodici anni, come i miei figli, i miei colleghi, mia moglie. Anche io, ormai, ero un'altra persona.

Mi lasciarono solo. Io cercavo di prendere confidenza

con il mio nuovo letto. Facevo un po' di fatica a muovere il braccio destro e soprattutto la gamba. In compenso, la parola era tornata normale. Non balbettavo quasi più.

Poi la porta si aprì. Un camice bianco, una donna.

«Ben arrivato, sono la dottoressa Anna Curti, la responsabile della Stroke Unit dell'Istituto neurologico Mondino di Pavia. Per me va bene che ci diamo del tu.»

La fissai in viso. Era una bella donna, avrà avuto più o meno la mia età. Quella del 2001, però. Due occhi scuri e sinceri, dietro un paio di occhiali che non li nascondevano. Aveva capelli castani raccolti in una coda lasciata cadere appena morbida dietro le spalle. Era abbastanza alta, sicuramente più di mia moglie, ma qualcosa le accomunava a prima vista. Capii subito cos'era. Occhi sinceri e fare deciso. Ho sempre amato le donne così.

Abbozzai un sorriso compiaciuto.

«Io sono Pierdante Piccioni, e mi va benissimo il tu. Però non so dirti esattamente che lavoro faccio, perché mi hanno appena comunicato che non sono più dove credevo di essere, e soprattutto quando...»

La dottoressa stava immobile a guardarmi. C'era una schiera di gente dietro di lei: un'infermiera, tre altre dottoresse e un dottore, tutti giovani. «Magari puoi dirmelo tu cosa faccio adesso?» le chiesi, sperando davvero che mi potesse aiutare. Scandivo le parole piano, proprio come un vecchio malato. È che avevo una paura fottuta mi tornasse la balbuzie.

Anna Curti rispose come se continuasse un discorso già cominciato: «Prima di parlarti devo visitarti per capire esattamente qual è la tua situazione clinica attuale. Abbi pazienza. Questi sono i miei collaboratori». Mi presentò i quattro dottori giovani. «Nei prossimi giorni rivolgiti pure a loro come se ti rivolgessi a me.»

Mi fecero una visita approfondita tutti insieme. Non so dire quanto durò, ma un bel pezzo. Alla fine lei disse: «Adesso ti faccio fare una risonanza magnetica al cervello e al rachide e un elettroencefalogramma. Non mi aspetto brutte sorprese. Tu resta tranquillo che ne parliamo terminati gli esami».

In certe situazioni i medici ragionano solo in termini di pericolo, di rischio della vita. A come sei ridotto ci pensano dopo. Tutti i medici. Anche io avevo sempre fatto così. È una deformazione professionale: se ti salvo ho fatto il mio lavoro, è questa la cosa più importante. Sembra quasi che i problemi di un paziente siano solo suoi, che non facciano parte dell'orizzonte di chi ti deve guarire. Lo so che non è detto che sia vero. Però, adesso, ricordando quella frase – «non mi aspetto brutte sorprese» – non posso fare a meno di sentire dei brividi corrermi lungo le vene. Cosa c'era di più terribile, per me, di quello che stavo vivendo? Quale altra brutta sorpresa avrei dovuto avere?

Ho imparato, con il tempo, che Anna Curti è un bravo medico. Siamo noi medici che siamo fatti così. È il nostro lavoro. Il paziente è un oggetto, uno strumento del mestiere. Magari è giusto. Se li trattassimo come persone, finiremmo per impazzire.

La verità è che ero da solo con me stesso. Cominciavo a diventare quello che sarei stato davvero dopo, una volta uscito dall'ospedale. Un estraneo. Ero l'unico marziano in viaggio dal passato al futuro, e ancora adesso non so se ero fuori o dentro questo mondo.

Ci vollero altre due ore per finire gli esami. Non pensai molto, anche perché gli operatori sanitari continuavano a ripetermi che dovevo sforzarmi di non pensare a nulla. Feci quello che mi aveva insegnato mia nonna: «Se non puoi pensare prega. Vedrai che comunque ti sentirai meglio».

Io vengo da una famiglia semplice, dal «mondo dei vinti», dalle campagne della Bassa padana, con i filari di pioppi a delimitare le biolche e i campanili aguzzi sulle trame dell'orizzonte a far da bussola. Vengo da strade dritte come fusi a tagliare i campi, con i contadini che si levavano il cappellaccio e poggiavano le mani e il mento sul forcone per guardar passare le macchine che correvano levando la polvere al cielo. Vengo da un mondo che è rimasto nelle cartoline, vengo dall'Ottocento o dal Novecento, non lo so, da un tempo che non ha avuto abbastanza tempo.

Mio padre era un venditore di tessuti ambulante, di quelli che andavano in giro con la bombetta per chiamare le massaie dalle cascine. La terza media l'ha presa dopo di me, per avere il permesso di ambulante. Mia madre era segretaria in una scuola. Sono sempre stati molto orgogliosi dei miei studi. Da bambino frequentavo la parrocchia. Molte volte i preti sono stati miei amici. Anche questo lo devo alle mie radici. Nelle nostre campagne i parroci sono come quei pioppi dei filari, sono come i campanili, appartengono alla natura dei luoghi, non si possono cancellare.

Recitai il rosario per tre volte, interrompendomi spesso perché distratto dai rumori della risonanza. Chi non l'ha mai provata non può capire. È un continuo ripetersi di impulsi sonori di diverso tono e frequenza. Di bello c'è che sono ritmici, per cui puoi pregare come se ascoltassi il ritmo della musica.

Saranno state le preghiere, la posizione, o semplicemente la stanchezza, ma quando, dopo la risonanza mi fecero l'elettroencefalogramma, mi addormentai di colpo.

Mi svegliò l'operatore. «Abbiamo finito, dottore.» Controllai istintivamente la mobilità del braccio. Era come prima. «Va tutto bene. Adesso la riaccompagno in reparto.»

Nella stanza c'era la dottoressa Curti. Aspettò che mi mettessi comodo sul letto.

«Gli esami sono a posto» disse. «Non ci sono segni di epilessia né di sofferenza cerebrale. Tu come stai?»

«Più rilassato» risposi. Non le raccontai delle mie preghiere. «Però mi fa parecchio male toccare la testa qui, a sinistra, dove ho preso la botta.»

«Allora ti ricordi qualcosa dell'incidente?»

«Assolutamente niente.»

«Come fai a sapere che hai preso la botta proprio lì?» Aveva un tono leggermente inquisitorio.

«Perché mi fa male e poi me l'hanno detto al pronto soccorso.»

Lei tacque.

«Ma perché questo tono accusatorio?» le chiesi.

«Scusami, non volevo sembrare un poliziotto. Ma vorrei cominciare a capire che cosa ti è successo. Speravo ti ricordassi qualcosa.» Si sedette di fianco a me. «Tutti gli accertamenti eseguiti finora sono negativi, e questo è un bene. Solo che non riesco a trovare una spiegazione anatomo-clinica al tuo buco di memoria. So che te lo hanno già chiesto e che ti fa salire la pressione arteriosa, ma sono costretta a richiedertelo. Cosa ricordi esattamente? Cerca di sforzarti, descrivimi anche i minimi particolari che ti vengono in mente.»

Mi ricordo che la fissai per qualche secondo. «Ok, io te lo racconto» dissi. «Poi tu però smetti di farmi domande e rispondi alle mie, di domande. E in modo sincero, anche il più crudo possibile. Posso fidarmi di te?»

Lei annuì e mi strinse la mano. La sua era piccola e fredda.

Cominciai a ricordare. Era il 25 ottobre 2001. Non glielo sottolineai. Però vedevo la mia memoria scorrere davanti a me, come se parlassi davvero di questa mattina, e non di dodici anni prima. Che cosa mi stava succedendo? Era questa la mia vita? Solo quella che ricordiamo per raccontarla, come sostiene García Márquez?

«Stamattina mi sono svegliato assieme a mia moglie» dissi «dopo aver passato la notte con lei.» Mi fermai. «La ricordo bene» aggiunsi, sorridendo. «Vuoi che abbondi in particolari?»

Anche lei sorrise: «Non intendevo quei particolari...».

Continuai. «Ho svegliato mio figlio Filippo che ha undici anni e frequenta la prima media musicale alla Casorati, e tutti e tre insieme abbiamo svegliato Tommaso, il più piccolo, perché oggi è il suo ottavo compleanno. Gli abbiamo regalato una confezione di costruzioni della Lego e un Beyblade.»

Mentre parlavo, non mi stupivo nemmeno dei particolari che rammentavo. In realtà li avevo impressi molto bene nella mia mente, non dovevo nemmeno sforzarmi di ricercarli. «Abbiamo fatto colazione insieme, poi mia moglie è uscita con Filippo per accompagnarlo a scuola e dopo andare al lavoro all'università, in piazza Botta, dove è ricercatrice presso l'istituto di Psicologia.»

«E tu?»

«Io ho aspettato che arrivasse l'ora giusta per accompagnare a mia volta Tommaso a scuola. Abbiamo la casa in via Cozzi 8, a due passi dalla scuola elementare Maestri. Siamo andati lì e gli ho dato un bacio in fronte. Gli ho rifatto gli auguri. Poi ho cercato il bidello, Giovanni, e gli ho consegnato dei pasticcini e delle bibite perché facessero una piccola festicciola.»

«Ti ricordi se ti sei fermato?»

«No. Sono uscito per andare a prendere la macchina in garage. Questa è l'ultima cosa che ricordo. Io che sto uscendo dalla scuola di Tommaso. E ricordo che sono felice. Ecco, se ci penso, ero un uomo felice.»

«E poi?»

«Poi vedo le luci del pronto soccorso in faccia e una persona vestita di bianco che dandomi le spalle dice: "La Tac per l'emorragia è negativa".»

«Quando ti sei risvegliato...»

«Sì. Mi ricordo i miei amici Vito e Paolo che mi hanno chiesto che giorno fosse e quando gliel'ho detto mi hanno informato che da quel giorno sono passati dodici anni. E mi ripetono tutti che io ero vivo in questi dodici anni che non ho più vissuto. Ho rivisto mia moglie Assunta e la sua amica pediatra Renata.»

«Hai notato qualcosa di particolare?»

«La cosa strana è che tutti hanno gli stessi occhi di come

me li ricordavo. Ho visto due giovani adulti che dovrebbero essere i miei figli, o perlomeno così mi hanno detto...»

«Tu pensi di no?»

«Ho detto "dovrebbero" perché non sono sicuro al cento per cento dei loro occhi. Sì, penso di sì, penso che potrebbe essere così. Ma non ho la certezza.»

«Perché hai questa fissa degli occhi?»

«Perché le persone cambiano, ma gli occhi no. Io, da sempre, uso gli occhi per riconoscere le persone, e anche per giudicarle. Vuoi che ti dica i colori degli occhi di tutti quelli che ho incontrato oggi? Lo saprei fare benissimo.»

«Non importa. Ci credo.»

«Però mi avevi promesso basta domande, e invece me ne hai fatte ancora.»

«Va bene, adesso tocca a te. Ma non puoi pensare che io me ne stia zitta ad ascoltarti senza chiederti nulla. Facciamo che sarà una conversazione e non un interrogatorio.»

«Faremo un po' per uno. Ora è il mio turno, però.»

La fissai con uno sguardo duro. Sono un tipo determinato. Lo sono sempre stato. In generale penso di me che sono abbastanza indolente. Ma se mi metto in testa una cosa non mollo più. In quel momento, ciò che volevo più di tutto era la verità. Dovevo capire.

«Oggi è veramente venerdì 31 maggio 2013?» chiesi. «Nessun altro è stato coinvolto nel mio incidente? E che lavoro faccio io adesso?»

«Sì, oggi è proprio venerdì 31 maggio 2013 e davvero nessun altro è stato coinvolto nel tuo incidente. Per quanto riguarda il lavoro, sei da diversi anni il primario del pronto soccorso di Lodi, nonché professore della Scuola di specialità di medicina d'emergenza-urgenza di Pavia, nonché esperto accreditato per i problemi del pronto soccorso presso il ministero della Salute a Roma e cofondatore di una società scientifica internazionale, la Academy of Emergency and Medicine Care. Sei una persona importante.»

Ancora adesso non so spiegare cosa provai in quel momento. Ero incredulo. Tutto ciò mi sembrava impossibile. Io ero un banale medico di provincia, com'era potuto accadere che fossi diventato un luminare con tutti quei titoli? E poi Roma. Io non mi ricordavo di conoscere Roma, se non per averla vista di sfuggita una o due volte, da turista distratto.

Da quando mi ero risvegliato non c'era stato nulla di quello che avevo sentito che mi fosse sembrato reale. Per me era come trovarmi dentro a un incubo, dove tutto quello che mi accadeva intorno e mi veniva detto non aveva un senso. Per assurdo, dal mio punto di vista, era come se fossi capitato in un mondo kafkiano.

Ecco, quello fu il primo momento in cui provai coscientemente la lontananza irrecuperabile, la frattura tra due persone diverse, quello che ero fino al 25 ottobre 2001 e quello che ero diventato nei dodici anni che mi mancavano: un estraneo.

Io sono nato nel 1959 a Cremona, origini di Levata di Grontardo, il mio paese, cinquecento abitanti e un oratorio, con le infinite partite di pallone sulla terra e nella polvere, le corse a rubare ciliegie scappando a piedi nudi, le vacanze al mare e gli studi in città, che rappresentarono un vero cambiamento di vita, non solo una promozione sociale. Io e mia moglie stiamo insieme da quando lei aveva quattordici anni e io sedici. È un amore di paese, ma ci amiamo ancora per davvero. È difficile da credere, perché oggi forse sarebbe quasi impossibile.

Sono nato a cavallo tra l'albero degli zoccoli e il mondo industriale, una dicotomia grande, enorme, una divisione netta fra due modi di vivere e di intendere la vita, fra due realtà economiche, sociali, esistenziali, come se in un certo senso nel mio destino fosse già scritta questa spaccatura. Ma la frattura che cominciavo a conoscere io, adesso, quella fra il 2001 e il 2013, era ancora più grossa. Non solo dal punto di vista personale. Poco per volta avrei iniziato ad accorgermi che mi trovavo in un mondo completamente diverso da quello che avevo lasciato nel 2001, molto più veloce, dominato completamente dall'informatica e dalla finanza, dai satelliti e dalle telecamere, un mondo da Grande Fratello, pieno di guerre, molto più arido e insensibile, che allunga la vita ai vecchi per lasciarli sempre più soli, costruendo una società che toglie il pane di bocca ai suoi figli. Un mondo impensabile dal mio osservatorio, nel giorno in cui mi ero risvegliato.

Tutto questo, però, l'avrei vissuto e capito con il tempo. Adesso mi stavo rendendo conto soltanto della mia frattura, delle due diverse persone con cui mi sarei dovuto confrontare.

Stavo imparando sulla mia pelle che gli individui cambiano, che nell'arco di una vita non siamo mai gli stessi, anche se non ce ne rendiamo conto. E stavo imparando che García Márquez aveva davvero ragione: noi siamo quello che ricordiamo. Io, in quel momento, ero un medico di provincia, che amava la sua famiglia e che non aveva tutte quelle ambizioni.

«Quando sono diventato tutto questo?»

Lei era ancora seduta accanto a me. Teneva una cartella in mano. Ero stato in silenzio per un minuto.

Si girò verso di me. «Quando sei diventato primario?»

«Anche.»

«Dal 2007.»

Feci un rapido calcolo. «Sei anni.» Lo mormorai sovrappensiero.

«Sì. Ti stupisce così tanto?»

«Non riesco a crederci. È tutto così lontano da quello che sono.»

«Da quello che eri. E dovrai cominciare ad abituarti. Sei una persona famosa, rassegnati se ti spiace tanto. Abbiamo dovuto tamponare l'assalto dei giornalisti che chiamavano, il nostro centralino è stato intasato dalle telefonate, ti hanno cercato anche da Roma.»

Continuavo a non capire. Perché io non volevo essere tutto quello? In fondo potevo anche essere diventato un medico prestigioso, che male c'era? Il fatto è che da una parte non mi sentivo pronto, provavo quella strana sensazione di chi si ritiene inadatto, e dall'altra mi sembrava che questa ipotetica carriera avesse schiacciato e distrutto quello che ero in quel momento, il banalissimo padre di famiglia e il marito felice del 25 ottobre 2001, quello che aveva appena portato i pasticcini a scuola per la festa di compleanno del figlio e che era corso al lavoro di tutti i giorni, un lavoro normale, alle dipendenze degli altri, che aveva sognato nei lunghi pomeriggi passati sui libri di medicina. Invece era proprio quello ciò che volevo io, continuare a essere quell'uomo. E nessun altro.

Il fatto è che il danno alla memoria aveva colpito anche la mia coscienza. La memoria è multimodulare, non ne esiste un solo tipo, ce ne sono di tanti tipi, quasi un'infinità: la memoria incidentale, la *working memory*, la memoria verbale (che è la più diffusa), la memoria visuospaziale o topografica, e altre ancora. Be', io avevo tutte le memorie, tranne una: la memoria episodica. Basta quella per distruggere una persona. La memoria rappresenta un aspetto così potente della nostra vita che non ci rendiamo conto di quanto senza di essa perdiamo: addirittura la nostra autonomia. Fra i tanti tipi di memoria, poi, c'è anche quella delle emozioni, controllata dal circuito anatomico delle emozioni, appunto, con strutture che la modulano, una per tutte quella dell'ippocampo. Ecco, per capirci, è lì che mi si era rotto il file e si era creato il buco.

Non è ovviamente roba da poco. La memoria vuol dire tante cose: significa poter decodificare gli stimoli, immagazzinare per un tempo più o meno lungo le conoscenze, consolidare i dati conservati, rievocarli; e l'oblio, anche l'oblio, che per assurdo ha una funzione importantissima, proprio per la sua utilità: a volte dimenticare ci salva la vita, non ci fa impazzire.

Io avevo tutto questo, ma non potevo accedervi. Un virus mi aveva semplicemente cancellato dodici anni, impedendomi di attingere a queste funzioni per tutto quel periodo.

C'è però un'altra facoltà connessa con la memoria: l'apprendimento. E questa mi avrebbe potuto aiutare, non soltanto perché vi avevo accesso.

Si dice che il domani sia il solo posto adatto a un bel ricordo. Io per sopravvivere cosa avrei dovuto fare? Semplicemente questo: accettare l'idea che i miei ricordi fossero in quello che io potevo determinare, fossero nel domani, perché ieri mi era precluso.

Solo che tutto ciò era ancora da venire. Avevo tanto cammino da fare prima di arrivarci, dovevo sbagliare un mucchio di volte e ricominciare da capo, ritornare a quel punto dov'ero sceso dal carro e scegliere la mia strada.

Quel giorno della realtà, quel 31 maggio 2013, il domani per me era solo la prosecuzione del mio risveglio. Era quel 25 ottobre 2001. Ed era l'unica cosa di cui volevo continuare a essere sicuro, anche per darmi una ragione, per accettarmi. Per non impazzire.

IV

Avevo voglia di stare solo. Non volevo credere a quel che mi era stato detto, e forse non mi interessava nemmeno la persona che ero diventato.

«È tutto così senza senso» mormorai. Poi alzai la voce, di scatto: «Dai, piantala anche tu di confondermi. Lasciatemi in pace».

Avevo alzato lo sguardo, la fissavo. Lei si mise in piedi. Andò verso la porta, ma arrivata lì si girò. «Un'ultima cosa. Ho fatto togliere lo specchio dal bagno. Domani ci voglio essere io quando ti specchierai per la prima volta.»

Aveva parlato con tono duro. Le feci cenno di sì senza aver capito bene quello che aveva appena detto. Coricai la testa sul cuscino. La vidi allontanarsi di nuovo verso l'uscita. Appoggiò la mano sulla maniglia e restò ferma per un attimo. Poi si girò e tornò indietro.

«È un gran casino, lo so. Anzi, faccio persino fatica a immaginare quello che stai provando. Lo sappiamo tutti che è dura. Ma se è vero solo il dieci per cento di quello che mi hanno raccontato di te, ce la puoi fare.» Aveva un tono diverso, molto dolce. Io la ascoltavo in silenzio. «Abbi pazienza, concentrati solo sulla tua famiglia, adesso. Pensa a quanto sono stati in pena per te, oggi. E ringrazia di essere vivo. Tutto il resto si aggiusta, con calma.»

Stavolta se ne andò davvero.

La porta era socchiusa. Sentivo che parlava con mia moglie, fuori, nel corridoio. Poi Assunta entrò.

Indossava un paio di pantaloni scuri e una camicia chiara. Al collo aveva ancora la collana di perle del matrimonio. Questo mi rassicurò. La cosa che mi colpì maggiormente furono di nuovo le rughe. Non le ricordavo proprio. Per il resto, a parte i capelli corti e il colore diverso, più chiaro, era abbastanza uguale a come la rammentavo. Assolutamente in forma, con quel suo bel sedere che, a suo tempo, mi aveva tanto colpito. Portava un paio di occhiali che non erano gli stessi che aveva quella mattina del 25 ottobre 2001, quando io pensavo di averla vista l'ultima volta. L'avevo già notato al pronto soccorso. I suoi occhi, però, erano uguali: azzurrissimi, con qualche raro punto grigio. Solo che tutto l'insieme mi dava l'impressione di avere di fronte quasi un'altra donna, molto più matura, che mi procurava uno strano senso di disagio. Ecco, mia moglie, che per me era sempre stata una ragazzina, adesso mi sembrava una bella signora, non più giovanissima, ma forse ancora più affascinante.

Quello che provavo guardandola voleva dire che l'avevo riconosciuta, anche se era cambiata.

«Ho appena finito di parlare con la dottoressa Curti» mi disse. «Mi ha rassicurato. Grosse lesioni non ne hanno trovate. Anzi, non hanno praticamente trovato nessuna lesione. Lei è convinta che il deficit motorio lo recupererai in poco tempo. Per la memoria, invece, crede che ce ne vorrà di più, anche se è lo stesso fiduciosa.»

Io stavo zitto. Come facevo a spiegare le strane percezioni che avvertivo? Il fatto che non sentivo mio tutto quello che mi stava succedendo? Questo senso di estraneità, di lontananza dalle cose che mi dicevano, dalle parole che mi avvolgevano con un certo fastidio, come se ognuna di esse, in realtà, non mi appartenesse. Come facevo a spiegare che volevo solo disperatamente ritrovare me stesso, e che proprio loro me lo impedivano?

«Ma tu come ti senti?» chiese.

Chiusi gli occhi.

«Cosa vuoi che ti dica, Kunta, che sto bene? Lo vedi da te come sto. Confuso e storpio.»

Kunta era il nomignolo che usavo per chiamarla. Risaliva a quando la nostra figlioccia, Elisabetta, aveva iniziato a parlare. Assunta allora era diventata Kunta. Anche per me.

Mia moglie teneva in mano un sacchetto. «Non cominciare a esagerare. Hai appena avuto un brutto incidente. Sei vivo e in grado di ragionare. Cerca di calmarti.»

Mi consegnò il pacco. «Qui ci sono i tuoi effetti personali che mi hanno dato quelli della polizia. Controlla se c'è tutto.»

C'erano un cellulare, di quelli di ultima generazione, che non immaginavo neanche esistessero e che quindi non mi sembrava nemmeno mio, un portafoglio, un paio di occhiali da vista, la mia catenina d'oro con la placca del mio gruppo sanguigno, e una ventiquattrore grigia.

«La catenina è mia» risposi brusco. «Il resto non l'ho mai visto. E poi io non porto gli occhiali...» Come faceva a non essersene accorta?

Kunta contrasse i muscoli facciali, quasi impercettibilmente. Voleva dire qualcosa, ma tacque per alcuni secondi. Poi parlò con voce dolce: «Va bene, è giusto. Dici di non ricordare. Lascia allora che te lo ricordi io. È tutta roba tua, credimi. L'avevi con te in macchina, quando hai fatto l'incidente. E poi...».

La interruppi. «Cosa intendi con quel "dici di non ricordare"? Cosa dovrei ricordare? Quello che volete voi? Anche tu mi vuoi confondere. Cosa hai fatto, ti sei messa d'accordo con la dottoressa Curti che ha appena finito di raccontarmi un sacco di idiozie su primariati, università, ministeri, società scientifiche che avrei fondato non si sa bene assieme a chi?»

Lei fece per parlarmi, ma non le lasciai il tempo. «Dimmi piuttosto come stanno i bambini e non provare a mentirmi perché me ne accorgerei subito.»

Kunta sembrava volesse piangere. Ma si trattenne. Socchiuse gli occhi e mosse più velocemente le palpebre.

«Sarà anche dura per te crederlo, ma quello che ti è stato raccontato sul primariato, l'università e i ministeri è tutto vero.»

Rimasi in silenzio. Deglutii. La verità, forse, è che speravo non fosse vero. Se potevo accettare i dodici anni che mi erano stati cancellati, non riuscivo a farlo con quest'altra persona con cui mi dovevo confrontare.

Lei continuò. «I bambini non ci sono più.»

Il cuore mi sussultò in gola. «Che cosa vuoi dire?»

«Che sono passati dodici anni e sono diventati adulti.» Abbassai la testa. «Sono qui fuori che non vedono l'ora di salutarti. Cerca di non turbarli con i tuoi scatti d'ira, come hai appena fatto con me. Anche loro sono in pena. Sforzati di capirli.»

Non dissi niente. Mi era rimasta impressa l'ultima frase, un'eco che mi batteva in testa. Ma come, io dovevo capire gli altri? Era assurdo! Ero io che avevo avuto l'incidente, e proprio il giorno del compleanno di Tommaso.

«Stai tranquillo» continuò lei. «E fidati. Prima accetti quello che ti è successo e meglio sarà per tutti, soprattutto per te.» Poi fece per allontanarsi. «Adesso faccio entrare i ragazzi.» Uscì senza lasciarmi il tempo di rispondere.

Rientrò insieme a quel ragazzone alto e biondo che avevo visto al mattino.

«Ciao, papà. Sono Filippo. Hai visto che mi sono tagliato la barba?»

«Sì, l'ho notato.»

«L'ho fatto perché ho pensato che ti avrebbe aiutato a riconoscermi. Voglio dire, a riconoscere il Filippo che tu dici di ricordare. A undici anni non avevo mica la barba.»

Lo osservavo in silenzio. Non riuscivo a parlare. Che io dico di ricordare? Mi sentivo trattato come un idiota che non può farsi capire. O come se sopportassero gentilmente la mia sofferenza, come se mi concedessero questa verità.

«Dai, papà, cazzo! Sono io, Filippo! Il tuo Filippo.» Mi sorrise e mi strinse la mano. «Non sono poi così tanto diverso...»

Gli guardai meglio gli occhi. Cominciai a riconoscerli. Erano dello stesso colore del mio Filippo, verdeazzurri con striature gialle.

«Non vuoi sapere cosa faccio?»

Annuii. Mi sentivo un malato, ecco cosa mi sentivo. Se solo li avessi riconosciuti completamente... Era come se per certi versi non fossi più il loro padre ma il loro figlio. Anche questo mi aveva portato via la memoria. Il mio ruolo.

Lui mi si presentò come si fa con uno sconosciuto. In fondo era vero. Eravamo tutti degli sconosciuti. «Ho ventitré anni. Sono iscritto al terzo anno di giurisprudenza, ma sono un po' indietro con gli esami. Ho anche lavorato part-time tutto l'anno scorso all'ufficio relazioni con il pubblico dell'università.»

Parlava senza fermarsi, come se accelerasse per finire in fretta quello che stava per dire. «Sono anche un Opsa della Croce Rossa.» Scoprii dopo che cosa voleva dirmi: quell'acronimo significa che era un operatore polivalente del soccorso in acqua. «In pratica un corpo volontario speciale che interviene quando c'è bisogno di salvare la gente» mi stava spiegando lui. «Ho fatto nuoto, pallanuoto e vado in palestra con regolarità. Ho da poco iniziato una storia con una ragazza di nome Elena, che tu conosci... cioè, conoscevi... cioè dovresti conoscere. Cazzo, che casino!»

Notai che ogni tanto accavallava le parole. E poi usava un intercalare un po' troppo volgare. Il mio Filippo non era così. E se lo faceva, lo sgridavamo.

«Parli sempre così velocemente?»

«Be', forse sì. Ma adesso sono condizionato dal fatto che devo raccontarti gli ultimi dodici anni che dici di non ricordare, e quindi corro.»

Dici di non ricordare? Di nuovo?

«Ascoltami bene. Non puoi dubitare di quello che dico. Se continui a farlo, puoi andartene subito. Ho bisogno di conferme, non di dubbi.»

Lui si irrigidì e mi fissò muto. Forse avevo esagerato. Pensai a mia madre. Mi ripeteva sempre che «un abbraccio abbassa la tensione e male non fa».

«Piantala di parlare e abbracciami» dissi. «Magari mi aiuterà a ricordare.»

Lui allargò le braccia. Lo strinsi a me.

Ricordo che non provai una particolare emozione e immaginai fosse la stessa cosa anche per lui. Mi tornarono in mente le tante volte che io e il mio Filippo ci eravamo abbracciati prima del 2001, quando era un bambino, e della sensazione che provavo nel proteggere il suo corpo, sentire scorrere il suo sangue, quell'amore strano, quasi infinito, che un gesto non bastava a racchiudere, ma poteva solo identificare. Dentro non c'era solo il bene che gli volevo, ma tutto quello che ancora doveva venire. Era questo che avevo perso? Mi scostai, guardandolo. Pensai: ma tu chi sei per me?

Lui disse: «Adesso vado a chiamare mio fratello». Si voltò. Prima di uscire si girò ancora verso di me: «La mamma mi ha detto di chiederti se vuoi spiegazioni sul tuo telefono».

Guardai quel telefonino nero che avevo sul comodino. Il mio era verde e con lo schermo molto più piccolo. Poi questo era strano, non aveva una tastiera. Decisi di non pensarci. Gli chiesi solo come si faceva ad accenderlo e a spegnerlo, e lui me lo spiegò.

Lo osservai mentre usciva. Sembrava un po' goffo. Camminava come un gorilla. Filippo era magrolino da piccolo. Era un bambino molto vivace. Quando correva i capelli biondi gli danzavano sulla testa, sembrava una gazzella. Io potevo solo inseguirlo con gli occhi e provavo una grande tenerezza. Cosa c'era di lui in questo ragazzo?

A cinque anni, una volta, mi aveva strappato le pagine del numero 1 del fumetto di Tex e per farsi perdonare me ne aveva fatto uno lui, di fumetto, con personaggi del West che si era inventato apposta e dialoghi un po' sgrammaticati, ma pieni di fantasia. Mi aveva commosso. Era quel bambino che io volevo abbracciare.

Adesso stava sulla soglia. Pensai che davvero non riuscivo a provare emozioni, nessuna empatia. Forse è normale. Filippo stava parlottando con suo fratello e quest'ultimo, quando si vide osservato, si avvicinò.

«Ciao pa', sono Tommaso.» Era più piccolo di Filippo. «Come stai?»

Io lo guardavo. Era meno muscoloso del fratello, ma più elegante nei movimenti. «Mi viene da ridere, ma vuoi che ti racconti un po' di me?» Aveva due begli occhi azzurri, molto simili a quelli di Filippo, ma più sfuggenti. Parlava lentamente, misurando le parole, come se le cercasse. Io non me lo ricordavo così. Da bambino era molto sveglio, anche se non era un gran chiacchierone. Ho in mente una volta, alla festa finale del Grest, in prima elementare, una sua grande esibizione come chitarrista rock che ci lasciò tutti basiti. Lui era un tipo tendenzialmente taciturno, ma quella sera si era scatenato, come non avrei mai creduto.

Mi accorsi inesorabilmente di quanto era cambiato, a vederlo lì che pesava le parole con una certa prudenza. Mi disse che loro da tempo mi avevano soprannominato ironicamente Savio, cioè «il saggio», e che ormai io ero Savio per tutti. Mi raccontò che gli avevo regalato una Vespa 50 Special d'epoca per una promozione, che gli ultimi anni della sua adolescenza erano stati molto faticosi, che adesso giocava a rugby in serie C e stava frequentando il primo anno di biologia, ma aveva capito che non era la sua vocazione. «Sono un po' pigro e mi piace leggere.» Poi abbassò gli occhi: «Comunque è quasi meglio che ti sia dimenticato questi anni».

«Che cosa vuoi dire?»

«Niente, papà... Scherzavo.»

Che strana sensazione. Anche a me piace leggere. E credo di essere anch'io un po' pigro. Ma tutto questo non bastava in quel momento a fare di lui mio figlio. Avrei voluto chiedergli com'era andata la festa a scuola, per il suo compleanno, se avevano finito tutti i pasticcini, che cosa avevano fatto quando io ero uscito per andare incontro a questo buio, a questo buco nero. Avrei voluto farmi raccontare della maestra, come se fosse una cosa normale, come facevamo qualche volta la sera, seduti attorno al tavolo.

Invece, lo guardai uscire. Pensai che si muoveva come un serpente.

V

Fui svegliato da una voce. Sembrava quasi rantolare. Doveva essere giovane. «Mi viene da vomitare» diceva. Ci misi un po' a capire dove mi trovavo, prima di ricordare l'incidente, l'emiparesi destra e quella storia del buco di memoria. Ero nel letto numero 2 della Stroke Unit dell'Istituto neurologico Mondino di Pavia. Avevano ricoverato qualcuno vicino a me. Una tendina verde mi impediva di vedere chi fosse. Doveva esserci anche una donna, perché sentii una voce femminile: «Non preoccuparti, Giovanni, è normale con quello che hai avuto. Ti ho appena dato un antiemetico, vedrai che fra poco ti passa».

Poi una mano scostò la tenda, e apparve una ragazza giovane e carina, vestita da infermiera, con in mano delle lenzuola. Si voltò verso di me. «Mi scusi professore se l'abbiamo svegliata.»

«Non si preoccupi. Dalla voce che ho sentito avrò compagnia giovane» dissi.

«Eh, sì. Di solito qui abbiamo persone anziane non autosufficienti. Lei e Giovanni abbassate di molto l'età media.»

«Mi scusi» dissi. «Che ore sono e che giorno è?»

«Sono le 23.30 di venerdì 31 maggio.» Poi rimase con la voce sospesa, prima di aggiungere, guardandomi persino con dolcezza: «Del 2013».

Mi girai sul lato destro, mettendomi in ascolto dei miei

pensieri: come faccio a essere sicuro che non mi mentano tutti? In quel momento mi venne un'idea improvvisa. Giovanni! Che interesse avrebbe avuto un malato come me, e poi perfettamente sconosciuto, a mentirmi?

Mi sporsi dal letto. Cercai di sussurrare per non farmi sentire dall'infermiera, che si era messa a scrivere nella sua postazione, separata dai letti da una semplice vetrata.

«Giovanni, sei sveglio?»

«Eh...»

«Sei sveglio?»

«Dimmi, cosa vuoi?»

«Oggi che giorno è?» chiesi ansioso, stando attento a non alzare la voce.

Rispose subito, come se fosse la cosa più normale del mondo. «Ancora per pochi minuti è venerdì 31 maggio 2013.»

Era solo per me che non era normale.

Allora era vero, la mia memoria era indietro di dodici anni. Il fatto è che continuavo a rivedere il giorno in cui ero tornato in vita con sempre maggiore precisione, e soprattutto senza nessuna distanza temporale. Ma com'era possibile? Io ricordavo benissimo quello che avevo fatto ieri, i pazienti che avevo visto quando avevo fatto la guardia notturna al pronto soccorso di Crema, quello che loro mi dicevano e quello che io avevo detto loro. Se andavo indietro alle ore più vicine, non c'era niente che dimenticassi. Come se non bastasse, ragionavo pure in modo corretto. L'unico errore era in quel buco: c'era una parte della mia vita che non esisteva. E se era così, avevo perso tutto quello che avevo provato in questi ultimi dodici anni: le sensazioni, le emozioni, le gioie, le rabbie. Anche la verità.

Se avevo fatto quella carriera impensabile, potevano essere successe un mucchio di altre cose. Il mio matrimonio era come l'avevo lasciato nel 2001? E la mia vita, i miei rapporti? Tutti i libri che ho letto, li devo rileggere, i film rivedere? Se mi fossi innamorato di un'altra donna, che cosa mi succederà se la rincontrerò? Perché quel pomeriggio rivedendo mia moglie così diversa mi ero eccitato?

Forse ragionando in questo modo potevo capire il motivo per cui Filippo e Tommaso mi erano sembrati distanti. Ero io a non essere più il loro padre, non loro che non erano più i miei figli. E chissà quante persone che avevo conosciuto erano morte, e quante nate. Chissà quante automobili avevo cambiato e come erano cambiati gli elettrodomestici. Proprio come questo cellulare che non avevo considerato mio, posato sul comodino accanto a me, vicino a una bottiglietta di acqua minerale.

«Ehi, professore, sveglia.»

Mi ero appena addormentato. Avevo fatto l'alba a pensare. Giovanni era in piedi, accanto a me. Io mi stavo stropicciando gli occhi.

«Che ore sono?» farfugliai.

«Ti hanno già portato la colazione.»

Feci cenno di sì, come se mi avesse chiesto qualcosa.

«La tua storia è in prima pagina sui giornali.»

«Quale storia?» Mi vennero i brividi.

«Il tuo incidente.»

«Ah sì» bofonchiai, sollevandomi faticosamente sul letto.

«E ci hanno avvisato che viene la responsabile del reparto, anche se è sabato.»

Osservai Giovanni con attenzione. Aveva la barba e i capelli castani. Anche gli occhi erano castani, svegli e molto mobili. Sembrava una persona vera. In questo mondo irreale, in questo incubo, anche lui sembrava una persona vera, come me. Tutte le persone sembravano vere.

«Dicono che viene per te.»

«Chi?»

«La responsabile del reparto.» Fece due passi indietro come per tornare a letto. «Devi essere una persona importante.» Mi stava sorridendo.

«Che ore sono?» chiesi di nuovo tirandomi su con le braccia.

«Le 7.30, professore.»

«Non chiamarmi professore. Io sono Pier.»

Tornò verso di me, allungando la mano. «Io sono Giovanni, piacere.»

Gliela strinsi. «Tu perché sei ricoverato?»

«Da ieri mattina ho vomito e mal di testa. Al pronto soccorso mi hanno fatto la Tac ed è saltata fuori una trombosi del seno cavernoso. Mi si è chiusa una vena dentro il cervello. Adesso però sto bene. Mi sono rimaste solo un po' di vertigini.»

Mentre lo guardavo, ragionai da medico. Trombosi venosa cerebrale, una malattia rarissima. E poi così giovane! E nemmeno in una donna, che assume estro-progestinici. Sicuramente ha problemi di trombofilia.

Giovanni tornò verso il suo letto, scostò la tenda e si coricò. «Tu invece?»

Sospirai. Non avevo molta voglia di parlarne. Ci avevo pensato tutta la notte, ero stanco.

«Cioè, ne parlano tutti, ma non ho capito bene...»

«Ho fatto un incidente in macchina e ho battuto la testa. Il problema più grosso è che sembra abbia perso la memoria degli ultimi dodici anni.»

«Come sarebbe "sembra"? O ce l'hai o non ce l'hai, la memoria.»

«Io credo di averla. Ma loro dicono di no.»

«Tu cosa ricordi?»

«Che è il giorno del compleanno di mio figlio Tommaso, il 25 ottobre 2001, e che sto andando al lavoro...»

«Davvero? E dal 2001 a oggi non ricordi niente?»

«Assolutamente niente.»

«Quindi saprai cos'è una mail o cosa sono gli sms, ma non sai cos'è Facebook, o YouTube, cos'è un blog, cosa vuol dire streaming, e tutto il resto.»

«La direzione del mio ospedale ci manda via fax le mail.»

«Il fax? Scordatelo.»

«In che senso?»

«Non si usa quasi più.»

Rimasi in silenzio un attimo. Poi dissi: «Comunque so usare gli sms. Per tutto il resto, invece, non so di cosa parli».

«Grande! Vorrà dire che ti insegnerò tutto io.»

«Davvero?»

«Io farò Robinson Crusoe e tu Venerdì. Mi sembra giusto: ci siamo conosciuti ieri che era proprio venerdì.»

«Be'... grazie.»

«Tranquillo. Ci divertiremo.»

Io non ci credevo tanto. «Va bene» mormorai.

«Per esempio, vedi questo coso che ho in mano? Si chiama iPad.»

«Come si chiama?»

«iPad. Si scrive tutto attaccato. Lo fa la Apple e serve per mantenere i contatti con la rete. Io con questo ci lavoro da casa.»

«La Apple è quella che fa i computer?»

«Sì, certo.»

Ero perplesso. Per un attimo pensai che la faceva più grossa di quel che era. «Il mondo va avanti come prima, no?» scherzai.

«Non tanto. Ti accorgerai di aver perso una rivoluzione.» Fece una pausa, sporgendosi in avanti. «Forse è meglio che io rallenti» disse. «Cominciamo dalle cose semplici. Ho visto che hai un bel BlackBerry.»

«Un che cosa?»

«Quello che hai sul comodino. È un modello *touch screen*?»

«Questo?» Presi in mano il telefonino. «Mi sono fatto spiegare da mio figlio come si accende. Ma sinceramente non so come si usi.»

«Te lo spiego io.»

«E poi cosa significa *touch screen*?»

In quel momento entrò Anna Curti. Teneva un giornale in mano.

«Ah, bene, vi siete già conosciuti. Vedo che state meglio» disse.

Giovanni si era sdraiato a letto, tutto compito, quasi in ossequio alla responsabile del reparto. Lei si avvicinò a me.

«Lo sai che sei su tutti i giornali? La notizia ha già fatto il giro della rete.»

«Per l'incidente?» chiesi. In realtà avevo un sacro terrore che parlassero della mia memoria.

«Certo» disse lei. «Ti ho portato il quotidiano di Pavia.»

Feci per prenderlo. Lei lo tenne ancora stretto. «A dar retta al giornale sei quasi morto. Cosa dici, glielo facciamo credere davvero?»

Sorrise e mi porse anche gli occhiali. «Me li ha lasciati tua moglie. Mi ha detto che li usi da quasi tre anni.»

Io non le diedi retta. Guardai la prima pagina a occhi nudi. I titoli riuscivo a leggerli. Ma il resto lo vedevo tutto sfocato. Allontanai il giornale istintivamente.

«Dai, prova con questi» fece lei.

Inforcai gli occhiali in maniera un po' goffa. Le parole comparvero in modo chiaro. Per prima cosa andai a cercare la data. Era il 1° giugno 2013. Sul monitor la frequenza cardiaca aumentò. Alzai gli occhi e incrociai quelli di Anna Curti. Capii che lei aveva capito. Quella era la prova finale.

Lessi l'articolo, in prima pagina. Non mi ricordo neanche cosa diceva. Abbassai il giornale. E sorrisi senza dire nulla.

Lei cominciò a visitarmi. Io non facevo molta attenzione, continuavo a pensare a quella data, me la ripetevo nella mente con ossessione, cercando di capire che cosa significhi risvegliarsi nel futuro, ritrovarsi in un posto quasi sconosciuto «dopo una rivoluzione», come mi aveva detto Giovanni. Ogni giorno ha il suo tempo, ma il mio era un tempo perduto, un tempo distante che avevo solo sognato in mezzo a questo mare infinito di tempo. Quello che avevo davanti, di fronte a me, era il tempo degli altri, come se uno potesse vivere una vita che non è la sua.

Non mi accorsi nemmeno che lei mi stava prendendo la mano dolcemente, come si fa con un bambino che si è smarrito. Mi stava parlando, ma non la sentivo.

«Cosa?» dissi sovrappensiero.

«Adesso che lo sai, ti sentiresti pronto a vederti allo specchio?»

Pensavo: il 1° giugno 2013.

«Prima o poi lo dovrò pur fare» dissi. Non capivo bene tutte queste precauzioni. Cosa c'era di più terribile di quello che sentivo? Dov'era finita la mia vita?

Fecero tutto molto lentamente. La dottoressa disse all'infermiera di rimontare lo specchio in bagno, mentre continuava a tenermi la mano. Quando tutto era a posto, mi fecero entrare.

Guardai lo specchio.

Fu una botta terribile. La gamba destra mi cedette. Lei mi sorresse per un braccio.

Davanti a me c'era una persona vecchia, con i capelli quasi tutti bianchi, le occhiaie e le rughe sotto il mento. Gli occhi erano i miei, ma molto stanchi e tristi. Era quello il tempo perduto, quello che mi è passato accanto nelle notti di stelle e nei giorni di sole, quello che mi aveva tenuto per mano senza che io lo sapessi, il tempo che avevo smarrito e che adesso ritrovavo senza poterlo più vivere.

C'era un'altra persona dentro a quello specchio. Era per questo che cominciavo a sentirmi un estraneo, in mezzo a tutte le cose che non riconoscevo, che forse erano state mie o forse no, anche se lo erano davvero; in mezzo a tutte quelle parole senza senso, agli iPad e al *touch screen*, a quei volti che mi avevano guardato come una persona che si conosce da sempre, mentre io non sapevo niente di loro, a quei due ragazzi che dovevano essere i miei figli, ma che non lo erano. Ero diventato uno straniero nel mondo, estraneo a tutti loro e a tutto questo. Ma soprattutto ero estraneo a me stesso.

«Tutto bene?» mi chiese la dottoressa.

«Se mi fossi incontrato, non mi sarei riconosciuto» dissi.

È la condanna del tempo. Quello che passa, non ti aspetta. È come la morte. Inesorabile.

VI

Stavo guardando il giornale che era rimasto sulla sedia. Era piegato sulla prima pagina. Ma non leggevo i titoli. Guardavo quella data: sabato 1° giugno 2013. Contavo il tempo che la separava dalla mia vita, che per me era quella di venerdì 26 ottobre 2001. Dodici anni. Per la precisione undici anni, sette mesi e sei giorni. Io non mi sentivo ancora come uno che ha perso dodici anni della propria vita. Mi sentivo come uno che si è risvegliato davanti a se stesso, davanti al suo tempo, e improvvisamente è costretto a vivere nel futuro.

Avevo incontrato un mucchio di persone che mi erano venute a trovare, anche se la dottoressa Curti non aveva smesso un secondo di protestare: «Non voglio che questo reparto diventi un mercato». Le avevo viste sfilare accanto al mio letto, tutte quelle facce che non esistevano e che mi scrutavano chiacchierando, raccontandomi storie che venivano dai loro pianeti, come quella lettera che io non avevo mai scritto ma che loro ricordavano a memoria, o quella cena che avevo lasciato all'improvviso per correre in un posto che non ho mai conosciuto, a fare cose che avrei fatto tutti i giorni.

Io li ascoltavo, ma poi li annotavo tutti: chiedevo nome, cognome e ruolo, e li scrivevo su un cartoncino, appuntandoci dei numeri, come un elenco di marziani da mettere in ordine. Alcuni di loro se ne andavano via piangendo. È strana, la gente del futuro.

Molti di essi erano i collaboratori e i colleghi dell'ospedale di Lodi, dove sarei diventato primario dal 2007, nell'altra vita, quella che mi aveva sorpassato. Mai visti, mai esistiti. Ogni tanto entrava un parente o un amico di vecchia data. Di loro riconoscevo gli occhi. Sapevo che erano esistiti. Avrei potuto chiedergli come si trovavano in questo mondo e quante cose dovevo imparare. Ma avevo altro da fare: avevo tirato una riga nera in mezzo al cartoncino e l'avevo diviso in due colonne, quella dei Sì e quella dei No. Sotto i Sì avevo messo le persone conosciute, o meglio ricordate, sotto i No le altre. Alla fine della giornata, a parte i familiari, avevo ricevuto la visita di sedici persone note e trentuno sconosciute. Sommate a quelle del giorno prima, facevano venti Sì e trentasette No. Non so dire bene a cosa mi servisse tutto questo. L'ordine che cercavo era solo una chiave d'ingresso, perché avevo bisogno di trovare un metodo, un qualsiasi metodo che mi fosse conosciuto, per entrare nel futuro.

Ero stanchissimo, e molto confuso. Tutta quella fatica mi aveva spossato, tutti quei marziani che mi sorridevano o mi scrutavano, o che si giravano per nascondere le lacrime, tutta quella sequela senza senso, tutte quelle parole senza fine.

Non erano venute a trovarmi le uniche persone che potevano dare continuità alla mia vita separata, aiutandomi a riallacciarne i fili e dimostrandomi la mia esistenza: mio padre e mia madre. A loro, forse, avrei potuto credere ciecamente: sì, è vero, figliolo. Tu hai vissuto, e devi ancora vivere. Non sei un marziano, ti abbiamo fatto noi, ti abbiamo cresciuto noi. Non hai sognato niente, è tutto vero. Vedrai che si sistemerà ogni cosa.

Mi girai nel letto e posai il cartoncino sul comodino. Sfiorai ancora con lo sguardo le colonne dei Sì e dei No, come se volessi l'ultimo conforto. L'ordine rende meno pauroso il buio. Serve a rischiarare quello che non puoi vedere.

Erano rimasti solo Kunta e Filippo, nella camera, mia moglie e mio figlio grande. Pensai che era strano che nemmeno loro mi avessero mai accennato qualcosa riguardo a papà e mamma. I marziani forse non hanno genitori. Neanche i familiari che erano passati di lì mi avevano parlato dei miei. Mi chiesi davvero come fosse possibile.

Kunta stava mettendo a posto qualcosa nella stanza. Fa sempre così quando deve organizzare i suoi pensieri o il suo dolore. Se le avessi cercato gli occhi, lo avrei visto. Invece le chiesi come mai non erano venuti a trovarmi i miei genitori.

«Lo sanno che ho avuto un incidente?»

Lei si fermò in piedi davanti a me. Aveva lo sguardo stanco. Sono cose che ricordo adesso. Mi sollevai seduto.

«Forse li devo chiamare io, hanno paura a venire...»

Mia moglie e Filippo si guardarono. Erano imbarazzati.

«Be', perché non dite niente?»

Lei mi osservò teneramente. Quando è stanca, i suoi occhi sono ancora più dolci. Mi prese per mano.

«Prima o poi bisogna affrontare questo argomento» disse.

«Che cosa c'entra?»

«È che la dottoressa Curti voleva essere presente.»

Mi prese l'ansia della prima volta, quando mi avevano detto che non era il 25 ottobre 2001, che ero capitato in un altro mondo, nel giorno del Signore 31 maggio 2013.

«La dottoressa...» mormorai stupito.

«Visto che l'hai tirato fuori, te lo devo dire.»

La guardai fisso negli occhi. Sul monitor la frequenza cardiaca aumentò.

«Che cosa mi devi dire?»

«Tuo padre ha ottantotto anni.» Feci il calcolo in silenzio: ne aveva settantasei nell'altra vita. «È molto invecchiato rispetto alla persona che credo tu ricordi.»

«Già.»

«Non gli abbiamo ancora detto quello che ti è successo.»

«E mia madre?»

Lei mi strinse più forte la mano. «Tua madre è morta.»

Sentii qualcosa nel petto che si gonfiava. Anche fra i marziani il dolore è uguale. Anche nel futuro.

«Tre anni fa» disse.

Sul monitor aumentò ancora di più la frequenza cardiaca.

Guardai Kunta. Lei mi sorrise piegando le labbra all'interno, sgranò gli occhi e sollevò le spalle, come si fa quando si chiede scusa a qualcuno. Poi si voltò un attimo verso Filippo, che annuì.

In fondo dovevo aspettarmelo. Se il mondo era vero, per forza doveva essere successo qualcosa. Ogni tanto l'avevo intuito, tutte le volte che era entrato qualcuno e mi ero reso conto che i miei genitori erano gli unici a non esserci.

«Ma quando è successo?» chiesi.

«È morta il 9 settembre 2010, il giorno dopo il compleanno di tuo papà» rispose Kunta. Mi ricordai che mia moglie era un elefante per le date. Non ne scordava una.

«Di cosa è morta?»

«La nonna ha sofferto molto» intervenne Filippo. «Negli ultimi anni aveva sviluppato una forma di demenza. Alla fine non riconosceva più le persone.»

Ascoltavo come inebetito. «Da quanto tempo?»

«Da un po'. Non riconosceva più nessuno. Neanche te.»

«Sono tre anni.»

«Sì. È morta di un tumore all'intestino. Gliel'hai diagnosticato tu.»

«Ha sofferto molto?»

«Tu l'hai seguita tantissimo.» Filippo parlava senza ascoltarmi.

«È vero» disse Kunta. «Anche con l'aiuto di tuo papà.»

«Ti sei proprio preso cura di lei, cazzo. Il nonno non era come adesso. Allora era un vecchio in gamba, e ti ha dato una mano.»

«È invecchiato così tanto?»

«Papà, cazzo! Ha quasi novant'anni!»

«Poi c'era anche una badante ucraina» intervenne Kunta «che viveva giorno e notte con loro, nella casa di Levata.»

Levata di Grontardo era il mio paese. Quello non poteva essere un posto di marziani. Stava nella Bassa padana. Aveva cinquecento abitanti. E non ci si poteva nascondere, non c'erano conche e grandi boscaglie. Era grande come una casa. In fondo quello era davvero: la mia casa. Provai una strana nostalgia, come se Levata fosse il giorno di Natale, qualcosa di caldo che ritorna sempre, tutti gli anni. Siamo noi che non ritorniamo.

«Non mi ha mai riconosciuto...» dissi.

«No» rispose Kunta.

«E aveva una badante...»

«Ucraina, sì.»

«Mi sembra impossibile.»

«Invece è stato proprio così. Era una bravissima persona.»

«È che non ce la vedo mia madre...»

«Lidia.»

«Chi?»

«La badante. Si chiamava Lidia. Aveva preso a cuore tua madre. E metteva a posto anche la casa.»

«La mamma com'era?»

«Era completamente dipendente. Bisognava lavarla, vestirla, imboccarla. Medicarle le piaghe. Lidia faceva tutto questo. E poi stirava, puliva, andava con tuo papà a fare la spesa, faceva da mangiare.»

«Dormiva di sopra» aggiunse Filippo.

«Nella tua vecchia stanza» disse Kunta. «Stava a Levata tutta la settimana e tu le davi il cambio la domenica.»

«Però andavi a trovarla un giorno sì e un giorno no» chiosò Filippo.

C'era qualcosa che mi mancava in tutto quello che mi raccontavano, qualcosa che apparteneva al tempo perduto, alla mia memoria cancellata: un vuoto che nessuno poteva riempire. Neanche io.

C'è il cielo sopra di noi, e c'è la terra sotto i nostri piedi. Insieme facciamo una realtà sola. Ma nel mondo degli uomini c'è una cosa che non hanno né il cielo e né la terra, e che nessuna medicina ci restituisce o ci può aggiustare, e sono le nostre emozioni, questa dolenza sottile che ci accompagna per tutto il cammino che dobbiamo fare, ricoprendo come un sudario le nostre gioie; questa impercettibile sensazione di raccogliere i nostri passi e quelli degli altri per costruire quello che siamo, nell'infinito scorrere della vita. Era questo che mi mancava. Gli ultimi sguardi che mi aveva lasciato prima di perdere il senno, tutte quelle parole che non ci siamo mai detti e che avrei voluto dirle, tutte le dolcezze smarrite nell'abisso della malattia.

Era una donna forte, mia madre. Una donna forte e coraggiosa. Se l'avevo vista spegnersi giorno per giorno, prima la testa poi il corpo, dovevo aver sofferto due volte. Ma anche questo dolore mi mancava.

«Adesso dovremo decidere chi di noi lunedì andrà a Levata per consegnare la borsa di studio che tu hai istituito in sua memoria.»

Filippo stava parlando. Io sentii solo le ultime parole.

«Borsa di studio?»

«Eh sì, cazzo! Ti ricordi che la nonna aveva fondato un'associazione di volontariato?»

«Sì» dissi. Me lo ricordavo bene. Le avevo suggerito io di chiamarla La Solidarietà, perché lei era una grande ammiratrice di Lech Wałęsa, il fondatore di Solidarność. Non era stato tanto tempo fa. Mi accorsi che continuavo ancora a pensare come se fosse il 26 ottobre 2001. Invece bisognava sempre aggiungere dodici anni. Era una vita fa.

«Quell'associazione è cresciuta un casino» continuò Filippo. «La nonna aveva coinvolto un mucchio di persone. L'avevano chiamata a parlare nei comuni vicini, e persino fuori della provincia. Quando è morta, le hanno addirittura dedicato una lapide all'ingresso del municipio. E tu hai deciso di donare al comune, come famiglia, cinquecento euro ogni anno.»

«Euro?»

«Sì, papà. L'euro c'è dal 2002.» Si girò. «Vero mamma?»

«Lo so» dissi. «Ne parlavano, ma non c'era ancora.»
Quante lire avevo speso per i pasticcini di Tommaso?
«Cinquecento euro, papà. Cazzo, una bella sommetta...»
«Cioè?»
«Cioè cosa?»
«Quanto sono?»
«Ah, in lire, vuoi dire? Un milione di vecchie lire. Giusto mamma?»
«Giusto.»
«Cinquecento tu e cinquecento l'associazione La Solidarietà e il comune di Grontardo. Così ogni anno uno studente delle elementari e uno delle scuole medie del paese ricevono un contributo per pagarsi gli studi, capito?»
«La borsa di studio...» sussurrai.
«Già. Tu hai posto una sola condizione: che fosse premiato non quello con il rendimento scolastico migliore, ma quello che "ce l'aveva messa di più", come dicevi tu.»
«Mi sembra giusto.»
«Sei sempre stato così, papà.»
«Be', allora vuol dire che per certe cose almeno non sono cambiato.»
«Figurati. Sei rimasto lo stesso rompicazzo di sempre.»
Non so che cosa voleva dire. Fino a ieri? O anche adesso?
«Pensavamo di tornare tutti insieme a Levata, lunedì. Tutti e tre: Tommy, la mamma e io. Giusto per la cerimonia di consegna.»
Kunta fece segno di sì. Mi voltai di nuovo verso Filippo. Stava dicendo: «Saliremo sul palco assieme a nonno Pino».
Mi venne spontaneo e chiesi: «Papà tiene duro?».
Mia moglie rimase ferma, chinando appena il capo. «È passato tanto tempo...»
Questo tempo, tutto questo tempo. La guardai. Per un attimo pensai di dovermi aggrappare a lei disperatamente. Era l'unica persona con cui potevo non sentirmi straniero. Aveva un respiro lieve che io sentii intrecciarsi al mio e mi venne voglia di dirle qualcosa, come un'invocazione di aiu-

to, o un tenero complimento per ringraziarla di quell'appiglio. Lei adesso stava frugando nella borsa. Riconoscevo anche quel gesto, non solo perché lo avevo visto mille e mille volte. Sono gli scalini che abbiamo sceso insieme, come nella poesia di Montale, «dandoti il braccio, almeno un milione di scale». Quanti gradini, Dio mio. Quelli restano per sempre, anche assieme al vuoto di una scomparsa, di una memoria perduta. Pensai che forse non mi era rimasta che lei.

Ero straniero persino con i miei figli, con la fila di gente che era passata davanti al mio letto, con tutti questi racconti che avevo ascoltato per tutto il giorno, anche quando parlavano di me con incredibile dovizia di particolari, spiegandomi cose che non avevo mai fatto e ricordandomi parole che non avevo mai detto.

Ogni cosa attorno a me era diversa. Anche i televisori erano differenti, schermi piatti e sottili che potevamo immaginare solo per gioco, nel futuro. Pure la borsa di Kunta era diversa.

«È nuova?» le chiesi.

«Che cosa?»

«La borsa. È nuova?»

«No. Ce l'ho da un po'» rispose lei quasi distrattamente. Aveva trovato quello che cercava. Era una foto. Me la porse.

Io la trattenni in mano prima di guardarla, mentre lei diceva che l'aveva tolta apposta dal mio portafoglio. «Ma ormai te la posso dare.»

Chinai gli occhi. Era la foto di mia madre. C'era una strana luce che le illuminava il viso. Stava scorgendo qualcosa in alto, a sinistra. Sorrideva. Doveva avere circa sessantacinque anni. Era bellissima. Era come me la ricordavo.

Girai la foto e lessi le date di nascita e di morte. C'era scritto: «Signora di carità». Lessi quelle parole a voce bassa.

«Hai voluto tu che ci fosse scritta solo questa frase» disse Kunta.

Pensai che non è vero che si muore una volta sola. Le persone muoiono anche quando noi lo veniamo a sapere. Che strano mondo che ci siamo fatti. È un posto dove non puoi vivere da straniero. E dove l'unica cosa che continua a vivere dopo di te è la memoria.

Erano le nove e mezzo di sera. Avevo saputo del passato e stavo guardando il futuro. Giovanni era stato tutto il pomeriggio al telefono. Fino all'inizio dell'orario di visita aveva continuato a parlare. Dai suoi discorsi, avevo capito che era un musicista ma che aveva anche altri affari in ballo. A volte alzava il tono di voce e poi subito lo abbassava. Con la coda dell'occhio avevo notato che, mentre parlava al telefono con gli auricolari, con le mani usava quella specie di tavolozza che mi aveva detto chiamarsi iPad. Non ero nemmeno sicuro di aver capito bene il nome.

Dal mio letto, lo stavo osservando seduto sul suo, con quell'apparecchio poggiato sulle gambe incrociate. Mi aveva ricordato la statua di uno scriba che avevo visto al Museo egizio del Cairo, quando c'ero andato durante la luna di miele. Ventiquattro anni fa. Questa volta avevo imparato a fare il calcolo giusto. Stavo cominciando a pensare non in modo semplice, ma in maniera addizionale. Non più «ci sono stato dodici anni fa», come mi veniva spontaneo ricordare, ma «ci sono stato dodici più dodici, uguale ventiquattro anni fa». Dovevo sempre aggiungere il mio buco nero. Non era così facile.

Giovanni aveva appena finito di parlare al telefonino. Gli chiesi dove sarebbe andato questa sera, se non fosse stato ricoverato.

«Dovevo andare al mare con la mia ragazza» rispose. «I miei hanno una casa in Liguria. E tu? Cosa avresti fatto?»

«Nel fine settimana di solito andiamo da mia suocera. Veniamo dallo stesso paesino io e mia moglie, in provincia di Cremona. Ci abitano mio padre e mia suocera. Ci abitava anche mia mamma. Ma ho appena scoperto oggi che è morta.»

«In quei dodici anni che hai dimenticato? Sono dodici, no?»

«Sì. È morta nel 2010.»

«Chissà quante cose sono successe. Dovrai abituarti a sentirne un mucchio.»

«Ne ho sentite già troppe.»

«Tutte brutte?» fece lui.

«No.» Ci pensai su. «Non credo. Ma è difficile da dire. Alcune sono una rivoluzione della tua vita. Un cambiamento così radicale riesce complicato accettarlo in un colpo solo. Sei tu che mi hai detto che mi sono perso una rivoluzione, no?»

«È vero, professore.»

«Un po' me ne sto accorgendo. Io sono un tipo semplice. Questa sera sarei andato a prendermi un gelato, o a vedermi un film di Walt Disney. Le modernità possono spaventarmi.»

«Vuoi guardare un film?»

«Sì?»

«Se vieni sul mio letto lo guardiamo insieme. Ti presto uno dei miei auricolari.»

«Come no!» entrò l'infermiera. «E magari vi bevete pure un paio di birre...»

Avanzò trascinando un carrello. «Dove credi di essere Giovanni? Fosse per me vi impedirei di usare telefonini e altri aggeggi. E lei, professore, non si faccia incantare da questo qui.»

«Hai ragione, Flavia, ma non vedo l'ora di far vedere al professore com'è cambiato il mondo» protestò Giovanni.

Lei si avvicinò, scostando la tenda che mi divideva dal letto di Giovanni. «Non posso certo impedirvi di parlare, ma non esagerate» disse. Venne verso il mio letto e vi si sedette sopra, facendo attenzione a non schiacciarmi i piedi. «Professore, ma davvero non ricorda niente degli ultimi dodici anni?» mi chiese. «Proprio niente di niente?»

«Niente di niente.»

«Lo sai che il presidente degli Stati Uniti è un nero?» intervenne allora Giovanni.

«Un attore?» chiesi.

«Ma no. Reagan era un attore. Quello però te lo ricordi...»

«Certo. Erano gli anni Ottanta.»

«E lo sai che papa Wojtyła è morto e che dopo di lui è venuto Ratzinger, un tedesco, che si è pure dimesso. Le avevi mai viste le dimissioni di un pontefice? Il nuovo, invece, è argentino. Papa Francesco. È stato appena eletto.»

«Quella di stasera doveva essere la prima lezione di aggiornamento» dissi. «Invece non si può, peccato.»

Flavia sorrise: «È un bel tipo, professore, lo sa?». Si alzò. «Facciamo così. Stasera Giovanni le inizia la teoria.»

«Grazie.»

Si avviò verso la porta. «Vedete di non parlare troppo forte» disse, mentre Giovanni si metteva seduto.

«Da dove vuoi che cominci?» chiese lui.

«Da dove ci ha interrotto questa mattina la dottoressa. Mi stavi spiegando cos'è quel coso.» Gli indicai il tablet.

«Si chiama iPad.»

«Me l'avevi già detto.»

«E fa tutto tranne che telefonare. Però c'è già in commercio il modello con il quale puoi anche telefonare. Con questo vai su internet e ti colleghi con il resto del mondo. Ciascuno di noi ha una mail. Anche tu ne hai una. Tu vai su un motore di ricerca, per esempio Google, digiti il tuo nome e cognome e compaiono diverse pagine su di te.»

«Cosa intendi con "diverse pagine su di me"?»

«Adesso ti faccio vedere. Voglio dire le notizie che ti riguardano, i congressi che hai fatto, quello che gli altri scrivono su di te, l'incidente che hai avuto... Tu comunichi con gli altri attraverso le mail. Puoi scrivere quello che vuoi e conservare la tua posta, farne un archivio. Qual è la tua mail?»

«Ma si paga una mail? Quante lire costa?»

«Lire? Vorrai dire euro...» Armeggiò sveltissimo con l'iPad.

«Che fai?» chiese Flavia, che era riapparsa sulla soglia. «Stai cercando quando è stato messo l'euro?»

«Pazzesco» disse lui. «Il professore viveva davvero in

un altro mondo. È un casino. Il 1° gennaio 2002. Da allora c'è l'euro.»

«Sono undici anni che abbiamo l'euro» confermò Flavia. «La lira appartiene a un'altra era. Sono raddoppiati tutti i prezzi da allora. Professore lei non ha idea di dove è capitato.»

«Ma io so cos'è l'euro» dissi. «È da un po' che ne parlano e ci sono già in giro i convertitori. Lo dicevo oggi pomeriggio a mio figlio. Ormai è da un anno che sulla busta paga lo stipendio è scritto sia in lire sia in euro. Che casino volete che sia?»

«Secondo te quanto costa un iPad?» chiese Giovanni.

Ci pensai un po' su. Nel gennaio 2001, io e Kunta avevamo comprato il nostro primo computer fisso e l'avevamo pagato due milioni di lire. «Un milione di lire?» risposi dubbioso.

«Vedi» fece Giovanni, «tu ragioni in lire. Dovresti dire cinquecento euro.»

«Però è giusto» intervenne Flavia. «Facendo il calcolo, cinquecento euro sono un milione di lire.»

«Ma tu non devi fare i calcoli. Quando vai dal fruttivendolo fai i conti con la lira?»

Anch'io stavo facendo i calcoli: «Un euro sono circa duemila lire» dissi.

«All'inizio sì che lo facevo» rispose Flavia. «Lui è come se fosse all'inizio.»

«No, perché se lui deve pagare in dollari, per esempio, ha un passaggio in più da fare. Prima deve convertire le lire in euro e poi convertire gli euro in dollari.»

«Ma il professore mica deve pagare in dollari!» fece Flavia, tornando verso la porta.

Alzai la voce: «Quando voi due avete finito di discutere su come ragiona il mio cervello, mi dite quanti euro costa una mail?».

Flavia si era fermata di nuovo. «Una mail?»

Giovanni sorrise. «Vedi, è diverso. Tu fai un abbonamento mensile con l'operatore telefonico che vuoi, e questo comprende l'uso illimitato di internet. Che comprende la mail.»

«Ah» feci. Non è che avessi capito molto. «Ma quanto costa?»

«Io per esempio pago venticinque euro al mese tutto compreso.»

«Con le mail?»

«Certo. Posso ricevere e mandare tutte le mail che voglio. Basta avere un indirizzo.»

«Allora» cominciai a spiegare, «io ho Telecom sul fisso di casa, con la domiciliazione della bolletta in banca e Tim sul cellulare, che mi si ricarica ricevendo chiamate. Cosa devo cambiare?»

«Io non ho più il telefono fisso e ho Vodafone per il cellulare» intervenne Flavia.

E Giovanni: «Anch'io non ho più il telefono fisso, ma ho due cellulari, uno per il lavoro e uno per uso personale». Parlavano fra loro. «Quello personale è un Dual Sim.»

Pensai: che strano, non hanno più il telefono fisso? Ma gli chiesi: «Che cosa vuol dire Dual Sim?».

«Vuol dire che dentro il telefonino ho due schede con due operatori diversi, Vodafone e Tre. Guarda.» Aprì il cellulare. «A seconda di chi devo chiamare uso l'una o l'altra.»

Mi sembrava tutto così complicato. In che razza di mondo ero capitato? Perché diversificare chiamate e risposte? Quanto tempo ci si perdeva? Che senso aveva tutto questo? E quando suonava il telefonino come facevo a rispondere con l'una o con l'altra scheda? In base a quale decisione?

I marziani sono gente assurda. Tutti quelli che non conosciamo sono gente assurda. Il fatto è che ero io il marziano, non loro. Ero io quello strambo, con tutti quei milioni in lire, con il telefono fisso, la bolletta in banca, il cellulare che non trovavo più con lo sportellino che si apriva per parlare. Avevo davanti un futuro che era già passato. È questo che è incredibile. Dovevo farmi spiegare tutto quello che avevano vissuto e che per me doveva ancora succedere. Avevo paura di essere fastidioso, e anche di ripetermi.

Mi ricordavo perfettamente quello che io e Giovanni ci eravamo detti al mattino e anche l'ultima domanda che gli avevo fatto prima che arrivasse la dottoressa Curti a interromperci. Gli stavo chiedendo che cos'era un *touch screen*. Mi stupii di ricordare le parole esatte. Vuoi vedere che il buco della vecchia memoria mi ha potenziato quella nuova?

Lo pensai davvero, perché da quando mi ero risvegliato riuscivo a ricordare molte cose con un nitore particolare. Con la freschezza di un bambino. Ecco chi sono i marziani.

Finsi di essere annoiato. Non volevo dirgli che mi stavano confondendo, che non riuscivo a capire tutto quello che mi spiegavano, che avrei avuto un mucchio di domande da fare.

«Sì, vabbè, a parte questi dettagli, questa mattina mi stavi chiedendo se il mio telefonino è *touch screen*. In inglese vuol dire "toccare lo schermo". Non mi dire che i comandi sono sullo schermo, come nel film *Star Wars*?»

«E bravo il nostro Venerdì!» esclamò Giovanni. «Vedo che capisci alla svelta.»

Voltò lo schermo dell'iPad verso di me.

«Anche i cellulari funzionano come l'iPad» disse Flavia.

Che cosa voleva dire?

«Ma lei non doveva lavorare?» le chiesi, cercando di essere il più gentile possibile. Fece finta di non sentirmi.

«Vedi come si fa?» mi diceva Giovanni, muovendo le dita sullo schermo. «In fondo è semplice. Molte delle cose che non sai le hai già viste in qualche film.»

«O nei giochi della PlayStation» mormorò Flavia.

«Hai presente *Tron*?» chiese Giovanni.

Non capii. «Che cosa?»

«Il film. Be', c'è la scena finale quando i due protagonisti attendono sul tetto l'arrivo in elicottero del nuovo direttore...»

«Non è della Walt Disney?»

«Certo. È un film degli anni Ottanta.»
«Sì, lo ricordo.»
«Ecco, in quella scena finale si vede la città, con la sua vita frenetica, le luci delle auto e i grattacieli visti dall'alto che ripropongono la realtà virtuale raccontata dal film, fatta di impulsi che sfrecciano a velocità supersoniche. Tu sei capitato qui.»
«In un mondo fatto di impulsi velocissimi.»
«Sì. Senza distanze. Mi capisci?»
«E quel film lo raccontava già.»
«Proprio così. Il protagonista, che era Jeff Bridges, aveva trovato il modo di costruire la realtà nella rete.»
«*Tron* era un film di fantascienza...» mormorai.
«Ma questo per te potrebbe essere un mondo di fantascienza» disse Giovanni. «Per esempio: io con l'iPad posso fare un mucchio di cose. Se voglio, non devo più andare in banca...»
«Che significa?»
«Che fai tutto dal computer. O dal telefonino, questo qui.» Mi mostrò il suo. «Compri i biglietti del treno, dell'aereo, prenoti l'albergo, organizzi le vacanze, i viaggi, tutto quello che vuoi, con il computer. E per andare in banca lo sportello è l'iPad o il tuo cellulare.»
«E gli impiegati che ci lavorano?»
«Sono sempre meno. Ma nasceranno tanti altri lavori che prima non c'erano.»
«Però non capisco. Come fai?»
«Con il *mobile banking*.»
«E che cos'è? Una cosa come Google?»
«Ma no...» Rise. «È una app.»
«Una che? Una Apple?» Avevo capito male.
«No, una app: a-p-p.» scandì.
«Che cosa sono?»
«Delle applicazioni. Sul telefonino. Ecco, guarda.» Mi mostrò il suo. Uno schermo pieno di disegnini. «Queste sono le applicazioni. E tutte le operazioni che fai in banca puoi farle anche con tutte le Borse del mondo.»

«In fondo, cose così si potevano immaginare. Ma per divertimento.»

«Eh già. Forse il futuro è già stato scritto» disse Giovanni avvicinandosi a me.

Socchiusi gli occhi per vedere meglio l'iPad. Poi mi venne in mente che nel futuro portavo gli occhiali da vista. Non li avevo mai usati prima. O non me lo ricordavo. Accostandomi li inforcai malamente. Erano un oggetto estraneo.

Suonò il telefono del reparto e l'infermiera si allontanò.

«Tieni» disse Giovanni, passandomi il tablet.

La prima sensazione che provai tenendolo in mano fu la leggerezza. Il colore nero lo faceva sembrare più pesante. È roba che non fa rumore, solo un trillo strano. Il futuro sembra qualcosa che scivola. Non c'è il ticchettio di una macchina da scrivere, non c'è la confusione della carta, forse non ci sarà nemmeno il disordine di un ufficio. Cammineremo con passi felpati lungo corridoi di vetro.

«Tocca con il dito l'icona Safari» suggerì Giovanni.

La cercai sullo schermo, anche se ce l'avevo davanti. Feci appena una leggera pressione, un po' titubante. Apparve una pagina piena di scritte.

«Vai in alto a destra e tocca la riga dove c'è scritto "Google".»

Ubbidii.

«Guarda. Su quella riga riquadrata puoi fare una ricerca di quello che vuoi.»

«Ne ho sentito parlare tanto di Google. Però non l'ho mai usato» dissi.

«Vedi la tastiera che ti è comparsa in basso sullo schermo? Scrivi con quella il tuo nome e cognome.» Lo feci. «Ecco, schiaccia sulla frase "Cerca con Google".»

Rimasi di stucco. Vidi una pagina intera di righe blu con il mio nome in evidenza. Ogni riga era un argomento che mi riguardava. Forse lì c'era scritto qualcosa del mio futuro. C'era anche una mia foto: era identica a come mi ero visto allo specchio quella mattina.

«Se schiacci sopra ogni riga ti si apre l'articolo che ti riguarda» disse Giovanni.

Un richiamo parlava del mio incidente. Mi soffermai un attimo. Non avevo voglia di leggere quello che avevo vissuto e che stavo vivendo.

«Questa è solo la prima pagina» mi spiegava Giovanni. «Se vai in fondo, sotto la scritta "Google", vedrai una serie orizzontale di numeri, dall'uno in avanti. Quelle sono tutte pagine che parlano di te.»

Sulla soglia riapparve Flavia. Non aveva più il tono incuriosito di prima. Sembrava un'altra persona.

«Sei proprio incorreggibile, Giovanni. Lo vuoi lasciare tranquillo il professore?»

«Perché? Lo sai che cosa stavamo facendo...»

«Non lo sgridi» dissi posando il tablet. «La colpa è solo mia. Sono stato io a insistere. È che ho voglia di vedere e capire.»

«Diciamo così, professore, vi siete trovati in due» fece Flavia. «Però credo che per questa sera dobbiate smettere.»

«Peccato. Cominciavo a imparare.»

«Non mi metta in difficoltà, la prego. Ho ricevuto ordini precisi di farle evitare qualsiasi forma di stress.»

«Ma non sono stressato» azzardai.

«Perché non ha visto il monitor.» Si avvicinò. «Guardi. Segnala un aumento sia della pressione arteriosa sia della frequenza cardiaca.»

Mi voltai a sbirciare. Era vero.

«Cosa dico domani alla dottoressa? Che è capitato mentre smanettava sull'iPad di Giovanni?»

Mi sentivo come un bambino. L'infermiera aveva usato lo stesso tono che avevo io quando sgridavo i miei figli. Restituii il tablet a Giovanni. Lui fece un sorriso divertito.

«Ok» disse.

Dopo che l'infermiera uscì, rimase il silenzio. Era il rumore del futuro. Era questo che non capivo. Qual era il mio tempo. Quello in cui avevo perso mia madre, senza sapere di esserle stato vicino, di averla accompagnata fino all'ultimo passo? O queste immagini che non mi appartenevano ma che avrei dovuto imparare a conoscere? Questo mio buco nero che sarebbe diventato sempre più grande e sempre più buio?

Sono sempre stato un topo di biblioteca, che si faceva fare le copie di tutto. Lavoravo con un mare di carta. Adesso mi chiedevo se la carta esistesse ancora. E per parlare ero abituato a usare il telefono, anche quello fisso, con i numeri da schiacciare. Mi venne in mente quando, nel 1990, andai con il gettone a chiamare mia madre: «Guarda che adesso sei diventata nonna». Erano le memorie di undici anni fa. Non di ventitré. Ricordo che da allora guardavo in giro per vedere se ne trovavo qualcuno, di telefono. Avrei imparato che ce n'erano ancora negli uffici, ma che non li usava quasi nessuno.

Che razza di mondo era questo, mi sembrava un posto senza distanze, dove ti potevano raggiungere tutti e dove, se non ti cercavano, potevi anche impazzire. Un posto molto più veloce del mio tempo. Mi chiedevo, spaventato, se sarei mai riuscito a stargli dietro.

Però, cominciavo a capire.

Mi aspettava una vita da straniero.

VII

«Ti guardavo dormire.» La voce di Kunta era arrivata come le parole dei computer. Scivolando.

«Che ore sono?» Mi stropicciai le palpebre.

«Le dieci» rispose lei. Spostò una borsa sulla sedia. Si mise comoda. «Mi ha detto l'infermiera che ti sei addormentato solo dopo la colazione.»

«Sì.» Mi tirai su lentamente.

Quella notte non avevo chiuso occhio. Avevo continuato a pensare ai due giorni appena trascorsi. E avevo scandagliato invano le mie conoscenze mediche per capire meglio che cosa mi stesse succedendo. Il fatto è che non sappiamo come funziona la memoria a lungo termine, non sappiamo dov'è situata, in quale luogo del cervello.

L'unica cosa che potevo capire è che, con quell'incidente, mi si era rotto un file e che lì dentro c'erano dodici anni della mia vita. Non potevo nemmeno spiegarmi perché dodici, e non dieci o cinque o tutti. Da medico, però, avevo avuto la terribile certezza che una parte del mio cervello era morta.

Avevo rimesso in fila le cose che mi avevano detto e gli occhi che avevo visto. Sono un uomo ordinato. Mi ha aiutato molto. Poi avevo riflettuto sulle emozioni che avevo provato. Perché non avevo sentito nulla di particolare quando avevo rivisto i miei figli? Loro per me erano gli usurpatori dei miei bambini. Non avevo perso solo la mamma, ma anche i miei piccoli.

Bastava guardare il monitor al quale ero attaccato per rendermene conto, con il suo palpito arancione che scorre assieme alla tua vita. Io ero un medico e sapevo farlo. Con Kunta il cuore aveva accelerato. Pure adesso. Persino mentre provavo a usare l'iPad era successo. Con i miei figli no, nemmeno quando avevano tentato di scoccarmi un sorriso e una strizzatina d'occhio, o quando avevano rivolto con circospezione il loro sguardo sul mio, quasi avessero timore di accarezzarmi. Eppure, mi dicevo, non mi avevano mentito sull'incidente. Nessuno, a parte me, era rimasto coinvolto. Ci sarebbe stato scritto su Google, o anche sul giornale che avevo sfogliato velocemente, dopo aver guardato soprattutto la data.

Percepii un altro peso, come quando mi sentivo uno straniero nel futuro. Ma questa volta era diverso, non era paura o sgomento. Era il senso di colpa. Sperai che avessero attribuito al trauma la mia freddezza, e che non ne avessero sofferto troppo.

Quella notte rividi la mia casa, la punta di noce della balaustra e il mobile di fronte alla mia poltrona, tornito con le sue modanature; rividi la cucina e la finestra affacciata sul cortile; rividi il mio lavoro, il mio paese, gli amici. E ripassai il colore degli occhi di tutti quelli che mi venivano in mente. Non provavo nessun conforto, neanche una vaga speranza. Quello che ricordavo non esisteva per nessun altro se non per me.

Poi fuori aveva cominciato ad albeggiare. Ero rimasto lì a guardare le cose che mi erano sfuggite e che non potevo vedere. Mi pareva di essere un mero guscio, svuotato e quasi insulso nella forma, ed era come se, dopo una lunga e debilitante prigionia, nelle vene montasse una rabbia segreta, un risentimento verso chi mi aveva tenuto prigioniero. La verità, però, era che la prigionia era appena cominciata.

Così, quando venne l'infermiera con la colazione, mi disse con leggero tono di rimprovero che non avevo dormito tutta la notte. L'aveva visto dal monitor. Poi mi chiese se volevo essere aiutato ad andare in bagno. Risposi di no, in malo modo. Pensai sconsolato che faceva così perché era abituata a trattare pazienti con problemi al cervello. Provai una tristezza infinita. Andai in bagno da solo e mi feci la barba cercando di non guardarmi allo specchio. Mi lavai i capelli nel lavandino. Tornai a letto, presi il caffellatte e mi assopii.

Avrò dormito due ore. Me lo disse Kunta. Ma non ero stanco. Io sono abituato a faticare. Non avevo forse appena fatto la notte di guardia in piedi a lavorare in pronto soccorso, quattro giorni prima, lo scorso martedì 23 ottobre?

Mia moglie mi stava accarezzando la mano. «A cosa hai pensato tutta la notte?» mi chiese.

«Ho continuato a pensare a quello che mi ricordo io.»

«Già...»

«Invece, vorrei che mi raccontassi un po' di cose.»

«Vuoi che ti parli di questi dodici anni?»

«Sì. Ho bisogno di sapere.»

«Be', mi fa piacere sentirti parlare così. Vuol dire che ti stai rassegnando al presente.»

Per me non era ancora così. Mi stavo rassegnando al futuro.

«Ieri, era sembrato a tutti che ci scrutassi con diffidenza. Che rifiutassi la realtà.»

«Io non rifiuto la realtà. Sto cercando di capirla e mi dispiace che voi non capiate me. Sto soffrendo. Sono capitato in un altro mondo, in un posto che non conosco, e senza sapere quello che ho fatto per arrivarci. Sempre che ci sia arrivato.»

«Ci sei arrivato, certo che ci sei arrivato.»

«Mi sento due persone diverse. E a contare di più è quella di prima.»

«Lo so» disse lei. «Non arrabbiarti.»

Si mise comoda. Accavallò le gambe e strinse le ginocchia con le mani. «Da dove vuoi che cominci?»

«Da noi due.»

È una sensazione strana riscoprire la propria vita. C'era una parte di me che era morta. Per me, però, che sono cattolico, a cosa si riduce la non esistenza, se non a una sottilissima differenza fra la morte come la fine di ogni cosa, simile a un lungo sonno imperturbato, alla cessazione del desiderio e della coscienza, e la morte come l'inizio di una nuova vita al di là dell'immaginabile, sotto il velo dell'eternità?

Il fatto è che, come medico e come malato, non riuscivo a dare corpo a questa convinzione. Davanti a me non avevo neanche il cadavere da analizzare o da chiudere pietosamente dentro la sua cassa di mogano.

La mia morte, quella del file della mia memoria, era il vuoto più assoluto, la non esistenza, l'assenza. Non era la fine. Era il nulla.

Ma adesso, che avevo chiesto a Kunta di raccontarmela, quella parte di me che era morta stava diventando improvvisamente un'altra cosa, come se qualcuno mi svelasse in pochi minuti ciò che stava per accadermi in dodici anni. Quello che mi sarebbe successo. Era una sensazione assurda, quasi opprimente.

Oggi, due giorni dopo il 25 ottobre 2001, avrei ingollato in un sorso dodici anni di vita. Era il futuro. C'è già, anche se non esiste. Ma a me serviva per vivere il presente, mi era indispensabile.

Vedevo Kunta che mi sogguardava con gli occhi limpidi, ombreggiati dalle lunghe ciglia, e ascoltavo con una certa apprensione la sua voce. Il suo tono era lento, troppo. Quando gliene chiesi ragione, lei mi disse che faceva fatica ad abituarsi all'idea che io non capivo quello che mi raccontava.

«Io capisco benissimo» protestai.

«Ma dai! Mettiti nei miei panni. Come faccio a spiegarti le varie situazioni come se ti svelassi delle novità, quando invece per me tu le conosci per forza, anche perché le abbiamo vissute insieme?»

«Guarda che ho perso la memoria, non l'intelligenza.»

«Va bene. Cosa ti ricordi di me, della mia salute?»

«Della tua salute? Ma cosa dici?»

«Sì. Cosa ti ricordi?»

«Stai benissimo. Che problemi ci sono?»

«Io ho rischiato di morire. Tu mi hai portato anche a New York. Mi avete salvato.»

«Morire di cosa?»

«Ho avuto la diagnosi di linfoma non-Hodgkin al quarto stadio dieci anni fa. Sono andata in remissione con le chemioterapie e nel dicembre 2005 ho fatto un trapianto autologo di midollo.»

Mi sentivo come quando mi avevano spiegato che ero diventato un primario con la cattedra all'università e una consulenza al ministero. È impossibile. Ma allora c'era stata proprio un'altra vita!

Avvertivo una strana percezione, come se avessi vissuto per un tempo indefinito in un pianeta parallelo, compiendo un percorso diverso dal mio, lontanissimo dalle mie abitudini, dalla mia persino scontata quotidianità, come se ognuno di noi esistesse dentro un perimetro esistenziale che racchiudesse anche le sorprese e i cambiamenti, e io ne fossi comunque uscito, risucchiato in un altro sistema. Per questo le feci la domanda più stupida che potevo fare.

«Davvero?»

«E non solo. Ho avuto altre tre recidive. Nel 2007, nel 2009 e nel 2011.»

In una vita succede di tutto. Si muore e si rinasce tante volte, anche. Cominciavo a capire. Dodici anni sono una vita.

Lei abbassò gli occhi. Che strano silenzio c'era adesso.

Non era il silenzio di questi giorni, fatto di rumori ovattati, di schermi lucidi, di angoscianti visioni e passi felpati. Non era il silenzio del futuro. Era qualcosa che io riconoscevo, era il nostro silenzio.

Deglutii.

«Ma cosa c'entra New York?»

«Nel 2007 siamo stati da una dottoressa italiana, figlia di un tuo collega di Lodi, che vive e lavora a New York, assieme al numero uno al mondo per quanto riguarda i linfomi. Il dottor O'Driscoll. Hai insistito tu perché ci andassimo. E hai fatto tutto tu.»

Kunta si fermò. Aveva uno sguardo diverso. Io alzai gli occhi sul suo volto ansioso, nitido e preciso come un meccanismo di orologio ripulito da polvere e ruggine, abbassandomi sdraiato sul cuscino.

«Abbiamo imparato, vero? Abbiamo già imparato come si fa a rimettersi in piedi» dissi.

Lei fece segno di no. «Non siamo mai caduti, Pier.»

La sua bocca era una muta fessura. Per la prima volta osservai con dolcezza, senza spavento, il suo viso invecchiato. Sugli zigomi le stavano venendo dei pomelli, le rughe del collo formavano piccoli solchi. La pelle tenera attorno agli occhi si stava riempiendo di grinze. Con l'età, forse, cambiamo fuori e cresciamo dentro. Abbassai cautamente la mano sul lenzuolo, che era quasi chiusa come un pugno debole, allungandola sul mio fianco, a voler cercare, in una posizione più comoda, quella sensazione tranquillizzante di essere finalmente nel centro di me stesso, accanto all'unica persona che poteva accompagnarmi dentro al futuro, regalando anche a questa asettica e disordinata stanza di ospedale un'inattesa tonalità accogliente.

«Però ne siamo usciti.»

«Sì» mormorò. Adesso aveva la testa china.

«Sei guarita, no?»

«Sì. E tu mi sei stato vicinissimo. Sei stato bravo. Ti devo molto.»

La guardai. Teneva ancora gli occhi bassi. «C'è qualcosa che non mi dici?»

«No. Solo che faccio fatica. Come posso raccontarti tutto quello che è successo? Come faccio a fare un discorso pensando continuamente di fermarmi a ogni parola perché tu non ricordi? Come faccio a spiegarti la parte più importante della nostra vita che abbiamo affrontato insieme, il dolore e la speranza, la paura e il coraggio? Come faccio a dirti tutte le cose che abbiamo conosciuto dentro di noi, da soli, io e te?»

La guardai ancora smarrito. Pensai in un attimo con spavento che non solo non ricordavo gli avvenimenti, ma nemmeno tutte le emozioni che avevo provato. Alla fine era sempre la stessa sensazione: era come se mi raccontassero la vita di un altro.

«Per te è complicato?» dissi. «Pensa a me. Pensa con quanta difficoltà potrò tentare di ricostruire i fatti accaduti. Ma le emozioni che ho provato, quelle le ho perse per sempre. Ho perso l'attimo, un attimo lungo dodici anni.»

«Guarda che anch'io provo cose simili. Sono debiti e crediti nostri. Tutti nostri. Non te ne faccio una colpa, cerca di capire, ma quando tu li cancelli è come se in parte li spegnessi pure dentro di me. Resto monca, capisci?»

«Ma io ti chiedo di aiutarmi. Adesso sono io che ne ho bisogno.»

«Lo so, lo so.»

«Devo sapere che persona sono stato e lo posso chiedere solo a quelli di cui mi fido.» Feci una pausa. «In questo momento mi fido solo di te.»

Lei accavallò di nuovo le gambe. Sembrò essersi rilassata.

«Non è che non ti abbia voluto rispondere» disse. «È che mi ci vorrebbero giorni interi.»

Di nuovo stava facendo capolino in me, dagli insondabili abissi dell'animo, la sensazione di essere completamente solo, in mani altrui. Non che l'avessi perduta, in tutte queste ore. Ma quella percezione naturale di abbandono, cominciata mentre ero steso inerme su una barella sotto a un soffitto velato dall'impercettibile chiarore del nulla, ero riuscito in qualche modo a seppellirla dentro di me, a conviverci, nella speranza di trovare un aiuto, un evento qualsiasi, una mano che mi tirasse fuori da questa melma di dolore. Ora mi sentivo nuovamente affogare nella mia solitudine, sprofondando sempre più giù, mentre il mondo intorno era come se fosse diventato gassoso, e io vedessi, lontano da me, le immagini di tutte le persone che mi erano state attorno, i volti gravi e solleciti di infermieri e medici, e tutte le facce sconosciute dei visitatori che erano sfilate accanto al mio letto, facendomi recitare la parte più difficile, perché non era bastato starmene lì disteso ad accogliere la loro comparsa come un qualsiasi cambio di canale televisivo. E poi le facce dei miei figli, il Serpente e il Gorilla, e adesso anche quella di mia moglie.

Mi prese una nausea strana: la realtà della mia situazione sembrava salirmi in gola, dandomi bruciore, come se volesse farmi vomitare. Allungai la mano verso il tavolino dalle bordature cromate, dove erano posati la bottiglietta d'acqua e il telefonino nero che mi aveva dato Kunta. Bevvi un sorso.

«Ma non mi puoi dire solo che marito sono stato?» chiesi.

«Non sei sempre stato perfetto» rispose lei. La sua presenza così ravvicinata diventava quasi più grande, assumeva la consistenza di una stoffa, una nube finta, come quelle del teatro, che incombeva sopra di me. «Ma non sei neppure sempre stato sbagliato. Sei stato tu, con tutti i tuoi difetti e i tuoi pregi. Non sei cambiato. Ci sei quasi sempre stato, ma a volte sei scappato.»

«Che cosa vuoi dire?»

«Voglio dire che abbiamo sempre condiviso tutto ma, ti conosci, sei rimasto abbastanza chiuso. Anzi, ultimamente lo eri diventato di più. Io ho dato la colpa allo stress che ti dava il lavoro. Ma potrei anche sbagliarmi.»

«Il lavoro da primario, i miei impegni a Roma, tutte quelle cose lì?»

«Certo. Ecco, se vuoi un indicatore... Tu sei un teorico di queste cose, no?»

«Vero.»

«Be', se vuoi un indicatore, negli ultimi anni hai cominciato a scrivere e mandare a me e ai ragazzi delle lettere. Sei passato dalle filastrocche alle lettere.»

«Filastrocche?»

«Sì. Ne hai scritta una sull'attentato alle Torri Gemelle di New York che ha anche vinto un premio nazionale di poesia.»

«Ma l'attentato è avvenuto poco tempo fa e io non ricordo di aver scritto nessuna filastrocca.»

«Dodici anni fa.»

«Già. 11 settembre 2001.» Mi venne da sorridere. «Ogni tanto mi dimentico.»

«Si vede che l'avevi scritta dopo il 25 ottobre.»

Pensai alle virgole che cambiano la storia. Magari l'avevo scritta il giorno dopo, quando invece di finire in ospedale chissà che cosa avevo mai fatto.

«Comunque non chiedermi altro di questa cosa» disse lei. «Chiedilo ai ragazzi quando verranno.»

C'era qualcosa che non andava. Non era solo il malessere che mi opprimeva. Erano le cose che stavamo dicendo, frasi che restavano in aria, che fluttuavano rarefatte, come un pulviscolo invisibile. Pensai che così non si andava da nessuna parte, che ci stavamo incasinando senza un perché. Non capivo nemmeno se mia moglie fosse confusa o reticente.

La domanda mi uscì mentre la stavo ancora pensando: «Ti ho tradita in questi dodici anni?».

Lei si irrigidì. Istintivamente mi abbandonò la mano. I suoi occhi si rimpicciolirono. L'avevo sempre presa in giro per questo atteggiamento. Io ho l'abitudine di rifarmi agli animali per descrivere i comportamenti degli uomini. Le dicevo che quel suo modo di fare era simile a quello delle vipere prima di attaccare.

«Se lo hai fatto non me lo hai detto. E se sì non me ne sono accorta» rispose.

Mi tirai su sollevando il cuscino alle mie spalle.

«Certo, le occasioni non ti sono mancate» proseguì. «Tra congressi, ministeri, società scientifiche, visite agli ospedali, sei stato parecchio in giro per il mondo.»

«Ma di chi stai parlando?»

«Di te.»

«Ancora questa storia. Io sarei tutto questo? New York, il mondo, il ministero...»

«Te l'abbiamo già detto.»

«È che non riesco a capacitarmene. La verità è che tutto quello che mi raccontate mi sembra impossibile. Anche la tua malattia, il fatto che ti abbia portato negli Stati Uniti.»

«Anche io vorrei non fosse stato vero.»

«In compenso ti riconosco. Questo è un conforto per me.»

«Che vuoi dire?»

«Che poco alla volta ritrovo la mia Kunta. Almeno te. Con tutto il resto non è così. Mi fa piacere vedere che non sei cambiata.»

«Siamo cambiati tutti, Pier. È cambiato il mondo.»

«Lo so. Però tu reagisci sempre come le vipere.» Le strinsi la mano in modo vigoroso. Era la mia maniera per riappropriarmi della realtà.

In quel momento squillò il cellulare. Il ritorno al futuro.

Non percepivo nemmeno il ciabattare delle suole di gomma delle infermiere in corridoio, e non avvertivo nulla al di fuori di quel silenzio spezzato dai trilli, come se quella fosse l'unica sua funzione: in fondo, in questo strambo pianeta, il silenzio esisteva solo per far sentire i telefoni, come una scrivania è fatta per scriverci sopra gli appunti su qualche foglio, o tenerci un computer, come accade nel mondo di adesso.

L'invisibile compagno di camera, dietro la sua tenda,

mandò un respiro, forse un gemito, ma nessuno poteva accorgersene, nemmeno la caposala che appariva ogni tanto nello spiraglio della porta, con le sue trecce aggrovigliate. Che effetto strambo faceva questa visione, chissà se l'avrei ricordata.

Il telefonino continuava a squillare. Era quello di Kunta. Lei levò la mano dalla stretta e si agitò per prendere la borsa che era finita ai piedi della sedia. Quando la trovò, ci frugò dentro a lungo. Mi venne da sorridere. Faceva così quando cercava un'aspirina o la spazzola dei capelli. Rivoltava la borsa e rovesciava tutto l'armamentario che ci aveva dentro. Ora stava brontolando: «Ma dov'è finito?». Poi spuntò il cellulare.

Sentii che diceva «buongiorno dottoressa» mentre si alzava. Il suo viso si fece leggermente smunto, come se avesse paura di qualche brutta notizia. Ma era sulla porta quando risentii la sua voce squillare. Niente cattive nuove. Il marziano ha occhi antichi per guardare gli uomini della Terra. Rividi Giovanni che parlava con gli auricolari e un microfonino appeso a un filo che gli pendeva sul petto, e adesso guardavo Kunta che faceva passi a destra e sinistra tenendosi schiacciato il cellulare all'orecchio. Per l'ennesima volta, mi convinsi che mi sarei abituato.

Lei tornò indietro. Chiuse il cellulare, riprese la borsa e ce lo rimise dentro. Stava sorridendo.

«Chi era?» chiesi.

«La dottoressa Curti» disse, e posò la borsa continuando a sorridere.

«Ma che è successo?»

«È proprio una bella persona» disse, mentre si sedeva.

«Cosa voleva?»

«Voleva dirti che ha pensato di affidarti alla professoressa Gabriella Berruti, che lavora con me qui a Pavia, per il supporto psicologico.»

Feci un ghigno. «Ah...»

«Abbiamo parlato di come fare.»

«Ho capito. Mi avete trovato una strizzacervelli. Tranquille, non ne ho bisogno.»

«Gliel'ho detto che avresti risposto così.»

«E come volevi che rispondessi? Gli psicologi non servono a niente.»

«Vedi, ho scommesso e ho vinto. Le sapevo a memoria le tue parole. Negli ultimi anni un po' sei cambiato, con tutti quei congressi e quelle frequentazioni importanti: sei diventato più bravo ad ascoltare gli altri. Ma il pregiudizio sugli psicologi, quello ti è rimasto.»

«Mi piace quando dici che mi è rimasto qualcosa.»

«Invece ti accorgerai quanto ti sbagli e quanto ti sarà utile una terapeuta.»

Feci una smorfia. Lei aggiunse che dovevo pensarci su con calma. «E comunque nessuno ti obbliga.»

Ripensai alla sua malattia. Non saprei definire che cosa sia l'amore. Una storia ha troppe puntate per essere risolta in una frase soltanto. Però, se marito e moglie si sono amati davvero, creano qualcosa che resta per sempre, un legame unico, una solidarietà complice, che attraversa anche i nostri peccati. Uno si sente più protetto, anche se deve proteggere.

Forse era solo il bisogno di aiuto che mi faceva provare quelle cose. Non so se è per questo che fui attanagliato dalla paura, pensando alla sua malattia, per la fragilità di quell'idea, ma sentii il corpo bagnarsi di sudore e avvertii l'odore del mio stesso sudore, vischioso come un oggetto in fondo a un pozzo.

Cercai gli occhi di Kunta. «Ma adesso stai bene?» le chiesi. Lei era in piedi e incrociò il mio sguardo. Non sembrava avere voglia di parlarne, e questo mi spaventava ancora di più. «Cioè, intendo, sei in remissione? Insomma, a che punto sei?»

«Due anni fa ho avuto una recidiva. Te l'ho detto prima, no?»

«Sì, me l'hai detto.»

«Mi spiegavi tutto tu, ti occupavi di tutto. Sei un buon medico, Pier.»

«Allora?» Cominciavo a spazientirmi.

«Niente. Sempre la solita massa a livello del fegato. Solo che questa volta è cresciuta, schiacciando soprattutto le vene e le arterie. Mi hanno fatto una terapia e tu mi hai spiegato che derivava dai gas che hanno usato i soldati nella Prima guerra mondiale e poi i nazisti con gli ebrei. C'era dentro la parola azoto.»

«Ah, le mostarde azotate» dissi. «Ma non mi risulta si usino per i linfomi.»

«Sì, proprio quel nome lì.»

«Pazzesco. Le hanno adoperate per guarirti.»

«Sta di fatto che sono andata di nuovo in remissione e non mi sono nemmeno caduti i capelli.»

«Le altre volte ti erano caduti?»

«Sì.»

Forse è per questo che adesso li ha più corti, pensai.

«Hai dei bei capelli» le dissi.

Lei sorrise. «Ora sto bene e dovrei fare i controlli entro la fine dell'anno.»

Guardò l'orologio, come se avesse fretta. Ci rimasi male. «Devi andare da qualche parte?» chiesi.

«No, è che fuori ci sono i ragazzi ed è giusto che entrino anche loro.»

Dissi quello che pensavo: «Ieri sera mi avevi detto che saresti venuta da sola. Io ho bisogno di te, Kunta. Avrei preferito restare con te».

«Pier.» Il tono della sua voce si era fatto improvvisamente duro. «Mi sembra che tu stia tenendo lontani i ragazzi. O mi sbaglio?»

Come facevo a spiegarle quello che non potevo sapere neppure io, allora? Come facevo a dirle che l'unica cosa che mi allacciava alla vita in quei momenti era il mio risveglio nel 25 ottobre 2001, che solo quello contava per me, e i miei figli erano proprio la prova evidente della mia sconfitta? Erano gli usurpatori dei miei bambini, erano quelli che avevano preso il posto di Filippo e Tommaso, erano la realtà che negavo, erano tutto quello che io credevo di dover combattere.

Avrei mentito a me stesso su di loro, consciamente e inconsciamente. E lo avrei fatto semplicemente per sopravvivere. Questo ho fatto. Ero come uno che va in spiaggia e volta la schiena al mare, pensando che brutto posto è quello. Solo quando si girerà per guardarlo, il mare, si accorgerà di quanto è bello. Ma io, adesso, avevo la schiena voltata.

Non volevo soltanto tenerli lontani questi figli, rifiutandomi di riconoscerli. Li volevo metaforicamente uccidere. Dovevo farlo. Ero davvero convinto che se questi due fossero rimasti vivi, non avrei mai potuto rivedere i miei bambini.

VIII

Entrò Tommaso e si mise sulla sedia a destra del mio letto.

«Ciao Savio, come stai?»

Di nuovo questo «Savio»? Neanche un nome da marziano...

«La mamma ci ha detto che hai dormito poco. Io però ti vedo meglio di ieri.»

Lo osservai in modo analitico. Il colletto della camicia era aperto, l'aria un po' sfatta come chi è appena sceso dal letto grattandosi il capo. In più, aveva un modo di muoversi come un giocatore che ha appena finito l'allenamento, con i muscoli ancora quasi imbastiti. Cercai di confrontare il ricordo che avevo del mio Tommaso con l'immagine che mi trovavo di fronte. Avevo ovviamente cominciato dagli occhi, ma presto mi ero interessato solo alla sua mano destra. Tremava a volte impercettibilmente, a volte in modo più evidente.

Lui se ne accorse. «È l'esito dell'operazione alla mano di un anno fa» disse. «Mi hai operato tu. Mi sono rotto il quarto metacarpo giocando a rugby.»

«Ti ho operato io?» domandai perplesso.

«Sì. C'eri anche tu in sala operatoria, lavato e pronto per operare. Poi c'erano il primario di ortopedia e il suo assistente specialista della mano.»

Poteva essere vero. Il mio senso di responsabilità. Sono un uomo preciso, abbastanza affidabile, credo. Dovevo volergli un gran bene, però. Solo che adesso mi dava fastidio anche il suo taglio di capelli, disordinato. Gli scrutai l'orecchio per vedere se portava pure l'orecchino. Capace di sì. Per fortuna non ne trovai nessuno. Se l'avessi visto, che cosa avrebbe fatto un marziano come me?

«Be', sai» fece lui, «come figlio del primario del pronto soccorso ho avuto un trattamento speciale. Poi chi abbia fatto cosa non lo so, perché mi avete fatto l'anestesia totale e io non te l'ho mai chiesto.»

«Se ero lì qualcosa avrò fatto» dissi. O forse lo pensai soltanto.

«Oggi, invece, mi farebbe piacere saperlo.»

«Ma io non sono in grado di dirtelo» risposi con una punta di sarcasmo.

«Anche la seconda volta, quando mi avete tolto la stecca di titanio, eri in sala operatoria.» Aveva qualcosa in mano che mi mostrava. «Guarda, mi sono ricordato di portartela. Magari toccarla ti serve per ricordare.»

Mi porse una piccola barra metallica piena di buchi a forma di T. La presi in mano. Era leggerissima, ma allo stesso tempo molto resistente. Me la rigirai tra le mani e chiusi gli occhi. Non mi ricordò nulla. Era la prima volta che avevo a che fare con quell'aggeggio. Mi prese una paura indefinita. Se domani fossi tornato al lavoro, quante cose erano cambiate in dodici anni?

Pensai che di solito non andavo in sala operatoria. E pensai anche che la persona che adesso mi stava accanto mi conosceva bene. Sapeva che io attribuivo al tatto un valore enorme. Sapeva che toccare le cose era per me terapeutico.

«Allora?» chiese Tommaso.

Aprii gli occhi e gli restituii l'oggetto. «Niente. Non mi ha ricordato niente» risposi. Non sapevo se dirglielo, ma lo feci: «Però ho apprezzato il tentativo di usare il tatto come grimaldello. Mi conosci bene, evidentemente».

«Quasi come se fossi tuo figlio.»

L'aveva detto sorridendo, ma io avevo percepito distintamente l'ironia mista a una nota di acidità.

«Perché, hai dei dubbi?»

«Io no. Ma tu probabilmente sì.»

Mi feci ancora più guardingo. Quella sensazione che avevo provato la prima volta che l'avevo visto non mi abbandonava, e si faceva quasi più intensa. Quel ragazzo aveva qualcosa che mi disturbava, era un peso sullo stomaco. Anche la conversazione continuava a incepparsi, non riusciva a scorrere. La verità era che non mi fidavo di lui e se pensavo al mio Tommaso mi veniva una nostalgia terribile. Non era certo un buon viatico per cominciare un rapporto tra padre e figlio. Cercai di assumere un'aria patriarcale.

«I figli si riconoscono da come si comportano.» Lui tacque. E allora io andai avanti. «Mi hai detto che è una fortuna che mi sia dimenticato la tua adolescenza. Vuol dire che non ti sei comportato bene?»

Mi osservò a lungo prima di parlare. Ricambiai lo sguardo. Era come una sfida. Poi, invece, Tommaso si alzò e si spostò dall'altra parte del letto, quasi chinandosi oltre l'intrico dei collegamenti vitali ai monitor e alle flebo, come se volesse darmi sulla guancia il bacio che non mi aveva dato quando mi aveva chiesto come stavo.

«Stavo scherzando, dai» disse sorridendo, mentre si tirava su. «Sono stato un normale maschio adolescente. Normalmente stupido, normalmente svogliato, normalmente arrogante. Un normalissimo idiota.»

Mi tranquillizzai, ma non del tutto. Mi ero istintivamente appoggiato ancora di più al cuscino, tirandomi indietro come se dovessi difendermi da un nemico.

E pensare che per me era cominciato tutto dopo quei pasticcini per il suo ottavo compleanno, che avevo tremato all'idea che fosse morto nell'incidente, che avrei preferito morire io al posto suo. Ricordavo il bacio che gli avevo posato sulla fronte, la carezza nei capelli, prima di salutarlo. Ricordavo il suo sguardo felice. Ma era un altro Tommaso. Adesso ero come paralizzato di fronte al suo sorriso.

«Che scuole hai fatto dopo le elementari?» gli chiesi.

«Le medie alla Casorati, poi il liceo classico. Il Foscolo.»

«E come è andata?»

«Ho finito l'anno scorso e sono uscito con 64/100. È tanta manna che sia uscito. Ho rischiato che mi bocciassero.»

«Come mai?»

«Per tanti motivi...»

«Quali motivi?»

«Soprattutto perché mi ero stufato di quella scuola. Non ci volevo più andare e per un po' non ci sono proprio andato. Poi tu te ne sei accorto e con la mamma mi avete obbligato a finire.»

Per un attimo provai a riassumere: mia mamma era morta, mia moglie aveva rischiato di morire, aveva avuto tre ricadute e l'avevo persino accompagnata a New York per salvarle la vita, e mio figlio, questo mio figlio, aveva deciso di non andare più al liceo semplicemente perché si era stufato di quella scuola. Nel frattempo, io ero diventato primario assieme a un mucchio di altre cose ed ero stato pure chiamato a Roma, al ministero. C'era qualcosa che non quadrava. Ero un uomo infelice, io? Non era meglio diventare un marziano?

Tommaso continuò: «Mi avete mandato a lezioni private di tutto, tranne che di educazione fisica. Devo dire che avevate ragione voi. Sarebbe stato proprio stupido abbandonare la scuola all'ultimo anno».

«L'ultimo anno?» Sempre più pazzesco.

«Sì.»

«E prima non eri mai stato bocciato?»

«Mai.»

Cominciavo a sospettare fortemente che il futuro dovesse essere un posto senza senso.

«E adesso cosa fai?» chiesi abbastanza rassegnato. Mi aspettavo una di quelle risposte che avrei fatto fatica a interpretare. Tipo: «Aspetto di trovare delle persone giuste, cazzo. Intanto organizzo scherzi di gruppo ai tuoi colleghi, firmandoli a nome tuo. Non sai le risate, papà... Diciamo che me la cavo».

E invece: «Sono iscritto al primo anno di biologia, qui a Pavia».

Incredibile.

«Be', bene.»

«Ma credo che cambierò facoltà.»

Ah, ecco.

«Spiegati meglio» dissi. Devo riconoscere che ci sono momenti in cui so comportarmi con una certa classe, in maniera persino molto comprensiva, anche se in realtà non ci sto capendo proprio niente. Mi ero disteso, ero completamente rilassato.

«Ma sì, pensavo di fare il biologo marino perché ho conseguito due diplomi da sommozzatore. Poi però mi sono accorto che avevo completamente sbagliato indirizzo. Sto già studiando per i test di psicologia.»

Mi prese male. Psicologia! Hai capito da che gente mi voleva mandare mia moglie? Restai coraggiosamente in silenzio.

«Proverò qui e a Firenze. Mi occuperò di psicologia del lavoro.»

Un padre deve credere in quello che fanno i figli. Peggio per i suoi futuri pazienti. Pensai che non c'era che una soluzione: cambiare discorso.

«E al di fuori dello studio cosa fai?»

«Gioco a rugby. E sono molto ricercato nelle feste. I miei amici mi chiamano Gatsby.»

Perfetto. Questo scenario mi sembrava molto più appropriato. Eppure io sono un uomo all'antica, un credente praticante, sono ordinato, disciplinato, idealista. Me ne vergogno, ma deve essere per questo che gli ho detto: «Sì, vabbè, ma intendevo cosa fai in oratorio, in quale associazione di volontariato presti servizio, se sei impegnato in politica...».

Mi fece al volo una radiografia generale, fissandomi con infinito stupore e un po' di disagio. Insomma, mi guardò come si guardano gli imbecilli. Come i marziani no, perché avevo imparato in quei due giorni che con loro prevale la compassione.

Deglutì prima di parlare. È dura spiegare le cose agli imbecilli. Uno che lo chiamano Gatsby alle feste secondo te può fare volontariato?

«Papà, io credo in Dio, ma non vado più tanto in chiesa. Non faccio nessun tipo di volontariato e non sono impegnato in politica. Anzi, sono convinto che siano tutte cose inutili.»

Forse fu quella parola finale, «inutili», forse fu il tono, così freddo e asciutto, ma anche così supponente, come se parlasse davvero a un imbecille (finché si scherza va bene, poi però ci sono i ruoli, il contesto: io ero un papà ricoverato in ospedale...), ma avvertii come il morso di un serpente velenoso.

Io vengo dall'albero degli zoccoli – l'ho già detto, lo so – da un mondo dove c'era un tempo per seminare e un tempo per raccogliere, e dovevi annusare la terra per riconoscerla, sentirla nelle mani. Vengo da un posto dove ringraziavi emozionato il Signore, sdraiato su un campo, in qualche giorno d'estate, fra i covoni di grano e un filo di paglia in bocca, e non riconoscevo più niente in questo tempo che ci siamo perduti, dove lo spazio non era più costruito come una piramide, con le sue gerarchie e i suoi piani da scalare, quando i valori si tramandavano di padre in figlio, come nei racconti di Natale attorno alla tavola imbandita, ma era orizzontale, come la comunicazione del web, come nelle piazze virtuali della nostra società liquida.

In fondo, ai miei giorni, se rompevi con i genitori lo facevi perché alla fine ti sembrava che loro si comportassero in maniera diversa da quello che ti dicevano. Io non ho mai rotto con i miei. Ho sempre continuato a parlare la stessa lingua. In gioventù frequentavo la parrocchia ed ero impegnato nel sociale. Me l'aveva insegnato mia mamma. Avevo fatto il servizio civile, che durava otto mesi in più del militare, perché ero un obiettore di coscienza convinto. I miei amici li ho sempre scelti come me. Cosa c'era di tutto questo nelle parole che avevo ascoltato, nello sguardo persino distratto di Tommaso, nel suo entusiasmo per tutto ciò che non mi apparteneva?

Ero così disorientato che parlai solo per smettere di pensare.

«Quindi tu non hai fatto il servizio civile come me?»

Di nuovo quel tono. «Dai, Savio.» Savio? Gliel'avrei fatto rimangiare. «Il servizio civile è stato abolito quando io ero alle medie. Anche Filippo non lo ha fatto. Lo puoi fare come mestiere. Così c'è ancora, e ti pagano anche. Ma a me non interessa.»

Lo guardai senza parlare. I padri vedono i figli nel mondo che cambia. Ma anche loro vedono il mondo che cambia, e possono capire. Io no. Io ero un marziano. Non avevo visto quello che era successo in tutto quel tempo che avevo perduto.

«Forse è meglio che faccia entrare Filippo» disse.

Questa volta riuscì a chinarsi oltre l'intrico dei tubi e dei fili per darmi sulla guancia il bacio che non mi aveva dato prima. Un tocco tiepido di labbra. Lo vidi uscire. Mi sembrava davvero che si muovesse come un serpente.

«Bella, Savio! Figa, oggi ti vedo proprio in forma.»

Ci risiamo. E Kunta si lamenta che sto tenendo lontano i ragazzi? Filippo era sulla soglia della stanza. Per raggiungere il mio letto doveva passare di fianco alla vetrata che delimitava il box degli infermieri. Non mi sfuggì il fatto che Filippo si specchiasse contraendo la muscolatura del braccio con un visibile compiacimento. Gatsby e la sua guardia del corpo. Dio mio, ma dov'ero capitato?

Quando mi fu vicino mi porse la mano afferrandomi il pollice alla maniera degli sportivi. Alzai gli occhi allibito. Per chi cavolo mi aveva preso? Lui sembrava pure contento. Strinse anche più del dovuto.

«Non c'è bisogno che mi faccia male» dissi. «Ho già visto che sei robusto.»

«Dovresti vedermi in palestra, cazzo. Uno spettacolo.»

Sai che voglia ne avevo. Non vedevo l'ora.

«Ieri ho sollevato centoventi chili di panca piana» continuò.

Full Monty.

«Allora hai recuperato la memoria?»

Questo era ancora meno intellettuale dell'altro, se possibile. Mi irritava l'atteggiamento da bullo e il tono della voce così alto.

«Non ho recuperato nulla» risposi. «Ma tu sei sempre così?»

«Così come?»

«Sopra le righe, eccessivo. E poi questo continuo intercalare volgare...»

«Dai, Savio.» Savio? Ora lo cacciavo. «Piantala, cazzo. Lo si usa normalmente. Non puoi scandalizzarti per questo.»

Non potevo?

«Cazzo! Sono venuto apposta a trovarti e tu non sei contento?»

«Certo che mi fa piacere. Ma non è questo il punto. È che mi irritano le parolacce.»

Nel mio pianeta se ne faceva un uso più misurato. E poi, detto fra noi, mi dava fastidio questa sua allegria senza motivo. Siccome ero ormai palesemente Savio l'Imbecille, glielo dissi lo stesso: «E poi ho l'impressione che tu ti stia divertendo un po' troppo».

«Tranquillo, Savio.» Appena se ne usciva anche lui, piantavo un urlo di cinque minuti contro il muro. «Fa parte della terapia» disse. Che faceva? Rideva?

Rideva.

«La vita è una sola e non puoi perdere tempo a essere triste. Io sono qui per portarti una ventata di felicità.»

Io e mia moglie avevamo sbagliato qualcosa. Di sicuro non eravamo così intelligenti come credevamo. Ma il futuro aveva rubato il cervello proprio ai miei due figli? Mi chiesi se stava scherzando. Purtroppo no, pensai. Deve essere proprio lui. Volevo chiedergli che studi faceva, se almeno lui si impegnava un po'. Ovviamente ne feci a meno.

Ormai ne ero consapevole, le sue risposte mi avrebbero dato il colpo finale.

Lo guardai, nascondendo l'irritazione. Sperai solo che almeno lui non facesse lo psicologo. Sai che mondo di squilibrati che passano la vita ad alzare pesi sarebbe venuto fuori? Sdràiati sul lettino e alza questi dieci chili tenendo la schiena attaccata mentre mi parli di te. Hai problemi?

Mi venne un'idea. La filastrocca. Non me ne fregava proprio nulla in quel momento, ma mi sembrava molto meglio che far condurre a lui la conversazione.

«Senti un po'» dissi, «la mamma mi ha detto di chiedervi la storia del premio della filastrocca. Mi racconti cos'è successo esattamente?»

«Grande storia quella! Una figata.»

Ti pareva.

«Ti ricordi dell'attentato alle Torri Gemelle?»

«Certo.»

Due mesi fa. Anzi. Dodici anni fa.

«Be', cazzo, Tommaso era rimasto scioccato da tutta la storia e aveva ricominciato a farsi la pipì addosso di notte.» Lo psicologo. Chissà se continuava. Filippo si era messo a ridere di gusto. Mamma mia che coppia. «Allora tu hai pensato di esorcizzare la cosa provando a scrivere assieme a noi una filastrocca sul tema. Tu iniziavi la frase e noi dovevamo trovare la rima.»

Quando erano dei figli normali. I miei bambini.

«Ovviamente la maggior parte del lavoro l'ho fatta io, perché ti ricorderai che sono più intelligente di lui.»

Bella gara. Gatsby e Mister Muscolo.

Filippo rise in maniera sguaiata. Mi chiesi seriamente se aveva preso qualcosa prima di entrare qui dentro. Quindi si rilassò. «Insomma, alla fine è venuta fuori una filastrocca carina. Tommaso ha chiesto se poteva farla leggere alla maestra di italiano.»

«Alla maestra Claudia.» Le avevo parlato poco fa. Dannazione, di nuovo: poco fa più dodici anni.

«Be', cazzo, il suo nome non me lo ricordo» fece lui. «Mica era la mia maestra, non posso ricordare tutto, no?»

Altro sguardo e altra risata. No, Mister Muscolo aveva bevuto davvero. Per la prossima volta avrei messo un cartello sulla porta: «Vietato ridere».

«Fatto sta che la maestra si prese talmente bene con la filastrocca che la fece imparare a memoria a tutta la classe, e la fece pure pubblicare sulla "Provincia Pavese". La mandò anche a uno dei concorsi nazionali di poesie per le scuole fra i più importanti: il concorso Città di Poggiomarino. Oh, Savio, incredibile, ha vinto il primo premio per le elementari!»

Questi due avevano vinto un premio di poesia. Il mondo alla rovescia.

«Ma non è finita qui» disse.

Ah, non era finita?

«Ci hanno invitato tutti e quattro a Poggiomarino, offrendoci viaggio andata e ritorno in vagone letto, e soggiorno in un mega hotel a Pompei, con vista sugli scavi.»

«Anche la mamma?»

«Sì. Il massimo è stata la cerimonia di premiazione e la cena di gala. Cazzo. Ci hanno portato in una scuola della città e hanno suonato gli inni dell'Europa e dell'Italia. Savio, non hai idea...»

No, non ce l'avevo un'idea. Come avevano fatto a diventare così?

Lui continuava entusiasta: «Poi, prima per le elementari, dopo per le medie e infine per le superiori, degli attori hanno letto le poesie vincitrici, dalla terza classificata alla prima. Quando è toccato a Tommy, due fighe spaziali sono venute a prenderlo per portarlo sul palco ed essere premiato.»

«Due che?»

«Cazzo, Savio...»

«Non puoi chiamarmi papà?»

Figurati se non rideva. «È il soprannome che ti abbiamo dato per prenderti in giro, perché sei troppo serio, troppo saggio. Non dirmi che non sai che cosa vuol dire "due fighe spaziali"?»

«Sì, lo so. Non avevo capito.» In verità mi aveva dato fastidio.

«Cazzo, Savio.» Eddai, ancora. «Dovevate vedervi, la mamma piangeva come un vitellino e anche tu facevi fatica a trattenere le lacrime.» Era un'immagine che giungeva dall'altro mondo, quello mio, che veniva dal passato. «E il bello è che piangevano e applaudivano tutti. Una terronata colossale, ma da pelarsela addosso tutta, figa. E non è finita qui.»

«Ancora?»

«Eh sì, perché alla fine della premiazione siamo saliti tutti sui pulmini per andare a cena nella limonaia di un onorevole di Forza Italia.»

«E perché?»

«Non lo so. Ma che ti frega, c'eravamo tutti, ma proprio tutti: il vescovo, gli onorevoli, i generali, il preside. Ho fatto una di quelle mangiate, cazzo.»

«È stata una bella giornata, no? Se la ricordi così...»

«Ma aspetta.»

«Non è finita ancora?»

«C'è una coda strappalacrime. Oltre alla medaglia e alla pergamena, il premio era di cinquecento euro... no, scusa, di cinquecentomila lire. Sai, la forza dell'abitudine.»

Già, la forza dell'abitudine.

«Cazzo, sai che non ricordo esattamente. Be', fatto sta che tu e la mamma avete deciso di regalare il premio alla classe, così che due compagni che non sarebbero mai potuti andare in gita a Roma, perché non avevano i soldi, con quelli ci sono potuti andare. Capito? Grande Savio!»

Eh, dammi il cinque.

«Oh, Savio, è una bella storia. Non mi dici niente?»

In realtà non dicevo niente perché ero sepolto sotto le sue risate e le sue parolacce, quasi sconvolto dall'impressione che mi dava. Non fosse stato mio figlio avrei tagliato lì la conversazione. Ma Kunta diceva che li evitavo. Altro che evitarli. Avevo un sacro terrore che questo si mettesse a fare i piegamenti lì davanti a me. Guarda, Savio, sei capace? Ti tengo io i fili della flebo.

«Mi piacerebbe leggerla, la filastrocca.» Così almeno gli davo qualcosa da fare. «Che titolo aveva?»

«Il titolo? *Un tale talebano.* Se vuoi te la recito a memoria.»

Addirittura.

«Sai, io ho una memoria incredibile.»

Eh, ce l'avrei anch'io.

Risata sguaiata. Ma quanto aveva bevuto? Cominciò per davvero a recitarla.

Un tale talebano
con il mitra nella mano
e nell'altra il Corano
mandò un aeroplano
a colpire il presidente americano.

Ma successe un fatto strano
all'ottantesimo piano
morì come un marrano
un bimbo americano
con un giocattolo in mano.

Il presidente americano
con la Bibbia nella mano
chiamò l'esercito americano.

Si interruppe: «Eh, qui abbiamo ripetuto... Ma non avevamo trovato un'altra parola».

E mandò un aeroplano
a colpire il tale talebano.

Ma successe un fatto strano
al primo piano
morì come un marrano
un bimbo afgano
con un giocattolo nella mano.

Un bimbo italiano
che guardava da lontano
pensò che mondo strano
che c'entra il bimbo afgano
o quello americano.

No tale talebano!
No presidente americano!
C'è scritto piano piano
nella Bibbia e nel Corano
non uccidere l'umano.

Caro tale talebano
caro presidente americano
io, tra voi, mi sembro un nano
e per dare voce alla mia bocca
ho scritto questa filastrocca.

Quando ebbe finito disse: «Che memoria, eh?». E rise di nuovo.

«Già.»

Non lo sopportavo, ma non potevo negare di essere veramente colpito: tanta memoria, in genere, è segno di una mente brillante. *Mens sana in corpore sano.*

Filippo si alzò. «Adesso però devo andare. Faccio un salto in palestra e poi torno a casa che di sicuro arriverà gente.»

«Una festa?» chiesi ironico.

«No, perché?»

«Niente. Me lo chiedevo.»

«Viene gente a sapere di te.»

A differenza di suo fratello non mi dette nessun bacio, Mister Muscolo, lasciandomi così, imbottito di farmaci e legato ai miei tubi e fili, come un banale ritratto a olio appeso sulla parete. «Ciao, Savio, e mi raccomando… allegro!»

Come no.

Filippo si allontanò ondeggiando, specchiandosi nel vetro del box degli infermieri così come aveva fatto entrando, e si fermò sulla porta girandosi per salutarmi. Non potei fare a meno di notare che si muoveva in modo un po' goffo. Sembrava proprio un gorilla.

Di questo tempo passato con i miei figli non c'era niente che mi paresse rivestito di ciò che affonda nella consuetudine. Se avevo sperato di rintracciare qualcosa di familiare che avesse potuto aiutarmi a ritrovare il papà che io credevo di essere, quello del 2001, ero rimasto completamente deluso. Si era risolto quasi tutto in un incontro fra estranei. Per me erano due mondi inconciliabili: o loro o i miei bambini. Non ero in grado di rendermi conto che erano davvero loro i miei bambini. Di uno non mi fidavo e l'altro mi irritava. Il Serpente e il Gorilla.

Da oggi ero un marziano ancora più solo.

IX

«Io e lei litigavamo spesso» mi disse.

Stava in piedi accanto al mio letto. Mi fissava, e io mi sentivo a disagio. Era una donna bionda. Aveva detto che lavorava con me all'ospedale di Lodi, dove io facevo il primario, ma che non finivamo mai di bisticciare. Era molto carina e aveva due occhi azzurri abbastanza introversi, di cui ci si poteva innamorare. Chissà se era successo. O se invece non la sopportavo.

C'è una cosa che mi ripeteva sempre mia madre quando ero bambino. «Devi rimanere te stesso, nella vita» mi diceva. «A qualunque costo.» Ma io chi ero ora?

Adesso che la domenica era finita, provavo a rilassarmi. C'era stata una processione infinita di gente che era venuta a trovarmi. E un bel po' erano stati respinti dalle infermiere della Stroke Unit, con la caposala che torreggiava con le sue trecce, andando da una parte all'altra del corridoio con sguardo accigliato.

Questa volta era stato diverso. In parte ero curioso di rivedere persone conosciute, ne avevo persino piacere. Prima non mi era successo. A eccezione di mio padre, erano arrivati tutti i parenti e parecchi vecchi amici, e tutti molto più vecchi di come li ricordavo. Alla fine della giornata avevo ricevuto ventitré persone note e diciassette nuove. In tutto facevano quarantatré Sì e cinquantaquattro No dall'inizio. Alcuni li avevo guardati con malcelato stupore, come quel cardiologo corpulento, con un roseo naso a becco e denti di un bianco smagliante, che in pochi secondi voleva a tutti i costi farmi ridere: anni di bella vita in Lombardia e da qualche parte nei mari del Nord avevano steso sul suo strascicato accento meridionale una patina quasi ridicola di pronuncia leghista. Mi chiedevo come facevo a conoscerlo e a frequentarlo.

Non c'è niente da fare, pensai con una certa angoscia. Non mi sarei mai abituato al futuro e alle sue assurdità kafkiane. Anche se cercavo disperatamente di mettere tutto in ordine, di dargli una logica. Così, per tutti quelli che non riconoscevo, continuavo a scrivere i loro nomi e che cosa facessero sul cartoncino. Mi sarebbe anche servito per muovermi nel futuro: avevo un mucchio di tempo da recuperare.

Quasi tutti, potendosi fermare solo pochi minuti, mi dicevano le stesse parole di circostanza. Qualcuno non riuscì a parlare. Stava in silenzio e mi salutava con gli occhi umidi.

Assieme alla dottoressa bionda, solo un'altra persona, fra i tanti No, aveva colpito la mia attenzione in modo particolare. Era un medico pure lui, un po' più vecchio di me. Si chiamava Giorgio. I suoi occhi nocciola erano troppo tristi per non essere sinceri.

Alla fine, volevo stare un po' da solo per riflettere sulle persone che erano venute a trovarmi. Non ero mai stato un paziente, prima di allora. Solo due volte, da bambino, quando avevo tredici anni, ero finito in ospedale per delle fratture al polso sinistro, ma non ero mai stato ricoverato. Non mi era mai successo, dunque, di trovarmi in questa situazione, di sperimentare cosa volesse dire, realmente, passare dall'altra parte della barricata. E avevo provato per tutto il giorno una strana sensazione. Che le persone venute a trovarmi si dividessero in due categorie: quelle che volevano il mio ritorno perché era importante per me e quelle che lo volevano perché era importante per loro. Tranne la dottoressa bionda e Giorgio, tutti gli sconosciuti appartenevano alla seconda categoria. Per questo mi stupii.

Giovanni si avvicinò al mio letto. Mi fece notare che avevo trattato tutti con molta educazione. La sua voce in certi momenti rimaneva bassa, quasi carezzevole, come se avesse paura di farmi male. Ma quando mi disse che lui non avrebbe resistito davanti a quella processione di gente che mi era sfilata accanto, l'alzò improvvisamente: «Tutti tristi e tutti a dirti le stesse cose. Ma non capiscono che chi è ricoverato è già triste di suo. Statevene a casa vostra e non venite a rompere i coglioni». Un attimo dopo, rimodulò la voce più piano, come se parlasse a se stesso: «E poi gli ipocriti non li ho mai sopportati».

«Ipocriti?»

«Secondo te perché sono così tristi?»

«Be', non è una situazione allegra.»

«Ma in fondo sei vivo, e a parte la memoria, senza grossi danni. No. Sono tristi perché hanno capito che senza di te sarà un casino.»

Rimasi zitto. Un po' era la stessa cosa che avevo pensato io. Lui continuò: «Loro vogliono che tu ritorni quello di prima perché serve a loro, perché si cagano sotto all'idea di fare a meno di te. Mica gli interessa che tu stia bene con te stesso, a loro gliene frega di loro. È la stessa cosa con Valentina, la mia fidanzata. È più preoccupata del matrimonio che di me».

Aveva parlato di getto. Immaginai che tra lui e la fidanzata ci fossero problemi. Pensai com'era strano che si vivesse assieme senza accorgersi dell'altro. In questo nuovo mondo che avevo ritrovato c'era una confusione diversa, quasi più silente, come se ci fosse un'abitudine inconscia a una convivenza di massa. Ricordai i treni degli immigrati, d'estate, che avevo preso qualche volta tornando da una vacanza, e rividi quel marasma infinito, con la gente seduta sulle valigie e arrampicata sui portabagagli, i formaggi e i salami scambiati assieme ai bicchieri di vino, quella comunanza caciarona, quegli odori forti, di terra e di mare. Ricordai una coda allo sportello di una banca, il disordine, le voci, i rumori.

Mi resi conto che non doveva essere più così. Come adesso. In questo pianeta orizzontale gli altri sono anime che viaggiano nell'etere, anime buone e cattive. Giovanni doveva essere buono. Anzi. Quella volta non potei fare a meno di notare una cosa. Giovanni si era perfettamente sintonizzato sui miei pensieri, aveva toccato la corda giusta, con incredibile tempismo. Più passava il tempo e più questo ragazzo mi piaceva. Era intelligente e sensibile. Forse è vero che gli incontri non avvengono mai per caso. Provai una fitta al cuore. Il 25 ottobre 2001 io ero convinto che i miei figli sarebbero diventati così.

Anche lui aveva notato la dottoressa bionda. Be', doveva essere impossibile non notarla. Me lo disse: «Sentivo che bisticciavate sempre con quella collaboratrice bionda che è venuta oggi. Ma hai fatto sempre pace con lei?».

«Hai ascoltato i miei discorsi. Che infame...»

«Ma dai. L'hai fatta pace con lei qualche volta?»

«Non mi ricordo. Fa parte del mio buco. Però devo ammettere che è proprio una bella donna.»

«Secondo me te la sei già trombata e fai finta di non ricordartelo...»

Mi girai dall'altra parte mandandolo a quel paese, tra il serio e il faceto. Però anche in questo caso aveva dimostrato di leggermi bene, di capirmi e saper arrivare al centro dei miei pensieri.

Questa cosa di Giovanni mi faceva effetto. Ma se noi nascessimo a quarant'anni saremmo così diversi, al punto da sceglierci amori, amici e storie così differenti da quelli che abbiamo avuto? Di tutta la gente che avevo visto in questi giorni, mi accorsi che per una sola persona l'affetto e il bisogno mi sembravano identici: Kunta.

Ricordai che di notte, quando eravamo addormentati, era lei che mi chiudeva a cerchio le braccia attorno al torace, o che mi si rannicchiava accanto in posizione fetale, premendo la schiena contro il vello del grembo, come a cercare anche nel sonno quella fusione dei corpi. Non so se servisse a qualcosa pensare a tutto ciò.

La verità è che mi sentivo affogare in questo mare, senza sapere bene cosa avrei potuto fare per salvarmi. Avevo un disperato bisogno di qualcuno di cui potermi fidare.

Cominciai a tenere un diario. Misi la data giusta, quella vera, di quel giorno: 4 giugno 2013.

«Mi sono svegliato la mattina del 31 maggio 2013 in una stanza di un pronto soccorso dopo aver fatto un incidente in macchina.»

Le ultime parole che vergai quella notte erano su mia madre, sulla sua morte che avevo cancellato e sulla forma di demenza che aveva sviluppato alla fine dei suoi giorni.

«In fondo siamo pari. Lei non si ricordava di me e io non mi ricordo che lei è morta. La prima cosa che voglio fare appena esco dall'ospedale è andare sulla sua tomba.»

La notte dopo continuai a scrivere nella camera nuova dove mi avevano trasferito.

«Ieri pomeriggio sono uscito dalla Stroke Unit. Mi hanno messo in una stanza a due letti assieme a Giovanni. Meno male. Così posso continuare a imparare quello che probabilmente dovrei conoscere, ma non conosco.»

Le ore migliori per scrivere erano quelle notturne. Le infermiere si erano rassegnate a vedere la lucina accesa sul mio letto e non mi chiedevano più di spegnerla per dormire. Se ne stavano in camice barricate dietro un banco con i monitor, sui quali vedevano scorrere in forma di palpitante linea arancione i battiti imperfetti del mio cuore, la porta della mia stanza semiaperta e le pareti appena rischiarate dai riflessi della lampadina appesa sopra i fogli che riempivo di parole.

A me andava bene così. Il diario mi aiutava più di tutti i farmaci che ero costretto a iniettarmi nelle vene.

Giovanni mi chiese se scrivevo perché avevo paura di dimenticarmi anche questi giorni. Ci pensai su prima di rispondere. Il mio vicino di letto si faceva ogni giorno più arguto.

«Forse hai ragione» dissi. «Non ci avevo pensato. E comunque dopo che ho scritto, mi sento un po' meglio. Per ora mi basta questo.»

Di giorno continuavo a fare controlli clinici e a passare la maggior parte del tempo seduto in carrozzina di fianco al letto di Giovanni. Quando non era impegnato al telefono, lui mi spiegava come impadronirmi delle nuove tecnologie. Ero un po' stupito da questi telefonini. A quanto ricordavo dei miei giorni, erano un'abitudine necessaria, ma adesso se ne faceva un uso spropositato. Qualcuno dei miei visitatori lo teneva in mano tutto il tempo, come un'appendice del proprio corpo, e il fatto mi aveva colpito. Ogni tanto notavo persone che sembravano guardarlo anche quando era spento. Mi dissi che io, invece, non ne sarei rimasto schiavo. Mi sembrava impossibile una cosa del genere.

Continuavo a chiedermi, con un po' di sgomento, come mi sarei ambientato nel futuro. Se sarei rimasto un marziano che avrebbe finito per convivere con queste nuove tecnologie. Molte cose, che avrei imparato a fare normalmente, mi sembravano impossibili. Ogni tanto prendevo nota tra me e me: di questo non ne ho bisogno. Ho appreso che invece finisci per utilizzare anche le cose che non ti servono, solo perché lo fanno tutti. È una forma di condizionamento indotto, non so spiegare. Forse lo fai per sentirti uguale agli altri.

Le visite non si fermavano mai. E l'elenco dei No montava senza sosta. Ormai non li contavo quasi più. La maggior parte del tempo stavo in silenzio ad ascoltare gli altri, fossero i miei familiari, i miei vecchi amici o i miei nuovi colleghi. Non finivo più di stupirmi per quello che mi veniva detto. E la notte ci ripensavo sopra, persino con un po' di ossessione, quando mi mettevo a scrivere il diario.

Una sera, Giovanni chiuse la porta della stanza, sistemò il suo computer su un carrellino portavivande e lo mise fra i nostri letti.

«Adesso ci vediamo un film» disse.

Io lo scrutavo in silenzio. Non avevo mai visto un film su un computer, anche se doveva essere abbastanza normale già ai miei tempi. Può darsi che il futuro fosse già cominciato e io ci avevo camminato accanto senza saperlo.

Una volta con Giovanni parlammo di politica. In Germania c'era Angela Merkel, che io non sapevo neanche chi fosse. In Inghilterra David Cameron, dal 2010. E Tony Blair? «Blair è il passato» mi disse. Se tutto era cambiato, che cosa potevo salvare dai giorni che mi ricordavo?

Solo in Italia molti volti erano gli stessi. Non so se voleva dire qualcosa. Siamo un paese più giurassico degli altri. C'era ancora Berlusconi, anche se non governava più, e c'era Napolitano presidente della Repubblica.

«Napolitano?» chiesi. «Non era comunista?»

«Sì. C'è da così tanto tempo che pensavo ci fosse anche prima che tu perdessi la memoria.»

«È Ciampi il mio presidente.»

«È vero. Ho fatto male i calcoli. Però Napolitano è stato appena rieletto, nemmeno un mese fa.»

«E Prodi?»

«No, lui è fuori. Diciamo che è l'unico finito ai margini. Sperava di fare il presidente della Repubblica, ma l'hanno tagliato. Tutti gli altri del suo partito sono sempre gli stessi: D'Alema, Veltroni, la Bindi. Fammi dei nomi tu, e ti dico se c'è ancora. Il presidente del Consiglio e il segretario del Partito democratico sono nuovi. Enrico Letta e Guglielmo Epifani, un ex sindacalista. Ma l'uomo nuovo è un altro. Si chiama Renzi.»

«Chi?»

«Matteo Renzi. Il sindaco di Firenze. Quello della Leopolda, della rottamazione.»

«Di che?»

«Vabbè, è troppo lunga da spiegare. Facciamo un'altra volta.»

Mi disse della crisi, della Grecia che stava per uscire dall'Europa e dell'Italia che era finita anch'essa sull'orlo del fallimento. Rimasi sbigottito. Ma com'era possibile? Nonostante tutti i difetti, mi sembrava fossimo un paese sano.

«Ma tu vieni da un altro mondo... Sono cambiate tante cose, e nel 2008 è cominciata una crisi che ha rivoluzionato tutto.»

Non c'era bisogno che me lo dicesse. Me ne rendevo conto in ogni momento, di fronte a ogni cosa nuova che apprendevo. Mi spiegò che diventava sempre più forte il partito di quelli che volevano uscire dall'Europa.

«Perché, c'è davvero l'Europa unita?»

«No. Ma c'è l'euro.»

«Lo so.»

«È difficile dirti come stanno realmente le cose, perché non l'ho capito bene nemmeno io. Detta in soldoni, c'è il partito delle regole, che è quello della Germania e del Nord, e poi ci sono quelli che chiedono più spazi di manovra e la possibilità di indebitarsi per facilitare la ripresa dell'economia, e siamo tutti noi dell'Europa meridionale, che saremmo i più poveri e pure i più indebitati. Di fronte alla rigidità della Merkel e dei suoi alleati, sono in tanti a dire che l'unica via sarebbe ritornare alla lira.»

«Ah sì?»

«Ma vedi, le cose sono sempre più complicate di quello che sembrano.»

«Lo sto imparando» dissi con un filo di voce.

«Forse hanno ragione tutti e due.»

Io, invece, che ragione avevo? Lo guardavo trafficare sul computer come se fosse la cosa più normale del mondo. Anche questo mi spaventava. E mi faceva paura pure l'idea di diventare così, un giorno.

«Ma noi due, adesso, come siamo?» gli chiesi.

«Ecco. Vediamo questo» disse. «Ti piacerà.» Si girò verso di me, allontanando un attimo le mani dal computer.

«In che senso?»

«Siamo vecchi o nuovi? Intendo qui dentro, in questo ospedale, con i nostri guai, qui a parlare come in un bar di paese, capisci? Maneggiando un computer per vedere un film...»

«S'intitola *300*. È il racconto dell'epopea di Leonida e dei trecento spartani alle Termopili. Ti va?»

«Sì, va bene.»

«Non ho capito che cosa hai detto.»
«Niente. Filosofeggiavo.»
«Se siamo vecchi o nuovi?»
«Sì.»
«Tu sei vecchio e io sono nuovo.» Rise, ma la sua era una risata addolcita, quasi complice. Schiacciò dei comandi, muovendo velocemente le dita sulla tastiera, con un'abilità normale, persino più che abitudinaria, come se fosse una cosa innata, che conosciamo prima ancora di impararla. «Lascia perdere. Hai solo bisogno del tuo tempo.» Poi si distese sul letto, poggiando il capo sulle mani intrecciate.

Quando partì il film, rimasi stupito dalla qualità delle immagini e dagli effetti speciali. Si vedeva benissimo.

«Ma questo è niente» disse Giovanni. «Vedrai cosa sarà goderti un film sul megaschermo a Led da 50 pollici che hai a casa.»

Annuii, senza capire bene quello che diceva. Il televisore che mi ricordavo aveva il tubo catodico e lo schermo era grande 26 pollici.

Ero così stupito e assorto nei miei pensieri che lui se ne accorse. «Ehi, professore, ancora con lo sguardo fisso nel vuoto?»

Sullo schermo c'era un nugolo di persone che si muoveva nella polvere a gambe nude, e i colori rimandavano toni concilianti, come se la leggerezza dell'immagine potesse pacificarti con te stesso. Almeno quella era una sensazione antica. Ci sono emozioni che ci portiamo dietro anche dal passato, una consolazione dell'anima per la nostra salvezza.

Mi distolsi dai miei crucci interiori all'improvviso. «Stavo pensando che è davvero tutto cambiato.» Mi allungai sul letto. Giovanni si girò, steso sul dorso, e vidi i suoi occhi allargarsi per poi strizzarsi.

«Vedi i film sul computer, addirittura sul telefonino» gli dissi. «O, come mi hai spiegato, persino sui cruscotti delle automobili. E lo puoi fare a qualunque ora e in qualunque posto. Puoi scrivere e parlare con il mondo e il mondo con te. E il fatto che questo sia normale mi pare già straordinario. Se hai un dubbio, puoi togliertelo istantaneamente con un clic. Giochi in Borsa chissà quanti soldi seduto sul tuo letto o nel tuo studio.»

«Te l'avevo detto, professore, che ti eri perso una rivoluzione.»

«Sì, è vero. In teoria è tutto molto bello, e sono sicuro che mi sarà pure molto utile per il mio recupero. Eppure ho addosso una sensazione strana. Come di disagio. Sono affascinato da tutto quello che vedo, tranne che dalle persone.»

«Che cosa vuoi dire?»

«Che questa rivoluzione nel modo di vivere, come la chiami tu, ha cambiato anche gli uomini. Sono diversi da quelli che conoscevo. Mi sono estranei.»

«Come quando hai a che fare con i tuoi figli? Si vede lontano chilometri che sei a disagio, soprattutto con loro. Sembra quasi che ti diano fastidio. E se me ne accorgo io, figurati loro.»

«Si nota così tanto?»

Si tirò su nel letto, poggiandosi sul gomito, rivolto verso di me. «Cristo, guarda che ho solo pochi anni più di loro e sono un figlio anch'io» disse. «Cazzo, professore, sembri mio padre.»

«Cioè?»

«Siete convinti di essere l'ultima generazione di giusti e che state per consegnare il mondo a una banda di egoisti apatici. Ma non è così, santo cielo. È esattamente il contrario. Ci state lasciando un mondo di merda, peggio di quello che hanno lasciato a voi.»

Si rimise sdraiato, gli occhi distrattamente puntati verso il computer.

«I tuoi figli a me stanno simpatici, invece. Da quando sei ricoverato mi sono connesso con loro e chiacchieriamo sui social.»

«Davvero? Lo vedi come siete diversi? Qui non vi ho visto scambiare neanche una parola. Diventate amici senza parlarvi.»

«Scusami, ma le parole scritte contano meno di quelle che butti fuori dalla bocca?»

Pensai al mio diario. Io parlavo con me.

«Ti assicuro che sono ragazzi svegli e assolutamente normali. Pensa invece alla botta che hanno preso anche loro. Vanno a trovare loro padre e lui non li riconosce.»

Restai in silenzio. Aveva ragione.

Giovanni si tirò su le coperte. «Adesso sono stanco e cerco di dormire. Tu tieni pure la luce accesa, e finisci di guardarti il film, se vuoi.» Mi allungò qualcosa che teneva nelle mani. «Prendi i miei auricolari. Tanto so già che invece di dormire, aggiungerai un po' di sensi di colpa al tuo diario.»

Lo guardai girarsi e spegnere la sua lampadina. La cosa che mi colpiva di più è che si era semplicemente sintonizzato sulle mie frequenze, ancora una volta. Quel ragazzo aveva qualcosa di speciale. Non mi importava se mi aveva criticato. Aveva detto le cose che avrei voluto mi avessero detto i miei figli. E un po' mi dispiacque che non fosse lui mio figlio. Però mi ripetei che aveva ragione. Avrei dovuto avere meno paura di Filippo e Tommaso, cioè del mio futuro. Il fatto è che non ci riuscivo. Non mi veniva istintivo.

Lo scrissi nel diario. E scrissi che mi aveva fatto bene quella serata. Il film mi era piaciuto. E la chiacchierata con Giovanni mi era servita.

Quella era però l'ultima confessione che avrei fatto in quella stanza. Un'infermiera con la pelle bianca leggermente increspata sotto gli occhi, nel suo frusciare consumato mi aveva sussurrato che mi avrebbero dimesso quel giorno. Dopo, era venuta una neuropsicologa, la professoressa Gabriella Berruti, assieme a un'altra dottoressa, Anna Sandri, che faceva le riprese con una telecamera mentre io eseguivo i test psicoattitudinali.

Non avevo avuto difficoltà a rispondere alle domande. Mi sembravano molto facili. Mi dicevano una serie di numeri e mi chiedevano di ricordarli in fila, oppure mi ordinavano di dirli al contrario. Mi chiedevano chi fosse il presidente della Repubblica dei miei tempi, e poi mi dicevano il nome di un politico che non potevo conoscere perché era venuto fuori dopo il 2001. Mi avevano anche mostrato delle facce su alcune diapositive che gli aveva dato mia moglie, riguardanti persone che frequentavamo. A queste richieste aggiungevano domande tecniche: che cos'è l'angioplastica nell'infarto, come si cura l'ictus, o che cos'è il triage nel pronto soccorso, più una batteria di test sulla mia depressione e le mie capacità reattive.

Forse faceva parte del loro lavoro, o forse erano fatte così, ma i frequenti «bravo», «bravissimo», «fantastico» che continuavano a dirmi mi irritavano. Per questo, quando alla fine mi chiesero se ero stanco, risposi che sì, certo, ero stanco.

A un certo punto misero lì anche la foto di Obama in mezzo ad altre che conoscevo. «E questo chi è?» mi chiesero. Di lui mi aveva parlato Giovanni, ma non avevo ancora visto la sua faccia. Pensai a un giocatore di basket dei Los Angeles Lakers. Oppure a Magic Johnson da giovane, quello con l'Aids. Glielo dissi. Risposero che era Obama, il presidente degli Stati Uniti.

«Ah, è questo?» feci. Neanche papa Ratzinger e papa Francesco avevo riconosciuto.

«Abbiamo due pontefici in questo momento» mi spiegarono. «Uno, Benedetto XVI, è dimissionario.»

Che razza di mondo.

La relazione diceva che era stata «eseguita un'estesa valutazione neuropsicologica con test specifici e standardizzati sulla popolazione normale, per esplorare le seguenti funzioni: linguaggio (comprensione e produzione); attenzione; percezione visuo-spaziale; pianificazione motoria; funzioni strategiche; ragionamento analogico; memoria».

I nomi dei test, che erano in azzurro nella relazione, parlavano di «memoria a lungo termine visuo-spaziale» o di «conoscenza generale del mondo». Va bene, ma quale mondo, mi chiedevo: il mio o Marte?

I risultati erano buoni. La professoressa Berruti mi spiegò

comunque che non appena mi avessero dimesso sarei dovuto andare a fare altri accertamenti all'ospedale Niguarda di Milano. «Devi fare una particolare risonanza magnetica, e occorrono apparecchiature più sofisticate di quelle che ci sono qui.»

Adesso che sapevo di uscire, rividi per un attimo il mio futuro. Non quello del mondo. Il mio. Io ero un medico: sarei tornato a fare il medico. Ero diventato un primario? Be', avrei fatto quello. Ma avrei dovuto cambiare molte cose del mio lavoro. E chissà quante cose erano cambiate nel frattempo. Mi sembrava impossibile non tornare a essere quello che ero. Sarei davvero riuscito a riappropriarmi della mia vita?

Iniziai ad agitarmi. Dentro a quella stanza, nelle ore passate a fissare le pareti o a origliare le telefonate sottovoce di Giovanni, in quel guscio protetto e lontano dal futuro, mi ero fatto l'illusione che quando sarei entrato nella casa dove avevo vissuto gli ultimi nove anni, tutto, per magia, sarebbe tornato nella norma.

Mi avevano detto che non stavamo più nella casa dove abitavamo nel 2001, e mi era dispiaciuto. Per me una casa non sono solo le mura che ti riscaldano. Sono quello che fai, le persone che ci vivono, il divano e la poltrona un po' sfondata dove ti appisoli come facevi da bambino fra le braccia della mamma, sono i silenzi senza vuoto, e i rumori della pace. La casa è una madre. Speravo che sarebbe stato così anche con quella nuova.

Sfilai con gli occhi per l'ultima volta le pareti e il letto sfatto di Giovanni, cercando un conforto indefinibile negli odori di quella stanza, nel disordine dei comodini, nelle pagine del mio diario dimenticato sulla sedia assieme a un astuccio, e guardai il banco fuori dalla porta socchiusa, con le infermiere, ascoltando il frusciare rassicurante dei loro passi nel corridoio, con una nostalgia spaventosa.

Dovevo tornare nella vita. Era questo che mi angosciava. Avevo una paura dannata.

Parte seconda

NATO DUE VOLTE

X

Uscii dall'ospedale senza girarmi. Tenevo gli occhi abbastanza bassi perché avevo un po' di paura a guardarmi in giro. Mark Twain ha detto che i giorni più importanti della tua vita sono due: quello in cui nasci e quello in cui scopri perché. Io ero nato due volte, ma non avevo scoperto perché. C'era qualcosa a cui non riusciva a dare un senso nemmeno la mia fede. Forse i marziani non hanno religione.

Con lo sguardo sfioravo appena, con timore crescente, l'estraneità del mondo. C'erano macchine che non avevo mai visto, e quelle che conoscevo avevano una tinta più sbiadita, come se venissero da lontano, con le ruote consunte e la carrozzeria segnata.

Mi fecero salire su una piccola Peugeot nera con quattro porte e un cuore rosso appiccicato sul portellone posteriore. La targa iniziava con DV. La mia macchina, o meglio quella che mi ricordavo, aveva la targa che cominciava con BF. Due lettere in dodici anni.

«Benvenuto sulla Lattina» disse Filippo. «È così che chiamiamo la macchina della mamma. In un minuto saremo a casa.»

Aprì le portiere, poi allungò le chiavi a suo fratello. «Tommy, guida tu che io mi sono dimenticato a casa la patente, cazzo.»

Hanno la patente, pensai. Non sono più bambini.

Non ci mettemmo un minuto. Ma non importa quanto impiegammo. Mi struggevo con le schegge del mio vecchio io, mentre accanto a me scorrevano visioni familiari, nella congestionata architettura di strade che avrei dovuto riconoscere, con i grovigli di case affastellate ai margini, le loro facciate squadrate, i muri spessi e i cortili coronati da siepi. C'erano aiuole trasandate e grandi rotatorie al posto dei semafori. Le strutture di ferro e gli scali ferroviari stavano arrugginendo nel laccio di tangenziali che accerchiavano la città. Più che diversa, mi sembrava invecchiata. Anche i cartelloni pubblicitari era come se si fossero stracciati, mostrando relitti di immagini strappate al tempo.

Sfilammo davanti al cinema. Era diventato una multisala. Pensai al film guardato sul computer, e a quello che mi aveva detto Giovanni, che se impari a navigare su internet puoi vederti persino ciò che non è ancora in circolazione. I grandi cinematografi della mia gioventù, riempiti da quegli odori confusi, con i velluti scuri, i sussurri e le risatine, lo sfarfallio sobbalzante di qualche pellicola, le file di poltrone sfondate e le mani tenute nelle mani abbandonando la testa sullo schienale, appartenevano ormai a un'altra epoca. Ma questo almeno lo sapevo già.

Così come intuii, in un momento di lucidità, che tutto quello che avrei visto non mi avrebbe fatto bene. Ne avrei solo sofferto. Semmai, dovevo approfittare delle nuove tecnologie per buttarmi nello studio del futuro, per aggiornarmi e recuperare tutte le nozioni che avevo perduto. Questo mi sarebbe servito molto di più.

Anche perché, quello che volevo capire adesso, soprattutto come medico, e che avevo già cercato di verificare nelle lunghe lezioni di Giovanni, è se puoi fare affidamento sulla memoria anche se non ricordi più nulla, come in fondo suggerisce il procedimento dell'anamnesi di Platone, la teoria della conoscenza. In realtà, sostiene Platone, tutto quello che impari è soltanto un ricordare cose che sapevi già, farle riemergere. L'esempio lo fa Socrate nei dialoghi:

uno schiavo opportunamente interrogato giunge a ricordare – non a imparare – il teorema di Pitagora. Non so se questa teoria poteva avere un fondamento neurologico, per cui studiando una cosa si riattivano quelle zone cerebrali che sono «addormentate», però ci contavo.

Il fatto è che non me ne rendevo conto, ma non ero ancora disposto mentalmente a tutto ciò. Anche se avevo accettato l'idea di essermi risvegliato il 31 maggio 2013, continuavo a comportarmi come se avessi ricominciato a vivere dal 26 ottobre 2001. Non è solo un'abitudine alle cose. È una struttura mentale che ti condiziona e influisce sui tuoi pensieri e sulle tue azioni. La verità è che non ero ancora pronto nemmeno per Platone. Dovevo capirlo quando misi piede nella nuova casa.

Ci avevo vissuto nove anni, mi avevano detto. Ma io la guardai come un'altra delle cose che aveva sostituito la mia vita. Anche se, entrando in quella cascina dove si trovava il nostro nuovo appartamento, mi sembrava di essere in un sogno. C'era un giardino ben curato, con piante di alloro ordinatamente disposte a delimitare i passaggi pedonali e quelli carrai. Lunghe file di portici, con enormi paracarri, vestigia di pesanti lavori pregressi. E poi il sapiente abbinamento dei colori, con diverse sfumature di marrone: persino le unità esterne dei climatizzatori erano state dipinte in modo che si mimetizzassero. In un angolo, all'ombra, alcune bambine giocavano tranquille con le loro bambole. Nel corpo principale una torre, una piccionaia, si alzava per almeno quindici metri.

«Casa nostra è quella a destra della torre» mi fece segno Kunta. «Un tempo erano le scuderie, le stalle dei cavalli. Circa vent'anni fa l'intero complesso è stato completamente ristrutturato rispettandone la struttura originaria. Fa parte del circuito delle cascine storiche lombarde. Le prime notizie risalgono al VII secolo dopo Cristo, pare fosse un convento, usato poi come ostello dai crociati e infine diventato cascina nel XIX secolo.»

L'avevamo acquistata nove anni prima, mi ripeté ancora una volta, come per volermi confortare. Era disposta su quattro piani e aveva una superficie di trecento metri quadri, con un portico sul davanti, una veranda di trenta metri e un giardino di quattrocento metri quadrati dietro.

«Non è molto distante da dove abitavamo» mi disse mia moglie. Mi ricordo che invece pensai automaticamente: da dove abitiamo adesso, cioè ieri. Poi feci il solito calcolo: ieri più dodici.

Le chiesi quanto l'avevamo pagata.

«Quasi cinquecentomila euro» rispose.

Rimasi sbalordito «Quasi cinquecentomila euro sono un miliardo.» Avevo fatto i conti velocemente. «Ma dove li abbiamo presi tutti questi soldi?»

«Negli ultimi anni, appena prima che la comprassimo, io ero diventata ricercatrice e poi professore associato e tu facevi un sacco di straordinari. I tuoi ci hanno regalato cinquantamila euro e abbiamo fatto un mutuo di centocinquantamila che stiamo ancora pagando.»

Non mi aveva tanto convinto. «Che mi ricordi io, nel 2001, avevamo in banca nemmeno cento milioni di lire. Possibile che abbiamo guadagnato tanti soldi in così pochi anni?»

«Pier, non so cosa dirti.»

«Come non sai cosa dirmi?»

«So solo che il mutuo l'abbiamo quasi tutto restituito e l'anno scorso abbiamo anche comprato un altro garage, sempre qui in cascina, spendendo trentamila euro.»

Stavo fermo, incredulo.

«Sai che non mi sono mai occupata delle questioni economiche. Ci hai sempre pensato solo tu, ma ti posso assicurare due cose: non abbiamo rubato e, per fortuna, non abbiamo problemi di soldi.»

Ripresi a camminare, un po' claudicante.

«Tu da primario guadagni bene» mi inseguì la sua voce.

Primario? Come faccio a farlo? E se non ne fossi più capace?

Entrai in silenzio, quasi intimorito. Kunta mi fece da

guida, facendomi visitare ogni stanza. Compresi i bagni, ne contai sedici. Be', ci trattiamo bene, pensai.

Ma c'era qualcosa che mi si torceva dentro lo stesso. Lei continuava a condurmi per mano. La casa era ampia, spaziosa, con pavimenti di cotto toscano e granito, mobili antichi elegantemente abbinati a quelli moderni. Un camino d'epoca.

Ero senza parole.

Parlava lei: «La cucina e gli armadi li abbiamo fatti fare su misura dai falegnami di Cicognolo che ci avevano fatto il mobile del bagno nella casa vecchia».

Già, ma allora era un po' diverso. Questa è tutta roba da ricchi. Che cosa c'entro io con tutto questo? Nel mio pianeta, con due bambini piccoli e la moglie con una borsa di studio, si fa una gran fatica ad arrivare alla fine del mese.

Lei mi portò nel retro della casa. «Vieni, vieni.» Da una parte sembrava molto fiera di tutto quello che mi stava mostrando, e dall'altra attentissima alle mie reazioni, come se potesse percepirvi segnali utili per capire quello che mi era accaduto.

«Ecco, guarda» disse aprendo una portafinestra. Mi trovai in una veranda spaziosa con tavolo e sedie di legno, circondata da piante di gelsomino e coperta da un pergolato metallico, dipinto di verde, a sua volta rivestito dalle foglie verdi, in perfetto abbinamento con il colore del metallo, di due enormi piante di glicine.

«Dovresti vedere tra aprile e maggio quando fiorisce» disse Kunta indicando il glicine. «Il contrasto del colore viola dei fiori con il verde delle foglie e l'azzurro del cielo è spettacolare.»

Poi mi fece notare il pavimento di cotto, bordato da marmo grigio, e la scala, sempre dello stesso marmo, che conduceva in un giardino ben tenuto con, in fondo, due enormi querce, in mezzo alle quali vi era il cancello esterno, anch'esso di metallo dipinto di verde, ricoperto da una rosa rampicante.

«Questo è il tuo regno, perché sei tu che tieni in ordine il giardino» disse.

Cercai di mettere in pratica la teoria di Platone, anche se non dovevo imparare e studiare nulla, solo guardare. Chiusi gli occhi e li riaprii sul tavolo e sulle sedie, rimirando i colori e assorbendoli dentro di me. Strinsi con la mano un orlo di legno per qualche lunghissimo secondo, sperando che il tatto mi risvegliasse qualche sensazione.

Dalla mia memoria non affiorò niente. Per me quello era un posto sconosciuto.

Non so se Kunta avesse visto quello che stavo facendo. Si voltò per tornare indietro.

«Dove vai?» le chiesi.

«Aspetta qui. Vado un attimo in bagno.»

La guardai allontanarsi. Aspettai di sentire chiudere la porta, poi mi aggirai da solo per quell'enorme casa. Mi sentivo un estraneo. Vidi con nostalgia oggetti e mobili che erano stati miei. Ma non provai nessuna scintilla. Niente.

Sfilando con gli occhi lungo i corridoi e le pareti tinte di colori tenui, mi tornarono alla mente le case che faceva costruire la maestra in prima elementare, con i cartoncini grigi disposti a muro, il camino finto che spuntava dal tetto, le porte intagliate e le finestre disegnate a matita. Quel gioco mi annoiava, ma insieme mi faceva anche sognare, perché mi sembrava di poter inventare la casa delle fiabe. Ecco, io adesso ero dentro a quella casa. Mi accorsi però amaramente che non mi apparteneva. Era ancora più bella di come me la aspettavo, sembrava uscita da una di quelle riviste d'arredamento snob che la gente compra per farsi del male, osservando con invidia quegli appartamenti che non possiederà mai. Tutto coordinato, di classe, elegante.

Tutto tranne me.

Non lo dissi a Kunta, quando ritornò. Mi chiese se mi piaceva. Le risposi con voce neutra che era molto bella. E lei mi squadrò delusa. Credo che avesse capito.

Mi accorsi in quel momento che eravamo soli. I ragazzi, che erano venuti a prendermi in ospedale, non c'erano.

«Filippo e Tommaso?» chiesi.

Come per incanto apparvero proprio in quell'istante, uscendo in veranda con i costumi da bagno e un asciugamano in spalla.

«Noi andiamo in piscina da Guido» disse Filippo.

Prima ancora che riuscissi a chiedere chi fosse questo Guido e dove fosse la piscina, Kunta cominciò ad alzare la voce.

«Ma vi sembra il momento? Da quando siamo entrati in casa non avete degnato di uno sguardo vostro padre e mi avete lasciata da sola a fargli vedere la casa. Voi adesso non andate da nessuna parte!»

«Col cazzo che non ci andiamo!» rispose Filippo in tono sgarbato. «Guido continua a invitarci e noi non ci andiamo mai.»

Decisi di chiederlo, sommessamente. «Chi è Guido?» domandai quasi sottovoce.

Nessuno mi diede retta. Un marziano invisibile.

«E poi è la piscina del nostro vicino di casa» aggiunse Filippo gonfiando il petto nudo. «Se c'è bisogno basta che ci chiami.»

Pensai che forse era una di quelle famose feste di cui si vantava Tommaso. Non si diventa Gatsby per niente. Mister Muscolo e il suo complice ospiti d'onore. Li osservavo come uno spettatore. Sono i piccoli vantaggi di essere un marziano.

«Bisogno?» La voce di Kunta era sempre più alterata. «Ma ti rendi conto che papà è appena tornato? Non vedi com'è disorientato?»

«E cosa dovremmo fare?» intervenne bruscamente Tommaso. Ecco Gatsby.

«Per esempio fargli vedere le vostre stanze, magari mostrandogli anche le vostre fotografie.»

«Quello lo possiamo fare dopo, cazzo» sbraitò Filippo.

«No! Adesso!» gli gridò sopra Kunta.

«Ma adesso è il momento migliore per prendere il sole e fare il bagno...»

In mezzo a tutto quello strepitare mi resi conto di essere capitato in un posto che non volevo e che non riuscivo a sopportare.

Attorno a me, l'incredibile battaglia verbale fra Kunta e i ragazzi, in cui tutti urlavano e nessuno ascoltava, cresceva di intensità e restituiva immagini sconnesse, che io ricomponevo malamente, fissando gli occhi spalancati di mia moglie e i suoi capelli illuminati dai raggi di sole scesi di traverso oltre il pergolato, così rimpicciolita di fronte a Filippo e Tommaso che le rispondevano a tono, berciando in slip, statuari e quasi nudi, con i muscoli protesi delle gambe e delle braccia. Era una scena angosciante e ridicola insieme.

Poi, all'improvviso, mia moglie si girò verso di me, apostrofandomi: «Ma Pier, tu non dici niente? Come al solito?».

Mentre lei riprendeva a inveire contro i due ragazzi, rimasi basito a guardarmi la scena. Stavano ancora urlando tutti. Mi tappai le orecchie con le mani e chiusi gli occhi. Non sapevo che sentimenti provare. Non riuscivo nemmeno a capire che cosa stesse succedendo. Semplicemente volevo non sentire e non guardare.

Volete chiudere il becco?

Ma lo pensai solo. Non lo dissi.

La vecchia camera da letto aveva qualcosa di antico e di familiare, anche se il copriletto era cambiato e la trapunta che mi ricordavo in stile rustico, un po' lisa agli orli, aveva ceduto il posto a un piumino leggero a rose colorate. Ma il letto rimandava ancora lo stesso cigolio, tutte le volte che uno affondava sul materasso cercando di leggere, perché non reggeva mai perfettamente la schiena. Sul comodino non c'era il numero dell'«Espresso» che avevo sfogliato la sera prima che tutto cominciasse. La sera prima più dodici anni. Da quello che era il mio lato, però, il comodino era sempre lo stesso, di ciliegio scuro, con il cassetto che faticava ad aprirsi, come se grattasse schegge di legno che avrebbero potuto staccarsi. Succedeva sempre. E mi era capitato anche la sera del 24 ottobre 2001, cercando un appunto dimenticato fra le carte.

C'era una fotografia appoggiata lì sopra, e apparteneva ai miei giorni lontani e al mio pianeta, quando i bambini erano piccoli e lo sguardo lucente di Kunta sembrava come imbalsamato, conservato in una bolla colorata di tempo. Quell'immagine aveva un sapore strano, come se un velo invisibile ricoprisse la sua luminosità, spegnendola. Era l'unica cosa che pareva invecchiata, e venire da lontano.

Anche la luce rimandata dal lampadario o dall'abat-jour doveva essere la stessa.

«Ti spiace se spengo?» dissi.

Lei era distesa a pancia in giù sul vecchio letto. Era stato un giorno pesante, con troppe cose nuove e troppe emozioni. Potermi sdraiare su qualcosa che avevo riconosciuto e che sentivo familiare, mi stava rassicurando. Mi immaginai di essere nella mia stanza, dentro la mia casa di prima. A luci spente, potevo individuare nella penombra il punto dove avrei ritrovato la luna oltre la finestra. Non la trovai.

Mi girai verso Kunta. Allungai la mano sinistra e le sfiorai la natica. Lei portava una camicia da notte leggera, che scostai delicatamente. Mi erano sempre piaciuti gli odori e i sapori della sua pelle. Il profumo della sua intimità era sempre più intenso. Me lo ricordavo bene.

Le avvicinai la bocca all'orecchio per dirle qualcosa di tenero, mentre ero ancora sopra di lei. Kunta mi mordicchiò dolcemente. Rimasi in quella posizione ad ascoltare la frequenza respiratoria e il battito del cuore ritornare normali. Poi mi afflosciai e uscii da lei. Mi girai sul fianco, cercando la sua mano. Baciai dolcemente le sue dita, una per una.

Mi coricai sulla mia schiena bagnata, tenendole ben stretta la mano. Ero soddisfatto. Sapevo benissimo che l'avevo cercata per dimostrare a me stesso di essere ancora in grado di farlo. Ma era la prima volta che l'istinto mi portava verso il mio buco di memoria e non verso il 25 ottobre 2001. Era l'istinto che mi chiedeva di scoprire dentro me stesso le verità più profonde, anche quelle sul sesso. In questi dodici anni, desideravo ancora mia moglie come fino al momento in cui la mia memoria si era interrotta? E che cosa c'era di diverso nel rapporto fra noi due, nella nostra intimità, in tutta quella comunanza di sensi che non ha bisogno di parole? E lei? Aveva per me la stessa attrazione che io ricordavo fino al 2001? Non era solo questo, però, che io volevo sapere. Avevo anche bisogno di recuperare la mia fisicità. Cos'era? Sano egoismo?

Mi resi conto che quella era inevitabilmente la mia seconda vita. Non potevo farci niente. In fondo, per me, era stata davvero la prima volta. Una cosa carnale, più che sentimentale.

Chissà se anche in quello ero cambiato. Mi dissi che era inutile darmi una risposta. Però mi sentivo bene, ed era questa la cosa strana. Era come se avessi capito che potevo riavere certi piaceri che temevo ormai sepolti nel mio inconscio, che potevo rivivere le emozioni della vita precedente, anche quelle dimenticate. E speravo che questo benessere momentaneo e illusorio potesse placarmi l'anima.

In realtà non lo sapevo ancora, ma avevo due personalità dentro di me. E ciò sarebbe durato cinque o sei mesi ancora. Una parte di me era affondata nel mio buco nero e mi diceva di continuare da dove avevo interrotto, per cui ogni gesto, ogni pensiero erano collegati al mio passato. Torna a fare quello di prima, Pier, ricomincia dal 2001. L'altra parte invece mi diceva: perché Pier? Ma sei matto? Non puoi ricominciare da lì. Accetta il presente, affronta la realtà.

In questa faticosa dicotomia, cercavo impossibili forme di convivenza. La verità era che agli inizi quella che contava di più era la prima parte. L'altra era solo la voce contraddittoria della coscienza.

Quella sera io avevo voluto fare l'amore con mia moglie

per continuare dal mio passato, per riprendere l'impossibile cammino della normalità. Ma avevo scoperto, con malcelato stupore, che era stata una cosa diversa, più istintiva, sanguigna. Dovevo arrendermi alla seconda vita?

Non trovavo una risposta. Ma cercando la luna, in quel golfo di cielo tenebroso che riempiva la finestra, per la prima volta pensai che forse, per rinascere, bisognava dimenticare.

XI

«Guido io la macchina» dissi.

Mi avvicinai caracollando oltre il giardino, verso il parcheggio, situato appena fuori dal portone. La zoppia non era ancora passata del tutto. Era migliorata visibilmente, ma il passo della gamba destra era rimasto abbastanza incerto, strascicato. «Così mi tolgo la paranoia di aver causato l'incidente. Ti fidi?»

«Certo. Sei sempre stato un ottimo autista.» Kunta si fermò davanti alla portiera del passeggero. «Poi lo sai benissimo che a me non piace guidare.»

Dovevamo andare a Milano, all'appuntamento al Niguarda. Oggi sarebbe cominciato il mio calvario con gli strizzacervelli, la passione di mia moglie. Non è che fossi spaventato, anzi, per certi versi ne ero incuriosito. Ma quello che cercavo io, una sorta di inclusione nel mondo, che mi facesse appartenere più normalmente alla vita degli altri e alle loro abitudini, sentivo già dentro di me che quei dottori non potevano darmelo. Mi avrebbero fatto una serie infinita di altre domande senza senso e una risonanza magnetica per trovare tutte quelle risposte che adesso non mi servivano.

Pensai che era strano. Non ero uno di quei pazienti che si consegna fiducioso a un camice bianco, aspettando dalla sua conoscenza il miracolo della guarigione. Ero solo un medico che non credeva al suo ruolo. Né di medico, né di paziente.

Cercai di dissimulare la mia inquietudine con gesti rapidi e sicuri. Girai la chiavetta dell'accensione, e mi voltai verso di lei: «Che strada facciamo?».

«Usiamo il navigatore» rispose Kunta. Sapevo che cos'era, ce n'erano anche al mio tempo. Ma noi non ne avevamo mai avuto uno. E poi ero rimasto colpito dal suo tono, mentre applicava sul parabrezza, in un apposito spazio, con gesti abitudinari, un apparecchio sul cui display digitò l'indirizzo del Niguarda. L'aveva detto come se fosse una cosa normalissima: prendiamo la macchina, o andiamo per quella strada.

Anche mia moglie era un essere umano del futuro, di quelli che vanno a fare la spesa su Marte e quando tornano si mettono a ridere se ti vedono trafficare in cucina. Ma che stai facendo? Basta schiacciare il comando del robot sull'iPad.

Doveva essersi accorta del mio stupore. «Non guardarmi con quella faccia da tonto» disse.

Tonto?

«È un banale navigatore. Ce l'hanno tutte le macchine, ormai, anche quelle piccole come questa. Volendo, potresti usare il cellulare, per trovare la strada giusta, collegandolo al cruscotto con questo cavo.»

Il cellulare? Domani un cellulare farà anche l'amore per noi.

C'ero rimasto male. Ero affascinato come un bambino da quello che apprendevo. Giovanni mi aveva spiegato alcune di queste stramberie del futuro, ma vederle in funzione era un'altra cosa.

«Non è giusto che tu mi dia del tonto solo perché guardo con un po' di stupore quello che stai facendo» protestai. «Per me, ogni cosa che vedo rappresenta una novità.»

«Sì, va bene finché lo fai con me...» Rimasi basito. Che stava dicendo? «Non puoi permetterti di farlo con le altre persone. Rischi di essere trattato davvero come un tonto.»

Era questa la verità incancellabile. Io ero davvero un intruso che veniva dal passato. E che cosa poteva mai fare per me uno strizzacervelli? Farmi accettare questa condizione? Guardi, lei è fuori luogo: una volta che lo sa, vivrà meglio. Ma era proprio questo che io rifiutavo: non volevo vivere meglio in un posto che non era mio. Io volevo semplicemente riavere il mio posto.

Risposi «va bene», ma non ero troppo convinto. Ancora una volta mi ero accorto che, appena cercavo di partecipare alle cose del mondo, venivo frainteso o emarginato.

Mi concentrai su una delle poche attività che, da sempre, mi rilassava: guidare. Allungando lo sguardo sui palazzi in colonna e qualche squallido negozio di elettrodomestici che non avevo mai notato, mi accorsi che in fondo non c'erano grosse differenze rispetto a quello che mi ricordavo, anche se due cose mi avevano colpito. Le strade erano frequentemente interrotte dalle rotatorie, come avevo già visto tornando a casa dall'ospedale, e tra le automobili ce n'erano parecchie di dimensioni molto piccole e tante di dimensioni molto grandi. O per lo meno più piccole e più grandi di come mi ricordavo io. Conoscevo il significato di *city-car* e Suv, ne avevo visti prima del 2001, ma adesso era una vera invasione. Pensai sorridendo che come non c'erano più le mezze stagioni, così non c'erano più le mezze dimensioni per le auto. Probabilmente il mondo si era estremizzato ancor più di come me lo ricordavo.

A rifletterci bene, al tempo in cui si era fermata la mia memoria molte cose erano già annunciate. È che non ce ne accorgevamo. Non potevamo immaginare che avrebbero cambiato il mondo. Adesso erano realtà, astruse abitudini di vita per chi come me veniva dal passato, come questa algida voce femminile del navigatore che interrompeva i silenzi con asettica regolarità, invitandomi a cambiare direzione o avvisandomi che fra cinquecento metri avrei dovuto girare a destra.

Ancora una volta mi colpiva la naturalezza con cui Kunta accettava queste novità. Anche gli alleati, in questo pianeta, erano esseri umani diversi da me.

Facevo un po' di fatica a muovere il piede destro, e se non me ne fossi accorto ci avevano pensato due o tre volte i clacson a farmelo capire, strombazzando con una certa insistenza per alcune mie manovre troppo lente. Ma questo non mi preoccupava. Alle ferite del corpo ci si abitua molto di più. E per loro non servono gli psicologi.

Mi inserii nella tangenziale di Milano, anch'essa piena di automobili troppo piccole o troppo grosse. È strano come umanizzassi le macchine. Mi sembravano anche loro degli abitanti del futuro che incrociavo sulla mia strada.

Dopo un paio di code dovute al traffico intenso, arrivammo al Niguarda.

«Il padiglione della neuroradiologia è subito dietro il pronto soccorso» mi disse Kunta, scendendo dalla macchina. S'incamminò davanti: «Avviso io gli strizzacervelli, come li chiami tu, che tra dieci minuti siamo da loro».

Sorrisi. Kunta sapeva benissimo che per me anche lei apparteneva, da sempre, alla categoria degli strizzacervelli.

«Buongiorno professor Piccioni» mi disse una giovane dottoressa mai vista prima, che mi venne ad accogliere in sala d'attesa, presentandosi come collaboratrice della professoressa Gabriella Berruti. «Come si sente oggi? È pronto per la risonanza magnetica?»

«Sì, sono pronto.»

«Bene. Tra breve tocca a lei.»

Rimasi in piedi un po' impacciato.

«Abbiamo avuto un piccolo problema tecnico circa cinque minuti fa» si mise a spiegarmi come se volesse ingannare il tempo. «È andata via la corrente e la macchina si è fermata. Ma non si preoccupi. Adesso è tutto a posto.»

Feci segno di aver capito.

Lei continuò a parlare come se stessimo tranquillamente chiacchierando in salotto: «Le hanno già spiegato quanto sia eccezionale la sua storia clinica e quanto sia importante per noi studiare il suo cervello?».

Provai un afflato di comprensiva tenerezza per il mio cervello. «Più o meno» risposi.

«Be', di casi come il suo, cioè di amnesie retrograde parziali post traumatiche, senza evidenze anatomiche di danno agli esami di routine, ne sono descritti diciotto in letteratura.»

Bella sfiga, pensai.

«Credo però sia la prima volta che succede a un medico, e per lo più primario» aggiunse in tono quasi ammirato. Non è che la cosa mi lusingasse molto. «Le comuni tecniche di routine non ci aiutano molto. L'esame che farà oggi è di un livello superiore.»

Stavo per rispondere che avrei fatto volentieri a meno di sentirmi una cavia, anche se di livello superiore. Ma preferii non deluderla.

Entrò un signore di mezza età con un camice bianco. Sentii la sua voce: «Dottoressa, la macchina è ripartita, ma abbiamo perso parte delle immagini dell'ultimo paziente, il signor Scordo».

Scordo? Nel pianeta del futuro i nomi erano un caso o appartenevano al tuo destino? Come si faceva a non notare la coincidenza? Io ero senza memoria e il paziente prima di me si chiamava Scordo.

La dottoressa doveva avermi capito. D'altro canto come si faceva a non notarlo, fra persone di livello superiore. Parlò come se volesse scusarsi. «Le coincidenze sono fantastiche, vero professore? Il signor Scordo era prenotato da mesi per oggi e solo due giorni fa ha disdetto l'esame il paziente dopo di lui. Esattamente qualche minuto prima che la professoressa Berruti mi chiamasse per chiedermi di inserire lei nel primo buco disponibile.»

Cercai di fare una battuta. «Le cose non avvengono quasi mai per caso.»

In verità pensavo tutto il contrario. Se qualcuno mi avesse chiesto in quei giorni di fare un commento sul destino, l'avrei mandato a quel paese. Meglio lasciare perdere la scienza e le cavie. Chiesi molto più semplicemente di andare in bagno.

Quando poi fu il mio turno, mi fu spiegato che l'esame sarebbe durato un paio d'ore e che dovevo ubbidire esattamente a tutto quello che mi veniva detto al microfono, senza spaventarmi se sentivo oscillare il lettino. Ormai stavo diventando un professionista di quegli esami. Avrei risposto docilmente a tutti i comandi.

Dopo due ore ero lì che mi rivestivo. La dottoressa mi si avvicinò con una cartella in mano.

«A prima vista si conferma che non c'è nulla di grosso» mi disse mentre mi allacciavo i bottoni della camicia. Alzai il capo in silenzio, limitandomi a sollevare senza nessuna espressione lo sguardo dalle asole. Dodici anni non bastavano?

«Comunque» aggiunse, «sono d'accordo con la professoressa Berruti che, vista la peculiarità del caso, riguardiamo con calma gli esami e le facciamo avere il referto nel giro di qualche giorno.»

La ringraziai e mi avviai verso l'uscita. C'era Kunta che mi aspettava. Appena entrai nella sala d'aspetto, mi venne incontro: «Allora, come è andata?».

«Dicono tutto bene» risposi. «Ma saranno più precisi tra qualche giorno.»

Fuori, mentre ci dirigevamo verso la macchina, cercai di prenderla sul ridere: «Lo sai che sono tutti eccitati perché, scientificamente parlando, sono un caso eccezionale?».

Kunta mi guardò. «Sei sempre stato raro. Ora sei unico.»

«Peccato. Da quello che ho visto finora, scambierei volentieri la mia unicità con una sana normalità.»

Ma qual era la normalità che cercavo?

Sprofondato nel divano nuovo di fianco alla portafinestra affacciata sul giardino, guardavo in televisione la faccia di Guglielmo Epifani, il segretario del Partito democratico, che ce l'aveva con Berlusconi perché alzava troppo i toni mettendo a rischio la sopravvivenza del governo Monti. In fondo mi sentivo quasi complice di tutti loro, perché come me venivano dal passato e avevano cambiato ruolo. Mario Monti era un famoso economista e adesso faceva il presidente del Consiglio. Silvio Berlusconi era stato presidente del Consiglio e ora sosteneva il governo dall'esterno. Epifani era un sindacalista che si era riciclato come segretario dei democratici. Persino le parole che ascoltavo sembravano appartenere al mio mondo lontano, come se il futuro non esistesse ancora, con tutte quelle tecnologie. «Saranno i fatti a dimostrare le vere intenzioni di Berlusconi, perché in passato ha spesso anteposto le sue esigenze a quelle del paese.»

Mi faceva uno strano effetto tutta questa scena. Le facce, i giornalisti, quei commenti così eccitati, come se annunciassero chissà quale notizia, mi sembravano esagerati e ridicoli come le domande che mi facevano gli psicologi, giochetti quasi senza senso che io dovevo sforzarmi di prendere il più seriamente possibile.

Dov'era la normalità?

C'era una parte del mio futuro che aveva un angosciante sapore, qualcosa di paradossale, che nell'accezione freudiana – come stavo imparando con tutte le mie recenti frequentazioni – si sarebbe potuto definire «perturbante», perché era estraneo e familiare insieme, tragicamente inquietante proprio per questa sua ineliminabile e spiazzante ambiguità.

E per me era questa la cosa più terribile: il 2001 rimaneva un tempo che esisteva solo dentro di me, non fuori da me. Non ero solo io a essere separato da me stesso, dovendo scegliere se continuare a vivere da ieri o riprendere da oggi, ma era anche la realtà a essere divisa.

Poi bastava buttare l'occhio alla televisione o a un giornale per avvertire la stessa dicotomia, la rappresentazione di due mondi distinti e opposti, come una ramificazione divisa in due apici, ma dello stesso albero.

Me l'aveva già detto Giovanni, scherzando sul fatto che la rivoluzione aveva cambiato tutto, fuorché i protagonisti del nostro paese: «Ma tu non puoi finire come loro. Perché perdendo la memoria hai perso anche il potere, se ce l'avevi. E in Italia il potere è storicamente ereditario, è familista, può durare per tutta la vita. Non è così nel nostro tempo».

In ogni caso, da una parte c'erano le facce di Berlusconi, D'Alema, la Bindi, Dell'Utri, Briatore, Gasparri, Moratti, sempre le stesse, come degli amici che avevo appena salutato l'altra sera. Dall'altra c'erano Obama – un nero presidente degli Stati Uniti, non riuscivo a crederci –, la Merkel, papa Francesco, ma anche Marchionne o James Pallotta che aveva comprato la Roma, e mi faceva un certo effetto pensare a un americano che guidava la squadra di calcio della capitale. Ecco, almeno gli sportivi erano cambiati, anche in Italia.

Aveva smesso di giocare Zidane, il mio idolo, perché sono tifoso della Juventus. Ero rimasto che l'avevano appena venduto al Real Madrid e per me era stata una notizia terribile. L'avevo ripetuto ai ragazzi, per cercare la solita complicità da maschi nel nome del pallone, dimenticandomi di fare l'immancabile somma: più dodici anni. Loro mi avevano guardato davvero come un demente.

«Ragazzi, quest'anno sarà dura, senza Zidane» mi era scappato. «Però alla Juve comprano bene, sono bravi.»

«Ma che cazzo dici?» avevano esclamato tutti e due spalancando gli occhi increduli. Come davanti a un marziano. Ecco, ogni tanto la verità veniva a galla. Non avete ancora capito chi sono?

«Ah sì, è vero» mi corressi subito. «Sono passati dodici anni...»

Già.

«Volevo dire che nel 2001 la squadra si era indebolita parecchio. Anche se abbiamo comprato Nedvěd, no? E Buffon in porta.»

«Papà, ma chi se ne frega del 2001» disse Filippo, posando un libro che aveva sfogliato distrattamente, come per cercare qualcosa da fare a tutti i costi pur di non stare a sentire le mie cazzate.

Era questo il dramma: chi se ne frega del 2001. A me importava, ma solo a me. Importava tantissimo.

«Non puoi cambiare tono?» lo rimproverai. Tanto per chiarire i ruoli.

«Ma lo sai che cosa è successo dal 2001? È distante anni luce, papà, è un pianeta fa, te ne vuoi rendere conto? È successo di tutto.»

«Non sembra. Io alla televisione vedo sempre le stesse facce.» Lo sapevo di mentire. Ma mi dava fastidio il loro atteggiamento.

«Quella Juve ha vinto due campionati di seguito» intervenne Tommaso. Anche lui con una certa sufficienza, cercando qualcosa da fare. Era chiaro cosa voleva dire: non capisci niente di calcio. Dodici anni ti hanno proprio segnato.

«Non eravamo tanto più deboli» aggiunse Filippo. «Comunque non conta.»

«Be', sì che conta, si gioca per vincere» dissi, riacquistando il ruolo del maestro che spiega agli alunni i valori elementari dello sport, con quelle banalissime frasi che ci rendono tutti più umanamente cretini.

«No, papà. Siamo finiti in serie B, siamo stati condannati per Calciopoli, gli juventini hanno passato anni tremendi, dammi retta.»

«In serie B?»

«Certo, e ci hanno tolto due scudetti. Moggi e Giraudo sono stati radiati. Gli Agnelli sono morti, Giovanni e Umberto. Se fossero stati vivi forse non sarebbe mai accaduto tutto questo.»

«Ma che è successo?»

«Hanno accusato Moggi di trafficare con gli arbitri. In realtà lo facevano tutti. Ma lui di più.»

«Comprare gli arbitri?» domandai allibito.

«Non comprarli. Ci parlava in continuazione, decideva le griglie, chi mandare in un posto e chi in un altro.

È una storia complicata, te la raccontiamo un'altra volta. Ci sono di mezzo gli Elkann, i Moratti. È quasi un romanzo di spionaggio.»

«Gli Elkann?»

«Sì, i nipoti dell'Avvocato. Ci sono loro adesso al posto degli Agnelli.»

«Mi sembra una cosa incredibile.»

«E lo è stata. In realtà avevamo la squadra più forte di sempre. Capello allenatore. Del Piero, Ibrahimović, Trezeguet in attacco, e Buffon in porta, Cannavaro in difesa, Nedvěd, Emerson e Vieira a centrocampo. Eravamo imbattibili.»

«Che anno era?» Lo chiesi per misurare il tempo.

«Il 2006. Quell'anno abbiamo vinto i Mondiali, a Berlino, con Lippi allenatore. Giocava mezza Juve.»

Sentii la voce commossa di Nando Martellini che ripeteva «campioni del mondo, campioni del mondo, campioni del mondo», tre volte perché era la terza volta, mentre il presidente Sandro Pertini brandiva la sua pipa in piedi accanto a Juan Carlos, nella tribuna del Santiago Bernabeu, lo stadio di Madrid. Anche nel 1982 c'era mezza Juventus in campo. Ma era un'altra cosa. Era il mio tempo. Mi veniva da chiedergli se ero stato felice come allora. Ma cosa ne sapevano?

«In Germania...» mormorai.

Tommaso si scosse nel ricordo. «Sì, l'abbiamo eliminata in semifinale, con un gol di Del Piero, anche. E in finale abbiamo battuto la Francia.»

Del Piero c'era ancora, ma era finito in Australia, mi dissero. Pure Buffon giocava ancora. Era il capitano. Ma gli altri non c'erano più. Zidane aveva smesso da parecchi anni. E adesso c'era un piccolino nel Barcellona che faceva cose pazzesche, mi spiegò Filippo. Sembrava un videogioco della PlayStation, quando partiva palla al piede. Si chiamava Messi.

Quella mattina stavo lì a ripensarci, mentre aspettavo un altro psicologo. La notte prima aveva piovuto forte per un po', e cercavo di convincermi che ero stato tenuto sveglio dal tambureggiare dell'acqua sulle finestre. In realtà era la mia angoscia a tenermi sveglio, e non c'era bisogno di uno psicologo per capirlo.

All'inizio della giornata avevo gli occhi rossi, mentre ascoltavo annoiato la stessa dichiarazione di Epifani che veniva ridata cento volte. Assieme a tutte quelle assurde comparsate televisive che riempivano le mie orecchie come ritornelli insulsi, continuavano senza sosta anche i miei incontri con gli strizzacervelli, altri appuntamenti che mi sembravano sospesi in un angolo remoto della realtà. Dovevo rassegnarmi. Era una processione cui mi sarei dovuto sottoporre per lungo tempo ancora.

Dopo Gabriella Berruti e la giovane dottoressa tutta emozionata dal fatto di misurare il cervello di un primario in amnesia retrograda parziale, Kunta adesso mi aveva presentato pure Fabrizio, il suo caro collega neuropsicologo, come mi aveva sottolineato con aria complice, per convincermi più facilmente. «È un esperto di memoria e relative prove. Collabora attivamente con la professoressa Berruti.»

Fabrizio era uno di quelli che pensava che per lavorare meglio era inutile perdere tempo in salamelecchi. Mi disse subito: «Diamoci del tu, ti dispiace?». A me non fregava niente. Non mi sentivo né un dottore, né un primario, né un paziente. Mi sentivo uno sbandato, che non aveva ancora capito il suo stato e che era alla disperata ricerca di una spiegazione. Chiunque potesse fornirmela era ben accetto, con il tu, il lei o il voi, come piaceva a lui. Anche uno strizzacervelli, andava bene lo stesso. Fabrizio, però, aveva due occhi buoni. Il suo sguardo era sereno e il sorriso aperto. Risposi in maniera gentile: «Va bene per il tu».

Kunta gli disse che io ero agitato, anche se non lo avrei mai ammesso. «Non è vero» protestai. «Sono solo incuriosito. È la prima volta che faccio queste cose.»

«Bene» fece lui. «Puoi stare tranquillo.»

Bene un corno, pensai.

Si mise a spiegarmi quello che avremmo dovuto fare: «I test servono per fotografare lo stato attuale della tua capacità di ricordare. Nessuna ansia da prestazione, mi raccomando. Ho visto la tua documentazione radiologica e ho parlato con la professoressa Berruti. Siamo tutti molto fiduciosi sul tuo recupero completo. Devi solo darti calma e tempo».

Annuii. E cominciammo. Non fu complicato, ma lungo. Per più di due ore risposi alle domande, spostai cartoncini colorati, misi in fila numeri, ripetei parole e frasi, sentendomi proprio come quei politici che avevo visto in televisione ribadire il più seriamente possibile le stesse cose all'infinito, con l'aria di rivelare chissà quale clamorosa notizia.

Anch'io cercavo di impegnarmi come se fosse l'esame più importante della mia vita. Ero così concentrato che mi stupivo persino di me stesso. Sembravo Epifani che parla di Berlusconi nel 2013 come se fosse il 2001. Almeno eravamo nella stessa condizione temporale: mi sentivo in buona compagnia.

Alla fine di ogni prova Fabrizio calcolava il punteggio raggiunto e mi rassicurava.

«Adesso basta» disse alzandosi dalla sedia. «Io sono stanco e immagino che anche tu lo sia.»

«Abbastanza.»

Mi misi in piedi e mi sgranchii le gambe. La destra migliorava, ma continuava a non guarire perfettamente. Il fatto mi dava parecchio fastidio. Io ero uno sportivo da ragazzo, e crescendo ero diventato un grandissimo camminatore. Mi piaceva salire per i bricchi, lungo i sentieri di montagna. Ci andavo anche da solo, quando i miei amici, Alberto e Beppe, non potevano. Mi faceva bene. E avrei voluto andarci anche adesso. Solo che non me la sentivo, con questa gamba incerta.

Dandomi un'espressione il più tranquilla possibile, fermai Fabrizio prima che se ne andasse. «Volevo chiederti una cosa.» Mi guardò mentre raccoglieva le sue cartelle.

«Capisco che dovrete valutare con attenzione i risultati» dissi, «ma puoi già anticiparmi un giudizio complessivo?»

Fabrizio sorrise. Girò i fogli verso di me. Li sbirciai appena.

«Come vedi dalle cifre, hai ottenuto risultati oltre la media in molte prove.»

Allora mi misi a guardare quelle pagine con più attenzione. C'erano tutti valori alti. Quasi tutti.

«Anzi, nel ricordo dei numeri sei andato addirittura fuori scala» aggiunse. «Solo nelle prove di riconoscimento spaziale sei al limite inferiore della media.»

«Strano.»

«Che c'è che ti stupisce?»

«L'orientamento spaziale è sempre stato il mio punto di forza. Certo, in questi giorni ho avuto qualche difficoltà a ricordare i percorsi fatti. Se non fosse stato per il navigatore mi sarei perso persino a Pavia. Ma pensavo fosse solo colpa della viabilità per me nuova.»

Fabrizio mi interruppe: «Guarda che non sei al di sotto della media. Anzi». Poi riprese in mano i fogli. «Sei nella media in tutte le prove, e con risultati superiori alla media, qualche volta. Nell'uso della memoria nessuno è sopra la media in tutto. E poi per la tua età...»

«Cinquantatré anni» dissi, come a volerglielo confermare. Avevo fatto il solito, immancabile calcolo: più dodici.

«Ecco. Sono numeri ottimi.»

«È che io mi ricordo di averne quarantuno.»

«A quest'età è impossibile avere dati sopra la media in tutti i test» ripeté come se non mi avesse sentito. «Assolutamente impossibile.»

«È una strana sensazione avere cinquantatré anni a quarantuno. Diciamo che avevo aspettative maggiori.»

Lui si fermò mentre stava per uscire. Mi guardò come se mi volesse scrutare con attenzione. «Da queste due ore insieme ho capito che tu sei un perfezionista performante. Che sei molto esigente con te stesso.»

«Non me ne rendo conto. Io sono sempre stato così.»

«Bene. Adesso devi cambiare registro. Devi avere un altro approccio. Non è una gara che devi vincere. Hai avuto un trauma cranico commotivo. Fai conto che il tuo cervello dal punto di vista neurochimico abbia subito un elettroshock. Devi lasciare tempo ai tuoi neuroni di riprendersi e ai neurotrasmettitori di rifarsi.»

«Già, ma è questo tempo la mia dannazione. Quello che ho perduto, quello che mi aspetta.»

«Sei un medico, lo sai bene. La ferita ha bisogno di tempo.»

Pensai che era vero. Il tempo, tutto questo tempo, e il tempo che sfugge, chissà se ti riprende, come in quella canzone di Ivano Fossati che avevo sentito alla radio, «perché c'è tempo c'è tempo c'è tempo...».

«Devi, come dire, accordarti un'ottava sotto, almeno per i prossimi mesi. Anzi, userò una metafora che riguarda il tuo lavoro. Considera il tuo cervello come un osso che si è rotto e il riposo come il gesso che usi per bloccarlo. Se non si usa il gesso o se lo togli prima del tempo, l'osso non si salda o si salda male.»

Lo guardai fisso negli occhi. «Con una piccola differenza. L'osso si può rigenerare. Ma, a meno che non ci siano state scoperte sensazionali in questi ultimi anni, il cervello no.»

«Non sottovalutare la plasticità dei neuroni. E poi gli accertamenti fatti non dicono che hai danni cerebrali.»

«È vero, ma sai anche tu che la clinica anticipa spesso l'iconografia. La stessa professoressa Berruti mi ha detto che bisogna aspettare i controlli fatti almeno sei mesi dopo gli esami, per valutare gli eventuali danni del trauma.»

«E secondo te uno che ragiona come hai fatto tu adesso ha danni cerebrali?»

Mi stropicciai gli occhi con le mani. Lo guardai di nuovo. Avrei mai capito che cosa mi era successo veramente?

XII

Stavo fuori dal ristorante, con mia moglie e i miei figli, ad aspettare il mio amico Beppe. Sapevo già che lo avrei trovato invecchiato e che mi avrebbe fatto male. In tutti questi giorni evitavo accuratamente di guardarmi allo specchio, anche quando mi facevo la barba. Non era facile, lo so, ma era necessario per la mia incolumità mentale. Dovevo ritrovare il mio centro di gravità, e non potevo perdermi in quello sguardo un po' slavato, in quelle grinze che affioravano sotto gli occhi, nei capelli terribilmente bianchi che erano più corti e meno spessi di quando non avevo paura della mia faccia. Chissà se ero andato a farmeli tagliare dal barbiere, nel mio sconosciuto futuro, prima dell'incidente.

Adesso guardavo queste strade ordinatamente squadrate anche nella loro trasandatezza, però così riconoscibili: una visione nel complesso piacevole, che mi dava una vaga sensazione di appartenenza, assieme all'indefettibile consapevolezza che questa città abbastanza immutata nel tempo e il mio paese, Levata, non fossero altro che tenere appendici della mia persona, rimettendomi almeno in questo al centro dell'universo.

Ne avevo bisogno. Nei lunghi pomeriggi passati in casa, alla ricerca di un difficile equilibrio esistenziale, avevo fatto un'attonita indigestione di televisione, scoprendo di ascoltare i fatti come proiezioni fantastiche della realtà. C'era stato uno sciopero dei treni, e la Cina era al centro di molte notizie: era un posto lontanissimo ai miei tempi, mentre adesso ci informavano persino di come andava la sua Borsa, mostrandoci immagini di ragazzi che sembravano italiani con gli occhi a mandorla, in blue jeans e scarpe da ginnastica. Io però mi ero interessato di più alla storia di una donna di quarantadue anni, mamma di una figlioletta di cinque, uccisa a Cremona mentre stava giocando con la sua bambina nel giardino di casa, da uno stalker che la perseguitava dopo averla vista in piscina e che poche ore prima aveva ammazzato pure un'altra donna. Era la ferocia del destino che mi colpiva. Probabilmente la vittima aveva avuto una vita normale fino ad allora, spezzata all'improvviso solo dalla follia dell'esistenza. C'era qualcosa che ci accomunava, nella condanna senza appello dell'imponderabile, anche se io ero vivo.

Mentre aspettavo Beppe per la cena, pensai che l'avrei preso in disparte, per farmi raccontare la verità sul mio futuro. Avevo un bisogno disperato di sapere. Poteva essere successo qualcosa che mi aveva portato a questo punto? C'erano stati dei segnali?

Quella donna aveva incontrato il suo assassino in piscina. Avrebbe potuto fare qualcosa per evitarlo? Mi chiedevo se tutti noi possiamo decidere la nostra fortuna: magari è solo un attimo, un'intuizione fulminante.

E poi, come vivevo io questo tempo sconosciuto? Con lo stesso disagio da marziano di adesso, che mi impedisce ancora di accettarlo?

Sapevo che difficilmente avrei avuto le risposte che aspettavo. Nemmeno Kunta era stata in grado di darmele.

Finalmente vidi arrivare Beppe all'angolo della strada, assieme a sua madre, Sandra, e la mia figlioccia Elisabetta con il fidanzato, che si chiamava Alessandro. Elisabetta era una mia vicina di casa di cui si era presa cura mia moglie fin da piccola: praticamente la figlia femmina che non avevamo mai avuto. Beppe era invecchiato, ma l'avevo riconosciuto subito, anche da lontano. Era da sempre il mio migliore amico.

Lui e Alberto. Alberto era venuto a trovarmi il giorno prima e mi aveva raccontato una strana storia sull'Africa, che prima dell'incidente avevamo messo su un progetto per andare ad aiutare i popoli più poveri in quel territorio sconosciuto e lontano. Era strana come storia, perché adesso non so proprio come avrei potuto fare per andarci. Ma conoscendomi, era credibile. Avevo sempre avuto la passione del volontariato.

Mentre lo ascoltavo, mi si era accesa una luce e gli avevo chiesto se non ero contento del mio lavoro. Lui mi aveva squadrato tirando indietro la testa: «Ne avevi tantissimo. Stavi faticando come un dannato».

«Cosa vuol dire? Che ne avevo troppo?»

Si era messo a ridere. «No, tu non ne hai mai troppo. Però ti conosci, sai come sei fatto. Litigavi un mucchio, andavi contro i mulini a vento. Ti chiamavano Robin Hood.»

No. Purtroppo non sapevo più com'ero fatto. Ma non glielo dissi.

«Robin Hood?»

«Quando sei diventato primario hai dato tutto. Poi, a poco a poco, ti sei accorto che ti stava fuggendo l'essenziale. Continuavi a dirmi che ci stavi mettendo l'anima per risolvere i "non problemi" degli altri. Ti lamentavi che la maggior parte delle tue energie le impiegavi per chi non ne aveva realmente bisogno. La "civiltà del brodo grasso", la chiamavi.»

«E cosa volevo andare a fare in Africa?»

«Era successo dopo l'ennesima lite. Anziché ringraziarti per un lavoro che avevi fatto, ti avevano tolto dei fondi per riparare i buchi degli altri. Non l'avevi presa bene. Mi avevi chiamato e mi avevi chiesto di iscriverti al Cuamm, un'organizzazione non governativa dove io lavoro come ginecologo nell'Africa Nera.»

«Volevo lasciare tutto?»

«La tua idea era di farti riconfermare primario e poi, dopo

un anno di preparazione specifica, chiedere l'aspettativa e venire con me in Africa.»

«Quindi una fuga.»

«All'inizio lo pensavo anch'io. Ero un po' scettico. Ma a forza di parlarne mi ero reso conto che la fuga era diventata un progetto vero. Ti eri già iscritto al corso del prossimo settembre, a Padova, di malattie tropicali.»

Era anche per questo che volevo parlare con Beppe della mia coesistenza nel futuro. Mi ero fatto l'idea che dovevano esserci parecchie cose che non mi andavano giù. E l'Africa era anche un luogo del tempo, non solo dello spazio. Forse ero già un marziano da prima.

Pensai che magari c'erano cose che Kunta non poteva capire, ma Beppe sì. Eravamo dello stesso anno, lui era nato solo qualche mese prima. Ci conoscevamo dalle medie, avevamo frequentato la stessa scuola, pur essendo in sezioni diverse. Il liceo, invece, lo avevamo fatto nella stessa classe. Forse proprio perché avevamo due caratteri opposti eravamo diventati così amici. Io ero sportivo, scanzonato, esuberante, talmente diverso da questo spaesato marziano che si aggira nei meandri del futuro alla ricerca di un equilibrio impossibile. Beppe è sempre stato un intellettuale, diligente, riservato. Lui era uscito con un voto alto alla maturità. Io, invece, me l'ero cavata per il rotto della cuffia. Il giudizio con cui ero stato ammesso all'esame di maturità recitava: «Ragazzo di buone capacità, non ha ottenuto risultati adeguati a causa dello scarso impegno profuso». Avevo azzeccato le prove scritte, per questo mi ero salvato dalla bocciatura.

La nostra amicizia si era poi consolidata all'università, dove tutti e due avevamo frequentato medicina. Beppe aveva da sempre sognato di diventare pediatra. E c'era riuscito. Io mi ero iscritto a medicina come ripiego. Dopo la maturità avevo chiesto a mio padre di andare a fare architettura a Venezia o a Firenze. Mio padre era stato chiarissimo:

«Se vuoi andare a Venezia o a Firenze sei libero di farlo, ma ti mantieni da solo. Se vuoi che lo faccia io, fai medicina o giurisprudenza a Pavia o a Parma». Detto, fatto. Medicina a Pavia. A onor del vero non ci avevo pensato molto. In fondo, più che architettura a me interessava allontanarmi da casa, e divertirmi.

Poi, all'improvviso, qualcosa era scattato in me. Mi ero appassionato alla medicina. Superai con un'ottima media gli esami dei primi due anni. Quel figlio unico, che al liceo aveva dato un mucchio di grattacapi ai suoi vecchi, era improvvisamente maturato.

In quel periodo mi ero anche avvicinato alla politica. I miei genitori votavano entrambi per la Democrazia cristiana. Io mi ero addirittura iscritto a quel partito. E mi avevano fatto candidare alle elezioni comunali del mio piccolo paese. Con una campagna sbarazzina e moderna riuscii a farmi eleggere. Poi piantai un bel casino. Portai in tribunale i miei avversari, socialisti e comunisti, per una strana storia di falso in atto pubblico. Vennero assolti per insufficienza di prove. Ma io ne ero uscito come il vincitore morale. In un'epoca in cui il pregiudizio dominante assegnava la parte degli onesti ai rappresentanti della sinistra, io avevo ribaltato le regole. In un paese queste cose si sentono. Quella vicenda mi aveva portato in dote il rispetto degli elettori e il timore da parte degli avversari. Così ero diventato un esponente di spicco del movimento giovanile provinciale del mio partito. Ricordo quel periodo in modo strano. Ero giovane e appassionato, ma si capiva che non era la mia vita. Forse sono sempre stato un intruso, allora come adesso. Quando i capi mi avevano detto che per ambire a cariche più prestigiose avrei dovuto trovarmi un padrino politico, avevo salutato tutti e mi ero rituffato negli studi. Ero un cane sciolto. Un impulsivo.

Beppe era il mio opposto. Di indole riservata, riflessivo, poco amante dello sport e con tendenza al sovrappeso. Avevamo preparato parecchi esami insieme. Per un anno avevamo vissuto nella stessa casa. Oltre a pediatria, lui aveva conseguito addirittura altre due specialità affini. Soddisfazioni culturali al massimo. Il problema era il lavoro: non guadagnavamo una lira.

È in quel periodo che successe una cosa che cementò ancora di più la nostra amicizia. Si era liberato un posto di pediatra di base proprio nel mio paesino. Per ottenere l'incarico, però, occorreva esservi residenti.

«Qual è il problema?» gli dissi. «Prendi la residenza a casa mia.» E così facemmo.

Quando mi sposai lo volli come testimone e poi come padrino dei miei figli. Il legame era diventato talmente stretto che Filippo e Tommaso lo chiamavano zio Beppe.

Adesso, a cena, all'inizio facemmo un po' di chiacchiere neutre. Ricordo che il Gorilla e il Serpente sembravano trasformati. Erano gentili, ubbidienti, persino educati. Non rammento un «cazzo» o un «figa, papà, che minchia dici» per tutta la durata della cena. Da parte mia, per un paio di volte riuscii pure a pronunciare le parole «i miei figli» e, mentre le dicevo, ad ascoltarle con una certa soddisfazione. In fondo dovevo ammettere controvoglia che mi faceva piacere parlarci insieme. Raccontarono tutti divertiti la mia battuta giurassica su Zidane, descrivendo nei minimi particolari la faccia che avevo fatto alla notizia della Juventus in serie B, con un gran contorno di risate. Ma non colsi cattiveria. Insistettero addirittura per fare una foto scherzosa con me seduto su una sedia tenendo un bastone da passeggio in mano e loro due e tutti gli altri sorridenti attorno.

Solo non so che cosa mi prese quando ci mettemmo a parlare di calcio. I miei figli sono juventini come me. Alla fine qualcosa gli dovevo aver trasmesso. Alessandro, il fidanzato della mia figlioccia Elisabetta, era romanista. Ne approfittai per chiedergli se finalmente mi spiegavano la storia della serie B.

«Papà, tu sai chi è Luciano Moggi, no?» mi chiese Filippo.

Il mio fu un riflesso condizionato. Roba da strizzacervelli. Quella tavolata serena doveva avermi completamente ricacciato indietro nel mio tempo, e non pensai nemmeno alla chiacchierata che avevo fatto con i miei figli su Zidane e la Juventus.

«Certo» dissi. Poi, siccome nessuno parlava, glielo spiegai: «Un filibustiere, ma molto bravo come direttore sportivo della Juve. È venuto proprio dalla Roma alla Juventus sei o sette anni fa». Mi mancava la solita addizione. Ma in quel momento non ne sentivo il bisogno. Certi argomenti ci riportano bambini. E i bambini hanno meno freni e fanno meno calcoli.

«È lui che, a parte gli scudetti, ci ha permesso di disputare tre finali di Champions League consecutive e di vincerne una nel maggio 1996, e dopo pochi mesi, a novembre, di vincere pure la Coppa Intercontinentale.»

Era successa una cosa strana. Nessuno osava interrompermi. Nel mio entusiasmo non colsi neppure il disagio generale. Così continuai imperterrito, sempre più dentro al mio tempo e sempre più lontano dal futuro.

«Anche lui, come l'avvocato Agnelli, non è stato molto contento della sconfitta di Perugia l'anno scorso, che ha fatto vincere lo scudetto alla Lazio proprio all'ultima giornata, né che quest'anno l'abbia vinto la Roma con solo due punti di vantaggio su di noi. Due secondi posti consecutivi non è roba da Juve. Meno male che è tornato come allenatore Lippi. E secondo me abbiamo fatto bene quest'estate a vendere Zidane al Real Madrid per 150 miliardi, perché abbiamo preso Nedvěd e Salas dalla Lazio e Buffon e Thuram dal Parma.»

Mi interruppi perché mi sentii toccare la mano da Filippo. Solo allora mi accorsi che tutti, anche le femmine, che non erano proprio maniache di calcio, mi stavano guardando con aria strana. Non avevo fatto più dodici. E Zidane aveva smesso di giocare da un pezzo. E noi eravamo finiti in serie B, per una storia da romanzo, come mi avevano detto i miei figli.

«Papà, scusa se ti ho interrotto, ma credo sia meglio ascoltare il cameriere che ci sta chiedendo il grado di cottura delle fiorentine, e se vogliamo anche assaggiare la loro mozzarella di bufala, arrivata fresca fresca oggi.»

Risposi che la volevo ben cotta. Ma mi venne subito in mente che nella mia memoria le fiorentine le avevano appena vietate per la mucca pazza. Meglio stare zitto adesso, pensai.

Il cameriere prese l'ordinazione e si allontanò, con lo sguardo stralunato. In effetti aveva la faccia di uno che non aveva ben capito cosa stesse succedendo: mi stanno prendendo per il culo?

Avrei dovuto dire a tutti: guardate, per me è normale. Mi sto sforzando di vivere nel vostro tempo, ma sto così bene nel mio... Perché non proviamo a fare cambio? Venite voi da me, anziché essere io a salire da voi. Si sta molto meglio qui, anche se c'è appena stato l'attentato alle Torri Gemelle e chissà che cosa ci riserva il futuro. Eppure alla televisione hanno detto che forse hanno trovato una cura per guarire il cancro. Voi l'avete trovata? Noi ci speriamo. È una differenza importante. Noi facciamo la coda alle agenzie di viaggio, abbiamo un mucchio di soldi da spendere, e quest'estate abbiamo fatto un giro in Grecia, con i bambini, e siamo stati anche a Creta a vedere i resti romani sotto gli ulivi e i pini a ombrello, e quando dicevo a Filippo e Tommaso di non allontanarsi loro ubbidivano ed erano tutti contenti, e dicevano «sì papa», e non «cazzo papà, la finisci di sparare minchiate?». A noi, se ci dicono che potremmo fallire, ci viene da ridere tutti. È impossibile, lo capite? E i vecchi li aiutiamo ancora, non sono nemici che ci rubano il posto o il tempo, e tutte queste cose fredde, questi iPad, questi tablet, questi telefonini multiuso non ci hanno ancora schiavizzato, e c'è pure qualche cabina telefonica agli autogrill, e i miei vestiti sono diversi, non metto questi jeans terribili che mi stringono il cavallo, come se fossi un ragazzino.

Avrei dovuto spiegare. È qualcosa di più della memoria.

Provate voi, a svegliarvi in un altro tempo. Non c'è niente di giusto o sbagliato, lo sapete? Voi mi volete convincere che è giusto il vostro tempo, ma non è così. Non è vero. È meglio il mio, credetemi.

Non dissi niente, però.

Al tavolo nessuno parlava. E io non sapevo come comportarmi. Ruppe il silenzio Kunta, con voce piana, come ci si rivolge a un malato un po' complicato.

«So che ci sei rimasto male per come ti abbiamo guardato tutti, cameriere compreso. Ma renditi conto che hai descritto particolari che, a questo tavolo, ricordi solo tu. Siamo nel giugno 2013, Pier, e non nell'ottobre 2001. Sono passati dodici anni dai tuoi ricordi. Il mondo non è più lo stesso.»

È questo che non capivano. Non sono ricordi. È la mia vita, è il mio presente e anche il mio futuro.

«Papà, ha ragione la mamma» disse Filippo. «Hai detto cose che non mi ricordavo nemmeno io.» Anche lui mi accarezzava con la voce. «Noi lo sappiamo cosa ti è successo, ma hai visto come ti ha guardato il cameriere?»

No, non l'avevo visto. Ma adesso che me lo diceva, era peggio. L'avevo visto dopo, il cameriere, quando se ne andava. Dovessi dire, sembrava offeso.

«Papà, non è che sia sbagliato avere ricordi di quel tempo» intervenne pure Tommaso. «È che devi arrenderti al fatto che adesso sei anche tu nel 2013. Sarà complicato, ma devi sforzarti. Altrimenti rischi di essere patetico, come in quei film dove i protagonisti un po' bevuti si sfidano a ricordare le formazioni delle squadre di calcio di tanti anni prima e le donne li abbandonano senza che loro nemmeno se ne accorgano.»

«Devo ammettere che mi hai ricordato cose sulla Roma che avevo dimenticato» disse Alessandro, a mo' di consolazione. «È stupefacente la precisione dei tuoi ricordi.»

Già. Per me erano cose appena successe.

Ci pensò la mamma di Beppe a togliermi dall'imbarazzo, proponendo un brindisi in mio onore. Sai che onore.

Però mi associai, con larghi sorrisi, anche se in castigato silenzio. Gli altri ripresero a parlare fra loro. Ma a me la voglia era passata. Stavo pensando ad alcune cose: dal giorno dell'incidente era la prima volta che avvertivo nei toni dei miei figli una comprensione affettuosa. Mi avevano chiamato papà senza sfottermi e senza condire una frase con parolacce. Poi pensai che dovevo sforzarmi a stare zitto, dovevo cercare di impararlo, perché sentivo un irrefrenabile impulso a raccontare i miei ricordi. Era successo semplicemente quello. Mi ero lasciato trasportare dalla serenità della serata. Dovevo anche rendermi conto che non potevo assentarmi. Lo dovevo a quelle persone, che mi volevano bene davvero.

Alla fine, mentre tutti continuavano a chiacchierare fra loro, dopo aver pagato il conto, quando eravamo ormai fuori, presi Beppe per il braccio accompagnandolo discosto, per poter parlare da soli, sotto un cielo che stava serrando la propria consistenza, quasi volesse avvisarci che si preparava a mandarci giù un altro po' di pioggia.

Mentre camminavamo, lui mi disse di stare attento: «Non devi chiuderti in te stesso, non commettere questo errore. È un consiglio da professionista».

«Sì, lo so.»

«Te lo dico perché ti ho visto restare in silenzio, prima. Invece, adesso tu hai bisogno degli altri, e parlare ti può aiutare.»

«Solo che a me riesce naturale continuare a vivere nel 2001, come hai potuto notare. È questo il problema.»

Quello che non capiva nessuno è che io non avevo solo perso un pezzo della mia vita, ma mi ero risvegliato proprio il 25 ottobre 2001. Non era solo una questione di memoria. Ero indietro di dodici anni, e dovevo fare uno sforzo enorme dentro di me per convincermi che questo tempo dovevo saltarlo. Stavo vivendo davvero in un tempo sbagliato, in una condizione assurda, incomprensibile persino a me stesso.

«Ma davvero non hai ricordato proprio nulla, nemmeno quando sei rientrato a casa tua?» mi chiese Beppe.

«Nulla. Anzi, mi è venuta in mente solo la casa vecchia, dove stavamo prima.»

«Sai che faccio fatica a capire? A vederti sembri lo stesso di sempre.»

«No, non è vero. Scusami, Beppe, ma prima dell'incidente io avevo dei malesseri?»

«Quali malesseri?»

«Ho bisogno di sapere: che casini ho fatto in questi dodici anni?»

«Nessun casino. Che cosa vuoi dire?»

«Tutto, Beppe. Mi sento così a disagio adesso, che non so se è solo dovuto al fatto che non ricordo. Magari stavo male già prima.»

«Come tutti. Potevi non essere soddisfatto. Ma non illuderti: eri perfettamente integrato.»

«Sul lavoro però Alberto mi ha detto che litigavo spesso.»

«Ma certo, sei sempre stato così. Prendi molto sul serio quello che fai. In compenso, la tua è stata una bella carriera.»

«Primario, a Roma... me l'hanno detto. Mi sembra impossibile. Mi hanno raccontato pure che ero uno importante.»

Si mise a ridere. «Ah sì?»

«Te lo giuro.»

«Sei persino alto dirigente di una società scientifica internazionale. Rassegnati.»

«E con mia moglie?»

«Che cosa?»

«L'ho mai tradita? Possibile che non ci fossero dei casini nella mia vita?»

«No, Pier, non hai mai tradito tua moglie, non hai mai avuto contatti con la mafia e non ti sei mai drogato. O almeno non me lo hai mai detto. Ma siccome se avevi un problema, sei sempre venuto da me, faccio fatica a pensare di non saperlo. Sei stato bravo come marito, papà, figlio, medico. E aggiungo anche come amico.»

«Alberto mi ha detto che volevo andare in Africa.»

«Sì, ma più che altro per il tuo spirito umanitario. Quello che ti posso dire è che ultimamente mi avevi espresso preoccupazione per il comportamento dei ragazzi.»

«Anche adesso non è che ci lego molto.»

«Ma niente di grosso, Pier. Non ti piaceva quello che facevano.»

«E il resto?»

«Sul lavoro non erano rose e fiori. Ma è così per tutti, non c'è niente di strano.»

«E allora perché volevo fuggire in Africa?»

«Non volevi fuggire. Volevi renderti utile.»

Ci pensai sopra in silenzio, slacciandomi meccanicamente i bottoni della giacca. «Non ero stanco di quello che facevo?»

Beppe mi parlava a testa bassa. Poi a un certo punto l'alzò per guardarmi in faccia. «Una volta, era come adesso, una sera che passeggiavamo chiacchierando di noi. Non è nemmeno tanto tempo fa, saranno passati due o tre mesi. Mi dicesti che se avessi dovuto tornare indietro, avresti rifatto tutto quello che hai fatto.»

«Ah sì?»

«Tutto, Pier.»

«Oggi non so se è così.»

«Ma certo. Pensi a quello che ti è successo?»

«No, Beppe. È perché non so se vorrei essere quello che sono. Credo di no.»

XIII

Mi svegliai stanco, come al solito. Di notte non dormivo tanto, mi assopivo alle prime ore del mattino, quando il buio cominciava a illuminarsi. La luce si insinuava dalle persiane socchiuse e arrivava a scaldare il letto proprio mentre l'infelice groviglio del sogno cominciava a ritrarsi e io aprivo gli occhi, cercando di districarmi dalla vischiosa morbidezza del sonno. Mi guardavo intorno. Memoria zero, anche questa volta.

Restavo a fissare la camera. Era la prima cosa che facevo, seguendo quel chiarore ancora timido che si allargava sulla tappezzeria, con i colori che si sfaldavano creando piccoli segmenti di luce, la poltrona di raso con i calzoni e la camicia celeste posati sopra lo schienale, appoggiato contro l'angolo, nella zona ancora in ombra, e poi sul cassettone di pino smaltato, con le foto incorniciate di Filippo e Tommaso che ridevano spingendosi su una sedia, quella volta che eravamo andati in montagna dalle parti di Courmayeur e loro erano ruzzolati giù da un pendio, prima di mettersi a fare gli stupidi in camera, mentre io e Kunta cercavamo di mettere in ordine le loro cianfrusaglie.

Gli occhi sfioravano ciascuno di questi oggetti, anche le scarpe un po' consunte dimenticate nella fretta vicino alla porta. La camera era sempre la stessa, niente l'aveva cambiata, nel sonno e nel risveglio, come se quel turbinio che agitava i miei sogni, quei ponti sospesi nel vuoto, quelle corse a perdifiato per scappare da qualcosa e il mare d'ansia in cui stavo annegando potessero in qualche modo riguardare anche le cose che mi stavano aspettando. Il mondo, invece, era rimasto fermo.

Quello che non capivo era il mio posto in tutto questo. Se il mondo stava fermo, perché io non riuscivo a raggiungerlo? Eppure era tutto vero, e me ne rendevo conto ancora di più adesso, perdendo il mio sguardo sulla natura morta incorniciata a metà parete, di fronte a me, con tutti quegli oggetti inanimati che rimarranno così nei secoli, fissati da un artista su quel quadro a tinte chiare che avevamo recuperato io e Kunta in un mercatino della Costa Azzurra, vicino a Nizza.

Sullo sfondo, oltre le persiane, un lieve alito di vento scuoteva appena le foglie sui rami di un ippocastano piantato saldamente sulla terra da chissà quanto tempo, nel cuore di questa tiepida giornata di giugno che restava sigillata al di là della mia finestra come la visione di un diorama. Eccolo il mondo che mi circondava. Completamente indifferente.

Quello che la gente non capiva era proprio questo, la mia solitudine. Stavo perdendo il mio ruolo, il mio posto nella vita, e stavo urlando dentro una camera insonorizzata. Non potevo farci niente. Le persone mi sembravano simili agli oggetti che mi aspettavano al risveglio, come il comodino, il cassettone, i vestiti abbandonati sulla poltrona, un po' goffi nel loro disordine. Io avrei voluto farle entrare nella mia stanza, ma loro non ci riuscivano. E molti non volevano.

A volte mi sentivo trattato come quei malati che hanno un impedimento fisico. Ma il mio non è un impedimento fisico, oppure lo è per la medicina nella stessa maniera in cui la legge contempla un reato senza preoccuparsi dei condizionamenti psicologici e del destino. Non per me. Il mio è un dramma esistenziale. È come una morte perenne, come se la persona che ami e che ti sta più vicina morisse ogni giorno, tutti i giorni, per un tempo indefinito.

Eccolo il mio tempo. Non era solo sbagliato. Era anche un tempo senza limiti. Può finire, ma non sai dove.

Neppure Kunta sapeva dirmelo. Adesso mi stava spiegando quali erano le nostre abitudini prima dell'incidente. Alcune le vedevo e mi lasciavano stranito. Lei, per esempio, quando rientrava dal lavoro passava tutto il tempo al computer, andando anche a dormire tardi. Ma facevo anch'io così?

«Tu meno, ma sì, anche tu.» Cioè, le ore libere le passavamo così, navigando sul web. «Non sono libere» mi diceva. «Io, per esempio, ci lavoro soltanto.»

«Siamo diventati schiavi» borbottavo.

«Ah, vedila come vuoi. Comunque, invece, il sabato lo dedichiamo ad altro. Io e te sistemiamo la casa e poi andiamo a fare la spesa.»

In che senso sistemiamo la casa? E cosa vuol dire io e te? Non è che mi allettava molto l'idea di mettermi a fare le pulizie.

«E cosa dovrei fare io oggi che è sabato?»

«Tu spolveri, passi l'aspirapolvere e lavi i bagni...» rispose prontamente.

«Scherzi?»

«Senti, Pier, non cominciare.»

«Ma tu cosa faresti?»

«Intanto io stiro.»

«Cioè, mi stai dicendo che io sono la donna delle pulizie. Ma lo sanno quelli di Roma, del ministero, che cosa faccio in realtà?»

«Su, datti da fare che altrimenti non riusciamo a finire tutto.»

Eh, diamoci da fare. Lei camminò veloce verso il bagno. Si fermò sulla porta.

«Ah, dimenticavo: quando finisci in casa di solito ti occupi anche del giardino e della veranda.»

«No, non ci credo.»

«Invece sì. In quello ti aiutano anche i ragazzi.»

«Non è che ti stai inventando tutto perché ti fa comodo?»

Alzò gli occhi al cielo prima di chiudere la porta, ma certo che no. Nemmeno mi rispose. Andai nell'altro bagno, sfilando frettolosamente davanti allo specchio. Guardarmi era uno dei momenti di stress peggiore. La mia immagine visiva contrastava con quella mentale. Se per me era il 2001, io non potevo che essere come allora. Così mi feci la barba un'altra volta senza guardarmi. Uscii e per scendere al piano inferiore passai di fianco alle stanze dove dormivano il Serpente e il Gorilla. Li avevo sentiti tornare a notte inoltrata, uno dopo l'altro, rumorosi come sanno esserlo solo due giovani maschi.

Mi presentai in cucina dove Kunta stava bevendo il caffè mentre leggeva una rivista.

«Non bevi il solito succo di frutta con la solita brioche?» mi chiese.

Anche i particolari erano diversi. Io bevevo il caffellatte. Anzi, la mattina del 25 ottobre ci avevo inzuppato dentro le fette biscottate. Mi rivedevo mentre me lo gustavo, con la solita nostalgia. Pensai però: proviamo questo succo. Aprii il frigorifero, ma non lo trovai.

«C'è solo acqua. Dov'è?»

«Al solito posto» rispose Kunta senza alzare lo sguardo. Il solito posto? E cosa ne sapevo io?

«E qual è il solito posto?»

«Se non ci sono in basso nel cassetto sotto il forno, sono giù in dispensa.» Aveva risposto come si fa con i bambini. Anche questo mi lasciava stranito. Possibile che non si accorgessero della mia totale estraneità alle abitudini di quella casa?

Aprii il cassetto e trovai solo una confezione di biscotti già aperta. Scesi in dispensa e cominciai ad aprire le ante dei mobili. Nel ripiano più alto erano ammucchiati oggetti a me ben noti. I piatti e i bicchieri dei miei figli piccoli. Li presi in mano e li annusai a uno a uno. Non sapevano più di bambino. Provai un misto di gioia e tristezza insieme.

«Ma cosa stai facendo giù!» gridò Kunta dalla cucina. «Ti spicci che abbiamo un sacco di cose da fare?»

Non mi resi conto esattamente di cosa stessi facendo. Mi prese però un impulso irrefrenabile e salii le scale di corsa.

«Ma come te lo devo dire che non so dove sono le cose in questa casa di merda!» le urlai in faccia. Mi pentii subito e cambiai tono. «Fammi vedere dove sono le cose che mi servono per pulire e io me ne sto zitto e buono. Per colazione mi bastano due biscotti e un bicchiere d'acqua.» Niente caffè, per carità.

Cominciai a fare i lavori di casa. Chissà se era vero che ero diventato un domestico così bravo. Quando erano piccoli, molte volte cambiavo io i bambini, e devo dire che non mi dispiaceva. Ma passare gli stracci e spolverare non mi sembrava proprio la mia cifra.

Una delle cose che mi legava di più al mio tempo perduto erano i miei figli piccoli. Ero felice di stare con loro. Ed era quello che mi mancava da morire. Anche del futuro mi mancava questo: vederli crescere, insegnargli le cose, sentire il loro odore.

Mi accorsi di metterci molto più tempo a pulire i mobili che ricordavo. Guardavo rapito i miei vecchi quadri, strofinavo ripetutamente con la cera d'api i vecchi arredi in legno che riempivano la mia casa del 2001. Quando trovai le campanelle di Natale sorrisi. Dal 1990, mio cognato ci regalava le campanelle di porcellana della Villeroy & Boch. Le ricordavo tutte e, queste sì, le avevo sempre volute spolverare io, perché così le facevo suonare a una a una. Ogni anno il suono era lievemente diverso. Sola una non l'avevo mai vista. Lessi l'anno: 2001. La feci suonare e la spolverai. Il suono non mi provocò nessuna emozione. Per me era afona. Dopo quella non ce n'erano altre di nuove. Pensai che era l'ennesima coincidenza: arrivano fino al 2001 e poi basta. Ma in fondo chi se ne frega. Tanto non me le sarei ricordate.

Per due ore continuai a pulire immerso nella mia memoria, l'unica memoria che possedevo assieme a quella di questi giorni. Cercavo di rammentare quale posizione esatta aveva nella vecchia casa ogni oggetto che toccavo. Se mi avessero visto, mi avrebbero preso per pazzo. Avevo gli occhi chiusi e un sorriso ebete sulla faccia. Ero completamente rapito.

Rivedevo i giorni passati a giocare inseguendo Filippo sotto lo stesso tavolo che stavo guardando adesso, con gli stessi screzi sulla gamba centrale e su uno dei cassetti che si apriva con piccole maniglie intarsiate d'oro, e mi ricordavo quando venivano mia madre e mio padre e stavamo ore a chiacchierare, e mia mamma si alzava in tutta quella luce che inondava la sala e mi sembrava fluttuare, in mezzo alle nostre parole e ai bicchieri di vino, mentre qualche capello randagio le brillava come i filamenti delle lampadine. Io ero orgoglioso di mia mamma, e ancora adesso era come se la osservassi mentre rassettava casa o si spazzolava i capelli, che erano bellissimi, diceva papà, setosi e scuri, di un castano intenso e luccicante, e io stavo a rimirarli a volte pure quando mi sfregava la pezzuola da bagno sulla faccia e sulla schiena da bambino, rimproverandomi dolcemente, come faceva lei, perché non era possibile che tornassi a casa tutte le volte così sporco dai giochi.

Avrei voluto dirglielo, che ero felice, mamma, e forse glielo dissi, perché il trasparente fantasma di mia madre mi si fece accanto, come se si appoggiasse al mio petto per riposare, mentre io mi ero fermato con lo straccio sul mobile grande con le ante di legno intarsiato e la chiave infilata in un ghirigoro d'argento.

In un certo senso ho invidiato mia madre. Era buona con tutti. Mica come me. Nella mia infanzia c'era una donna molto anziana che ci veniva a trovare spesso, una vecchietta della chiesa che quando parlava si copriva sempre la bocca perché le mancavano un mucchio di denti, e io cercavo senza riuscirci di nascondere il fastidio che provavo quando passava la sua mano nodosa sulla mia fronte e sui capelli per accarezzarmi. Non me ne fregava niente di lei. Ma avevo paura che mia madre se ne accorgesse. Quando non mi comportavo bene mi metteva in castigo come faceva lei, un rimprovero che durava pochi minuti, ma che a me bastava, perché mi dispiaceva davvero che si arrabbiasse. Era stata una donna di carità, mia madre. Chissà che cosa mi avrebbe detto del futuro. Forse posso immaginarlo: tutte le cose possono servire se le adoperi bene, anche questi strani telefoni con lo schermo nero che si illumina mostrando tutti quei disegnini. Pure il mio parroco ha l'iPad.

Non so però se avrebbe capito quello che mi stava succedendo. «È un segnale di Dio, figliolo, la nostra vita è appesa a un filo. Ha voluto avvisarti, abbi fede.» Ma che senso ha, mamma, lasciarmi la vita togliendomene un pezzo, cancellando tutto quello di buono o di cattivo che io posso aver fatto? Perché ha ragione García Márquez, mamma: la vita è quello che ricordi. E se io in questo tempo avessi commesso un delitto gravissimo, avrei potuto continuare a vivere senza scontarne la pena almeno con la mia coscienza e con nostro Signore?

Forse era addirittura meglio inventarseli i ricordi, piuttosto che non averli. La vita è come la si ricorda, non quella che hai vissuto. Io ne ero la prova.

Ero immerso nei miei pensieri quando mi raggiunse la voce di Kunta, dal piano di sopra. «Se sei pronto andiamo al supermercato» diceva.

Posai lo straccio sul tavolo, salutando dolcemente il fantasma di mia madre.

«Ricordati portafoglio, telefonino e occhiali» disse Kunta che era scesa di sotto per mettermi più fretta.

Mentre salivo a cambiarmi, la notai passare furtivamente il dito sulla mensola delle campanelle, per controllare che non vi fosse polvere. Le mensole facevano parte dei mobili nuovi. Non c'era da stupirsi. Mi conosceva bene e aveva capito come potevo comportarmi. Ma la cosa che mi colpiva era un'altra: era un gesto senza comprensione, per come lo vedevo io. Hai pulito solo i mobili vecchi. Continui a essere affezionato solo al tuo passato e a rifiutare tutte le cose del nostro tempo e del futuro. Era vero. Ma era evidente che lei non riusciva ad accettare la mia situazione. E questo mi feriva.

Prendemmo la macchina dal garage e, mentre guidavo, Kunta continuò a darmi indicazioni sul supermercato, sulle cose cui dovevo stare attento e su quelle che dovevo fare.

«Guarda che c'erano anche ai miei tempi i supermercati» le dissi.

«Sì, anche la Juventus c'era ai tuoi tempi e c'è adesso.»

«Cosa vuoi dire?»

«Niente, niente...»

«No, tu vuoi dirmi che il mondo è cambiato, che ci sono prodotti nuovi, che altri non ci sono più e che io vivo ancora al tempo di Zidane.»

«Più o meno.» Si voltò verso di me. «Senza offesa.»

Feci una smorfia, del tipo: te lo faccio vedere io. Non faremo mica la spesa con l'iPad? E un pomodoro sarà sempre un pomodoro, no?

Ovviamente il supermercato che mi ricordavo non era più al suo posto. Parcheggiammo in un sotterraneo pieno di automobili troppo piccole e troppo grosse. Usai un euro, anziché le cinquecento lire, per sbloccare il carrello, ma fino a qui non c'erano troppe differenze. Entrammo prendendo le scale mobili. Il vecchio supermercato non le aveva, ma le scale mobili le conoscevo da una vita, non esageriamo.

Che casino c'era, sembrava di essere allo stadio. Cercai di non guardare negli occhi nessuno e di dedicarmi ai prodotti da acquistare. Fu un disastro. Mettere gli occhiali da vista, leggere i prezzi in lire mentre erano in euro («Guarda, queste ciliegie costano cinquecento lire al chilo, sono regalate!» Risposta di Kunta: «Stai zitto, per favore! Sono cinque euro, diecimila delle vecchie lire che non esistono più...») e solo dopo rassegnarmi all'euro, paragonandoli a quelli che mi ricordavo, calcolando gli sconti e poi convertendoli in lire per capire se conveniva o no.

Alla fine aveva ragione Kunta: la maggior parte dei prodotti era nuova o aveva mutato nome. In dodici anni questi pazzi avevano cambiato anche il cibo sulla tavola: c'era frutta che io non avevo mai visto e che avevano inventato mischiando chissà quale roba, scaffali pieni di soia che ai miei tempi stava nascosta da qualche parte, mentre adesso c'erano gelati di soia, formaggi di soia, yogurt di soia, e c'era il pane di kamut, la pasta senza glutine per i celiaci, e poi prodotti vegetariani, vegani, macrobiotici...

Dopo aver armeggiato con tre strani barattoli e relativi prezzi, mi arresi. «Senti, io non ci riesco a starti dietro. Per ogni articolo mi occorrono due o tre minuti di sosta. Blocco la fila, le persone mi guardano male.» Era come se mi riconoscessero, dandosi di gomito: un marziano, guarda, un marziano che è venuto a fare la spesa qui. «Non riesco a scegliere in maniera tranquilla. Non ci riesco proprio.»

«Va bene» disse Kunta, a voce bassa.

«Facciamo così. Porto il carrello e basta.» proposi.

«Ecco, vedi? Finalmente hai ricordato una cosa che hai sempre fatto in questi ultimi dodici anni...»

XIV

Non c'era nessuno in casa. Stavo di sotto, nell'ampia sala con le poltrone ad angolo retto, rapito da quello schermo piatto grande come al cinema che rimandava le immagini della televisione. Al mio tempo, non guardavo tanto la televisione. Ma quella era una scatola nera persino ingombrante, posata sopra un piccolo mobile scricchiolante, che uno si chiedeva come facesse a reggerla, con tre piani riempiti da cassette e un videoregistratore, sospeso quasi in bilico sul suo intreccio di cavi. In realtà, allora, la televisione era un convitato, con cui cercavi di rilassarti. Adesso era una padrona. Potevi guardarla anche sul tablet, mi aveva spiegato Giovanni, solo che a me non interessava.

Tutte queste invenzioni continuavano a mettermi in uno strano stato di agitazione, accrescendo il mio radicato complesso di inferiorità. Persino il suono della televisione mi sembrava diverso, più avvolgente. Mentre ero lì che ascoltavo un doppio busto dispensare sorrisi a raffica (i giornalisti erano molto più cordiali di quelli che ricordavo io, per assurdo quasi allegri, qualsiasi notizia stessero dando), aveva squillato due volte il cellulare, ma era apparso un nome che non conoscevo. Pensavo che in fondo le comodità di quest'epoca moderna erano complicatissime per un marziano. Non avevo risposto, anche perché continuavo a impappinarmi con quell'aggeggio, cercando un tasto da schiacciare, quando invece bisognava strisciare il dito sullo schermo. Per me, la cosa pazzesca è che l'avevo visto fare a un bambino di neanche dieci anni, con la naturalezza con cui si apre un libro. Anche i bambini erano più moderni dei marziani.

Poi, al telegiornale, qualche minuto dopo, diedero la notizia che un tale Pierangelo Daccò era stato condannato a nove anni per tangenti alla Maugeri e al San Raffaele. Quando rientrò a casa Kunta, glielo raccontai.

«Quello in galera è il fratello del tipo del pronto soccorso che tu conosci benissimo» mi disse lei. «Ci sei andato anche fuori a pranzo.»

Mi venne un brivido. Non sarò finito anch'io in qualche guaio? E se così fosse, quale migliore occasione per i miei complici di scaricarmi addosso tutte le colpe? Tanto non avrei potuto difendermi, non ricordavo niente. Bei casini davvero!

Quella notte non dormii. Assieme alla solita insonnia, ormai ero prigioniero delle paure. Mi rendevo conto che nessuno poteva aiutarmi, che forse non mi ero confidato neppure con mia moglie e che quindi non esisteva persona al mondo in grado di conoscere la verità e darmi un qualsiasi conforto. La cosa che più mi angustiava era il fatto di essere così cambiato rispetto a quanto ricordavo di me da non essere in grado di convincermi che quelle paure erano assurde, ed erano incompatibili con il mio carattere e la mia volontà.

La verità era che non mi riconoscevo più. Persino nel bene: ero un indolente, capace di diventare un gran lavoratore se si ficcava in testa un'idea, ma non ero per niente ambizioso. Come era potuto succedere che fossi stato tutto quello che mi avevano raccontato: un primario, un dirigente di un'accademia scientifica in giro per il mondo, un consulente del ministero della Salute e un mucchio di altre cose ancora?

Per di più il mal di schiena, causato dal trauma dell'incidente, era peggiorato e non mi facilitava certo il sonno.

Nell'agitazione della veglia mi turbava anche l'idea che quella mattina sarei tornato a Levata e sarei andato al cimitero a trovare mia madre. Se da una parte speravo che le emozioni che avrei provato potessero smuovere qualcosa dentro me, dall'altra quell'eccitazione era gravata dalla consapevolezza di dover riconoscere il mio passato comune, un'inquietudine che non aleggiava solo nei miei ricordi, ma anche sul mio futuro. Lì, fra quelle mura e quelle strade, nei campi che si perdevano all'orizzonte, c'erano le mie radici e la mia fede ingenua, quella che ascoltava assorta le parabole citate da don Carlo nell'omelia, quando Gesù era sceso sulla terra ed era andato a guarire i ciechi premendogli il fango sugli occhi. Ma perché Gesù non mi ridava i miei dodici anni?

Capivo che c'era qualcosa di infantile nella disperazione che provavo. Mi rendevo conto, però, che non potevo farne a meno. Pensai che forse avrei ritrovato la pace al mio paese. Oggi era domenica. Niente scuola e pochi compiti, come da bambino. Allora mi mettevano il vestito della festa e un paio di calze bianche che arrivavano fino al ginocchio, mentre io guardavo con invidia le scarpe nere tutte luccicanti di papà, come se fossero l'unico segno di distinzione da esibire durante le preghiere recitate sommessamente nell'umida penombra della navata centrale, dove andavano a sistemarsi tutte le volte la mamma e Pino, come chiamavano mio padre. La mamma doveva scapicollarsi per vestirsi in fretta e andare in chiesa, mentre papà indugiava sulla poltrona del salotto, guardando distrattamente quello che facevo io, con i suoi occhi azzurri che mi mettevano addosso una paura quasi inspiegabile. Povera mamma, doveva sempre fare tutto di corsa...

Io, invece, quella mattina non avevo fretta. Avrei ritrovato gli odori dell'infanzia e mi sarei fermato ad ascoltare tutti quei rumori che non avevo dimenticato. È bello fermarsi, ogni tanto. Avevo chiesto ai miei figli di venire anche loro, di accompagnarmi. Mi dissero che non potevano, dovevano studiare. La cosa strana è che in fondo ne fui contento. Non volevo disperdere le mie energie e le mie emozioni.

Partimmo in macchina, io e Kunta. Ci sono centoventi chilometri, da Pavia, per arrivare a Levata. Quando fummo in paese, guidai meccanicamente verso la chiesa, perché era l'ora della messa e sapevo che avrei trovato lì mio papà. Passai per la strada principale e cominciai a tornare indietro nel tempo. Non potevo dirlo a Kunta. Pensavo che anche se io ero stato due persone, l'uomo del 2001 e l'uomo dei dodici anni che non conoscevo, avevo avuto un solo passato e una sola identità. Ed erano le cose che ritrovavo sotto i miei occhi.

La strada che stavo percorrendo mi era rimasta impressa perché avevo cominciato a farla a piedi da solo, quando forse avevo sette o otto anni, e se dicevo a mia mamma dove andavo potevo anche attraversarla e camminare senza che nessuno mi dovesse accompagnare, guardando bene da tutte e due le parti, costeggiando i prati davanti alle case e il lotto di terra infestato da erbacce che apparteneva a un vecchio signore sempre con il toscano in bocca quando non fumava la pipa. Più avanti c'era un vicolo con il pietrisco che scricchiolava sotto i passi, e quando lo superavo, vicino al terriccio striato di paglia, si apriva un orizzonte pieno di sole e di odore dell'estate, come quello che sentivo adesso, di erba tagliata.

Entrammo in chiesa mentre il prete stava recitando le parole del Vangelo: «Perché chi perderà la propria vita...». Mi accorsi che sudavo e dovetti sedermi prima dell'omelia. In realtà non l'ascoltai molto. Guardavo il sacerdote. Era la prima volta che lo vedevo. Provai una strana sensazione di vertigine. Anche nel mio paese il mondo era cambiato. Mia moglie mi aveva spiegato, durante il viaggio in macchina, che tante cose non erano più le stesse. Io e Kunta siamo cresciuti insieme a Levata, e ci siamo messi insieme da ragazzini. Questo è il nostro posto. Conosciamo tutti.

Mentre venivamo qui, mi aveva detto che il prete del

paese, don Carlo, mio confessore e amico, era stato mandato in un'altra parrocchia, in città, vicino alla sua casa di residenza. Adesso c'era un solo prete per tre paesi, questo don Roberto. Mi aveva anche spiegato che don Carlo non era stato punito. Il motivo del suo trasferimento era più semplice e banale. In carenza di preti, il vescovo aveva consorziato la parrocchia di Levata con quella di due comuni vicini. Don Carlo, oltre ad avere settant'anni, non aveva la patente. Mi aveva telefonato quando ero ancora ricoverato per l'incidente, ma non mi aveva detto niente e non avevamo parlato di queste cose. Adesso, però, mentre cercavo inutilmente di ascoltarlo, mi sembrava strano vedere questo nuovo prete, con i capelli neri, il viso rubicondo, decisamente sovrappeso, parlare con addosso i paramenti di don Carlo.

Mio padre era seduto vicino a me. Si chiamava Giuseppe, anche se per tutti era il Pino. Quando lo avevo rivisto, poco prima, in piedi davanti alla porta della chiesa ad aspettarmi, mi era sembrato vecchissimo. Curvo, con quei capelli così bianchi, la pelle del viso avvizzita e l'andatura incerta. Solo gli occhi erano rimasti gli stessi. Azzurrissimi, di quell'azzurro che da ragazzo mi faceva paura e adesso tenerezza. Lo avevo abbracciato e avevo sentito tutti i suoi anni scricchiolarmi tra le braccia. Stava per compierne ottantanove.

Mi aveva chiesto come stavo. Avevo capito che gli era bastato vedere suo figlio per immaginare che tutto fosse normale. Gli uomini dell'albero degli zoccoli sono abituati a un tempo immutato, che cambia solo con le stagioni, come la terra, per la semina e la raccolta. Vedono le cose diverse, non cambiate, le vedono lentamente crescere o appassire, come i frutti che coltivi. Ma sono sempre le stesse cose.

Io, per lui, non potevo essere cambiato.

Guardai attorno a me. Notai che la maggior parte delle persone, a parte il prete e i bambini più piccoli, me li ricordavo, e provai una sensazione di calore, come quando torni a casa dopo una giornata di fatica. Certo, come al solito sembravano più vecchi, ma erano loro. Anche la chiesa aveva mura che parevano più vecchie e scrostate. I banchi, invece, erano rimasti lucidi come me li ricordavo. Mancava solo mia madre.

Mi misi in fila, lungo la navata centrale, per fare la comunione, anche se non mi ricordavo quando era stata l'ultima volta che mi ero confessato. Mi venne in mente quando da bambino il prete, dopo aver benedetto il pane, faceva passare quelle ostie sottili in bassi piatti d'argento fra i banchi della chiesa, e io potevo solo guardare mio papà e mia mamma chinare la testa con le mani giunte prendendole in bocca, perché ero troppo piccolo per poterle mangiare. Fra la gente in fila, fissavo il mio sguardo sulle mani rozze e nodose degli uomini, che avevano mezzelune nere attorno alle unghie. I segni della terra.

Cercando istintivamente di ritrovare quelle immagini adesso, notai dietro di me mio padre che mi guardava, e allora mi sforzai di zoppicare il meno possibile. Era un gesto d'amore.

Quando, dopo la comunione, intonarono dei canti struggenti e per me sconosciuti, ebbi caldo al cuore. Nella chiesa del mio paesino mi sentivo a mio agio. Era un gran bel rifugio. Ma quella sensazione era stata troppo forte e mi aveva spaventato, facendo suonare dentro di me un campanello d'allarme. Stavo fuggendo da qualcosa, ma non ricordavo da cosa. Forse scappavo da me stesso? Non so perché ebbi paura. Certe cose si avvertono nel profondo dell'animo senza che tu possa capirle.

Il ricordo che evocavano i miei posti mi provocava un affanno dolente e pericoloso, perché c'è un passato che è finito per sempre. E la memoria può anche conservarlo. Ma solo come conserva i morti.

XV

Anche adesso, nella sala da pranzo di nonna Angela, la mamma di Kunta, attorno alla tavola piena di gente, era come tornare indietro nel tempo. Di fronte a me c'era mio cognato, Giuseppe, che tutti chiamavano Gepi, e io ricordavo da bambino con il naso sempre moccicoso e i capelli arruffati, prima che diventasse un uomo già a quattordici anni, quando, dopo la licenza media, aveva detto ai suoi che non intendeva più studiare perché lui voleva fare il muratore.

Aveva perso il papà che non aveva neanche vent'anni e, da allora, si era preso sulle spalle il mantenimento della sorella e della madre. Se Kunta aveva potuto laurearsi, lo doveva principalmente a lui. Aveva una grande abilità manuale e un'intelligenza molto pratica, che gli avevano permesso di fare un mucchio di lavori. Di quei giorni mi erano rimaste impresse nella memoria soprattutto due cose: la dignità con cui avevano affrontato i momenti difficili e l'unità di quella famiglia.

La matriarca era nonna Angela, una robusta massaia padana di settantacinque anni, cuoca sopraffina, non molto alta, con i capelli corti di un grigio naturale che sembravano luccicare nei riflessi del sole e due occhi azzurri limpidi come quelli di sua figlia. Il grembiule da cucina perennemente indosso e un'andatura ondeggiante la facevano sembrare più rotonda che alta.

Parlarono delle loro cose, dei ragazzi che erano cresciuti e di quella volta che io avevo più o meno la loro età ed ero rimasto ad aspettare Kunta per un mucchio di tempo («Quante ore, Pier?») senza sapere che lei non c'era perché era già andata in città, e per la prima volta dal giorno dell'incidente non mi sentii un escluso.

Vidi quella casa, che era sempre la stessa, con il suo vecchio televisore sul cassettone, il tavolo ovale della sala da pranzo e le sedie un po' tremolanti, il corridoio di mattonelle e l'attaccapanni di legno scuro, come se fosse illuminata da una luce rassicurante che veniva da sopra le nuvole, scivolando via sul finire del giorno dalle coste dei termosifoni e dalle pareti, con i loro strani disegni di linee d'ombra e di chiarori.

Non sarei voluto andare via, perché lì almeno non mi sentivo tradito. Forse era anche un fatto di persone: l'età di Angela e di papà non la percepivo così diversa come la mia, quella dei miei figli o dei miei amici, da quando li avevo dimenticati. Loro erano già anziani, e la vecchiaia li aveva segnati senza trasformarli. Con loro potevo ancora sentirmi vivo, sospeso a metà dentro il mio tempo e questo futuro così estraneo, come se fossero le uniche persone con cui riuscivo a parlare senza vergogna del nostro passato.

Non era però una sensazione di pace. La pace arriva alla fine di un conflitto. Era una tregua. Mi faceva piacere, perché avevo bisogno di fermarmi un attimo. Ma sapevo che presto tutto questo sarebbe finito, e sarei tornato dentro la realtà. Era una consapevolezza che mi imprigionava, com'era successo anche al mattino, riscoprendo i profumi del mio paese mentre riavvolgevo il nastro della memoria, con le immagini delle corse a perdifiato nei prati o delle domeniche da chierichetto che si affastellavano assieme a un piacere strano, come quando da bambino fuori pioveva e le grondaie gocciolavano, e io mi rannicchiavo a letto, al sicuro nel calore della casa, con un libro da leggere, ascoltando dalla finestra socchiusa il tintinnio della pioggia e quell'odore lanoso che sembrava venire dalla terra bagnata.

Adesso tutto questo sarebbe finito. Dovevo andare a trovare mia madre. E che cos'era la sua morte? Il passato o il futuro?

Prima ancora sentivo però il dovere di spiegare bene a mio padre che cosa mi era successo. Lui era l'unico a non saperlo. Mia suocera e tutti gli altri erano venuti a trovarmi in ospedale. Forse anche per questo, per non traumatizzare mio papà, avevano parlato di tutto, a pranzo, fuorché di questi dodici anni.

Ci sedemmo nelle poltrone della sala. Anche quelle erano sempre le stesse. Lì sopra io e Kunta ci eravamo scambiati qualche effusione da fidanzati, dopo cena, le poche volte che eravamo riusciti a rimanere soli in casa.

Non feci tanti giri di parole, non ne sono capace. «Oltre alla botta alla schiena che mi fa zoppicare» gli dissi, «nell'incidente ho preso una botta alla testa che mi ha fatto perdere la memoria di quello che è successo negli ultimi dodici anni.»

Mio padre mi guardò senza rispondere. Alzai il tono della voce, anche se mi sentivo un po' ridicolo. «Mi hai sentito o devo ripeterlo?»

«Ho sentito, è inutile che alzi la voce.»

Bene, pensai. È andata meglio del previsto. Lo osservai per vedere che reazioni aveva.

«Ma non ho capito cosa intendi» disse dopo un po'.

«Intendo che la botta mi ha fatto perdere la memoria delle cose successe negli ultimi dodici anni. Di tutte, ma proprio tutte, capisci?»

Mio padre mi fissò per qualche istante. «Vuoi dire che non ti ricordi che la mamma è morta tre anni fa?»

Deglutii. «Esatto.»

Lui continuava a guardarmi.

«L'ho scoperto qualche giorno fa quando ero ricoverato in ospedale» dissi. «Avevo chiesto a Kunta come mai tu e la mamma non eravate ancora venuti a trovarmi.»

«Io non lo sapevo» mormorò con quella voce che hanno i

vecchi, un po' impastata. Lo sguardo era rallentato, come i riflessi. Da bambino ero abituato ai suoi silenzi. Erano come i suoi sguardi: mi facevano paura. Papà non aveva mai troppe parole, anche per sgridarmi, come negli anni del liceo. Quando ne avevo combinata una, aspettavo che tornasse a casa, la sera, cercando di fare finta di niente. Lui diceva solo che non avevano i soldi per farmi perdere tempo. Ma lo diceva con una voce che mi gelava. Era per questo che non mi azzardavo a replicare.

Anche mamma stava zitta. Ogni tanto lei aveva una coda di capelli che si arrotolava sulla testa, facendo una crocchia, come per toglierli semplicemente di mezzo e avere un problema in meno. Mia madre, quando sgridava, sembrava dovesse spiegarti qualcosa. Era troppo dolce per essere severa.

Mi prese una melanconia struggente. Ricordai gli odori dell'erba nuova e della terra ammorbidita, dei fiori di pesco. Doveva essere aprile.

«Oggi mi piacerebbe andare insieme al cimitero» dissi. «Tu ci vieni?»

«Ci vado tutti i giorni da quando l'abbiamo sepolta. Perché non dovrei venire oggi?»

Aveva parlato facendo una pausa e continuando a guardarmi negli occhi. Mi sentivo in imbarazzo. Non sapevo cosa dire. Non è che avessi mai fatto tanti discorsi con mio padre. Di solito facevo lunghe chiacchierate con mia mamma. Con papà, persino da adulto, mi limitavo a scambiare opinioni sull'orto e sullo sport. Non solo perché era difficile parlare con lui, ma anche perché aveva disegnato il suo ruolo come quello di un padrone d'azienda che vedi soltanto quando c'è da prendere decisioni. Allora, si assumeva tutte le responsabilità. Era l'uomo su cui sai di poter contare. E lui si vedeva un po' così. Ecco, se avessi dovuto definire mio papà con un solo aggettivo, avrei detto questo, che era un uomo responsabile.

Ora che dovevo parlare di me stesso con lui, provavo un disagio ancora più forte. Non ero abituato. Sentivo i suoi occhi addosso a me, e cercai di sdrammatizzare: «Comunque mi hanno assicurato che è un problema momentaneo e ci sono ottime probabilità che recuperi la memoria. Adesso sono in convalescenza per due mesi e poi si vedrà».

«Due mesi, così tanto?»

«Sì. Due mesi. Con quel che mi è successo non è tanto.»

«E come fai sul lavoro?»

Mi colpì che la prima cosa che pensasse fosse quella. Ma i vecchi forse acquisiscono una concretezza istintiva nei giudizi. La chiamano saggezza.

«Be'...» Stavo per dirgli che ci avrei pensato a suo tempo.

«Con tutte le responsabilità che hai come primario, se stai tanto tempo via dal lavoro poi rischi di perderlo.»

Rimasi in silenzio. Pensai che non era il caso di dirgli che in quel momento non sapevo nemmeno qual era il mio esatto posto di lavoro, che mi avevano detto un mucchio di cose alle quali stentavo ancora adesso a credere, e fui contento che mio padre non avesse realizzato che l'amnesia riguardasse pure il mio ruolo di primario.

«Quindi non ti ricordi neanche di Lidia?»

Me ne avevano parlato in ospedale i miei figli e Kunta. Era la badante ucraina che nell'ultimo anno di vita della mamma aveva in pratica gestito la casa dei miei genitori. Mi avevano raccontato che loro si erano molto affezionati a lei e viceversa. Che erano stati fortunati, che era una donna davvero in gamba.

«No» risposi. «Ma so chi è e soprattutto cosa ha fatto.»

Mio padre scosse la testa e la abbassò sempre restando in silenzio. Non sapevo cosa fare. Avrei avuto un sacco di cose da chiedergli, ma avevo paura di turbarlo.

Si erano avvicinati Giuseppe e gli altri parenti del pranzo, e c'erano anche due nuovi arrivati, una ragazza bionda che mi chiamava zio e un altro giovane, alto e segaligno, con i capelli castani tagliati corti, che si presentò con un sorriso dicendo che lui era Michele.

Era mio nipote: i ricordi che avevo di lui erano quelli

di un bambino di due anni, che aveva appena imparato a camminare e a correre. Adesso era grande quanto me. Lei invece era Giulia, aveva cinque anni prima che cominciasse il mio calvario.

Il futuro era arrivato anche lì. Il mio tempo stava scivolando via pure da quella stanza.

Erano tutti in piedi tranne mio padre, che stava ancora seduto con le mani sugli occhi. Li stava osservando.

«Andiamo al cimitero, che poi voglio andare a riposare, sono stanco» mi disse improvvisamente.

Lo guardai. Si era risvegliato di colpo dal suo torpore e adesso era già in piedi di fianco a me. Chiamai mia moglie e ci avviammo.

Il cimitero di un paese di poco più di cinquecento abitanti non è certamente grande. Quando, molti anni prima, i miei genitori avevano avuto l'idea di costruire una cappella di famiglia, ero stato proprio io a dissuaderli. «Il nostro cimitero è talmente piccolo che sembra già una tomba di famiglia» avevo sentenziato. E mi avevano ascoltato.

Ma adesso, invece, mi sembrò enorme. La lunga sequenza di lapidi e pietre, separate in file ordinate da un sentiero ricoperto di ghiaia, sembrava perdersi nella caligine dell'orizzonte, lasciandomi un vischioso senso di smarrimento, come se di nuovo fossi solo nel mondo.

«È sepolta vicino a tua nonna Dina» mi sussurrò mia moglie. Io presi sottobraccio mio padre e lo aiutai a salire i tre gradini dell'ingresso.

Cominciai a guardarmi intorno. Il posto dove mia madre era stata distesa a riposare in eterno non si vedeva dall'ingresso. Una colonna di marmo lo copriva. La mamma aveva più volte espresso il desiderio di essere tumulata in un forno. Non voleva marcire in terra, lei. Ma l'aveva detto quando ancora ti azzardi a parlarne perché sai che la morte è lontana.

Avanzai, prigioniero di sguardi e sorrisi lontani. In quel

momento, però, era come se mia mamma ci fosse ancora, come se in fondo mi stesse aspettando. Nel cammino, per prime apparvero le tombe di mio nonno Dante e di nonna Dina. Erano i genitori di mio padre. Il nonno era morto giovane, qualche mese prima che io nascessi. La nonna, invece, era mancata nel 1993, alla tenera età di novant'anni. Mi aveva praticamente cresciuto lei, perché i miei lavoravano entrambi, e quella donna minuta, sempre vestita di nero, mi aveva fatto da mamma e papà fino a quattordici anni.

Poi apparve la tomba di mia madre. Mi prese un colpo, come se non mi aspettassi di trovarla. Mi fermai. La fotografia era la stessa che mi aveva dato Kunta quando mi aveva detto che era morta. Era molto più grande e sul marmo lucido risaltava in modo quasi eccessivo.

D'un tratto il futuro si era ricongiunto con il mio passato. Era una sensazione solo momentanea, ma in quegli attimi mi sentii di nuovo inesorabilmente catturato dalla mia paura. Perché il futuro era un mare molto più grande che mi stava facendo affogare nei suoi abissi.

Provai una frustrazione difficile da spiegare. Anche non volendoci pensare, la situazione era paradossale. Mi avevano detto che avevo sofferto come un cane, che non ero nemmeno riuscito a dire due parole al funerale, che le avevo reso onore con la borsa di studio. Ma io non ricordavo niente. E adesso soffrivo come se fosse la prima e unica volta. Forse ero la sola persona sulla faccia della terra costretta a rivivere due volte il lutto della sepoltura della propria madre.

Sentivo un dolore fisico, come se lo stomaco e il cuore mi si torcessero dentro. Non avevo voluto venire prima qui, per la paura di essere solo con lei. Per questo stringevo con tanta forza la mano di Kunta. Al mattino avevo intravisto la lapide in suo onore, all'ingresso del comune. Non sapevo più chi ero stato, ma almeno ora sapevo chi era stata mia madre per gli altri.

Adesso, però, mia mamma nemmeno mi guardava negli occhi, come mi aspettavo di vedere avanzando verso di lei, per poterla salutare. Quella fottuta fotografia, che avevo nascosto tra le mani singhiozzando in ospedale qualche giorno prima, era lì, ancora più grande, davanti a tutti, e sembrava fissare qualcosa che stava lontano da me e dalla mia vita.

Strinsi ancora più forte la mano di Kunta. «Non è colpa di nessuno» mi disse lei. «Cerca di pensare ai bei ricordi, anche in questo posto, finché non ti sarà tornata la memoria. Forse ti farebbe bene sfogarti.»

La guardai e poi mi girai verso mio padre. Mi stava osservando. A poco a poco cominciò a tremare, prima piano piano, e poi sempre più forte, iniziando a piangere. Non avevo mai visto mio padre piangere. Non mi venne istintivo, ma dopo qualche secondo lo abbracciai, mentre lui continuava a piangere sulla mia spalla.

Alzai lo sguardo e vidi i volti degli altri defunti che mi sorridevano dalle loro fotografie di marmo.

E finalmente mi misi a piangere anch'io.

Adesso avevo visto la morte. Avevo visto quello che era successo a me, alla mia memoria. Anch'io avevo conosciuto la morte di una parte di me, sapevo che cos'era. L'unica differenza era che mia mamma si era fermata. Io no.

Ma aveva un senso tutto ciò? Si può sopravvivere alla propria morte? Per la prima volta cominciai a pensare di no. Non potevo essere più forte della morte.

XVI

Dovevo essermi addormentato, perché appena aprii gli occhi, attraverso la vetrata della sala la giornata mi apparve diversa, più livida e ombrosa, come nei ricordi che avevo da bambino, quando guardavo le nuvole fondersi con gli alberi e scendere sui campi, e pensavo con disappunto che non avrei potuto andare a giocare fuori.

I fogli del mio diario erano scivolati per terra. Quello che si era girato sopra gli altri portava la data del 19 giugno 2013. C'era scritto che mi avevano ridato la mia macchina. Nonostante ci avessi viaggiato sopra per più di centocinquantamila chilometri, non avevo ricordato nulla. Ennesima illusione, ed ennesima delusione.

Era una Volkswagen Touran. Era blu e mi era sembrata enorme quando ero andato a riprendermela. C'erano delle diavolerie elettroniche come i sensori di parcheggio posteriori, «che evitano di farti girare la testa quando fai la retromarcia», e un pulsante «che ti permette di andare senza schiacciare l'acceleratore», come mi spiegava Kunta con un'annoiata aria di sufficienza. La cosa assurda era che mia moglie non aveva mai capito niente di queste robe tecnologiche e dovevo sempre spiegargliele io. Che adesso proprio lei mi parlasse con quel tono da professoressa che s'è stancata di ripetere le stesse cose, mi sembrava davvero paradossale.

Raccolsi il foglio del diario dal pavimento. Avevo scritto che anche il volante era pieno di comandi per la radio e i consumi. «Ha la sesta marcia, ma non ha la ruota di scorta» avevo annotato alla fine. Si vede che l'avevo già utilizzata, pensai. Volevo chiederlo a Kunta, ma lasciai perdere.

Ogni tanto mi venivano delle curiosità minimaliste, e non saprei dire – nemmeno come medico – se era normale o no. Può essere che una perdita così grave della memoria ti riporti indietro anche ai meccanismi dell'infanzia, all'età dei perché più elementari, quasi spiazzanti. Solo che mi ero stufato di ricevere le solite risposte indispettite.

Mia moglie mi aveva appena fatto notare con un certo sarcasmo che passavo tutte le giornate sdraiato sul divano a leggere: «Hai intenzione di continuare così?».

«È l'unica posizione in cui mi fa meno male la schiena» avevo risposto piccato.

Ma la realtà è che io non stavo semplicemente leggendo, e l'avevo anche ripetuto a lei più di una volta: mi ero fatto un programma di studio per provare a riempire in qualche maniera il mio buco della memoria. Al mattino tre o quattro ore di studio. Al pomeriggio la visita ripetuta della casa, stanza per stanza, scaffale per scaffale, cercando di vedere cosa c'è dentro e capire. E forse ricordare.

Per lungo tempo, nella prima parte della mia convalescenza, sono stato in attesa del miracolo, come se potesse capitare all'improvviso, assieme a un gesto involontario, o di fronte a un'immagine qualsiasi. Non che dopo mi sia rassegnato. È che all'inizio, anche inconsciamente, davo quasi per scontato che dovesse accadere.

Ormai erano passati più di due mesi dall'incidente. I colleghi del pronto soccorso di Pavia, visto che la memoria non era tornata e i problemi alla schiena persistevano, mi avevano prolungato l'infortunio di altri sessanta giorni. L'impressione che avevo è che anche loro stessero come me in attesa della luce. È come quando dai una medicina al paziente: qualcuno guarisce subito, altri ci mettono di più, ma se la medicina è forte, prima o poi fa effetto. Io non avevo preso la medicina. Anzi, avevo persino smesso di prendere quelle che mi avevano prescritto. Ma il mio toccasana avrebbe dovuto essere il corso della natura. Purtroppo, la verità è che i casi come il mio erano così rari che non c'era una vera e propria letteratura al riguardo. Si brancolava nel buio, come dicono gli investigatori davanti a un delitto senza indizi.

Io, per approfittare di questo tempo, avevo cercato di darmi delle regole. Sono sempre stato convinto di essere un «indolente metodico». Non so se è vero, però sono uno che fa fatica a partire, eppure quando mi metto in moto non mi ferma più niente.

L'unico problema – più per gli altri che per me – è che il programma che mi ero prefissato lo seguivo soprattutto a casa. Cominciavo a familiarizzare con la mia nuova abitazione. Solo che ora avevo perfettamente capito perché gli inglesi usavano due termini distinti per indicare il concetto di casa. La mia *home* era da un'altra parte, aveva un calore rassicurante, oggetti diversi. Aveva altre voci, come quando i bambini tornavano da scuola e la mamma gli diceva di far piano perché io mi ero assopito due minuti, e loro non riuscivano a resistere ai soprassalti di strilli e risate da cui venivano presi. Quell'allegria, quei rumori non erano solo dentro la mia memoria. Erano dentro al mio sangue. La vita è rumore.

Tutto questo non c'era più, nel silenzio di questa sala, davanti alla vetrata affacciata sul giardino. Pur essendo cinque volte più grande della mia *home*, ci avevo messo quasi niente a capire la disposizione della *house* dove vivevo. Il brutto erano le emozioni che provavo. Quelle erano solo da *house*.

Kunta usciva presto e tornava tardi. I due ragazzi invece stavano spesso in casa, ma o si chiudevano nelle loro stanze, o se ne andavano in mansarda. Dicevano che studiavano, anche se i risultati scolastici alquanto modesti dimostravano il contrario. Quando anche loro erano a casa, noi tre maschi di quella *house* ci vedevamo soltanto a pranzo. Io preparavo da mangiare calcolando i tempi in modo da sedermi a tavola per guardare un programma di sport alla televisione. Vedevo la televisione in silenzio. Il nostro rapporto era paragonabile a quello di tre studenti universitari che vivono sotto lo stesso tetto, frequentano facoltà differenti e hanno giri, amicizie e interessi diversi. Peccato solo che il fuori corso per età e storia ero io. Più di una volta mi ero sorpreso a dirmelo.

Con questo ritmo di vita, uscivo raramente e solo per sbrigare le incombenze domestiche o andare a Levata, con la sua aria sbiadita di una vecchia scenografia, a trovare mio padre e le mie radici, fra i vasti campi aperti e gli argini sonnolenti nei profili indistinti dell'orizzonte.

Quando ero in città, invece, mi muovevo sempre in bicicletta, anche con il brutto tempo. Non lo facevo per motivi salutistici, ecologici o per i problemi di parcheggio comuni a tutte le città. Semplicemente, così potevo non incrociare gli sguardi delle persone. Le prime volte che ero uscito a piedi mi era parso che tutti mi conoscessero e mi guardassero per salutarmi. Purtroppo ero io che non conoscevo loro.

In qualche occasione avevo provato a fare una sorpresa a Kunta, presentandomi senza preavviso all'ora di pranzo nel suo studio per portarla fuori a mangiare. Ma lei mi aveva sempre risposto allo stesso modo: «Scusami, verrei volentieri ma non posso. Non immagini quanti casini abbia. La pausa pranzo per me non esiste. Io lavoro».

La frecciatina sul fatto che io bighellonassi senza fare niente era immancabile. Ogni volta chiudeva il discorso con quelle parole. Come se fosse stata mia la colpa.

Nei miei ricordi la vita non girava così. Quando smontavo dalla notte di guardia in pronto soccorso o ero a casa in recupero, con i bimbi a scuola tutto il giorno, mi presentavo spesso a trovarla e lei riusciva sempre a ritagliarsi un momento per stare un po' con me.

Per questo avevo cominciato a passare sempre più tempo in casa. Non è che lo facessi perché ci stavo meglio.

Gli unici momenti di tranquillità li avevo quando, una volta alla settimana, andavo a Levata a trovare mio padre. Avevo trovato fra i cd una raccolta delle canzoni di Francesco Guccini, il mio cantante preferito. C'era un episodio che mi ricordavo bene. Era stato il mio primo concerto. Avevo quindici anni. Guccini doveva cantare quella sera d'autunno a Cremona. Con la scusa di un'interrogazione il giorno dopo, avevo convinto mia madre a lasciarmi dormire a casa di un amico. In realtà avevo i biglietti in tasca da mesi. Ci avevo investito quasi l'intera paghetta che mi avevano dato per il mio compleanno. Ero davvero andato con il mio amico, ma, una volta entrato nel palasport, ero stato mano nella mano per tutto il tempo con una ragazza della scuola. Ovviamente non avevo combinato altro che baci e carezze. Però era stato fantastico, e nella musica le sue guance erano lucide, i capelli appena ondulati le ricadevano sulle spalle in una morbida onda e le labbra intorpidite, carnose e leggermente dischiuse, che io ricordo ancora infantili, erano così dolci nella memoria, rigide e troppo rigidamente premute contro le mie, al punto che quasi i denti sbattevano fra loro... Ricordo bene tutto, e ricordo con piacere quella strana sensazione di sentire il suo corpo che spingeva contro il mio e il mio che spingeva di rimando, come due pianeti che si incontrano; e ricordo anche il suo sapore, un gusto tenero e amaro insieme, che sapeva di dentifricio e di segreto.

Conoscevo quasi tutte le canzoni di quei cd. Come avevo fatto con quella ragazza tanti anni prima, adesso le cantavo a squarciagola, da solo, in macchina, mentre tornavo da Levata, quasi riscoprendo emozioni antiche. E godendo di poterlo fare da solo.

Mi ero perfettamente reso conto che mi stavo progressivamente isolando dal mondo. Levata, mio padre, Guccini, la macchina, la bici, la *house* erano solo tante diverse vie di fuga. Ma che alternative avevo? Quel buco nero di dodici anni era troppo grosso per me. Almeno per il momento. Ripiegare in attesa di tempi migliori era l'unica strategia possibile. I danni collaterali, per usare il gergo militare, erano però elevatissimi. Non ero più né padre né medico. L'unico ruolo che mi salvava era quello di marito. O perlomeno così speravo. Anche se lo sentivo abbastanza diverso da quello che ricordavo.

Fuori si stava avvicinando la pioggia. Raccolsi i fogli del diario dal pavimento e li misi in ordine. I ragazzi dovevano essere in casa: avvertivo dei passi nel corridoio, lì sopra, esattamente come le volte che sentivo Filippo e Tommaso da piccoli sgusciare furtivamente avanti e indietro, la sera, prima di andare a dormire. Non c'era rumore, immagine o sensazione che non mi riportasse indietro, nel mio tempo.

Quando alzai lo sguardo, negli occhi di Kunta apparve un'aria accigliata, mentre era tutta presa a memorizzare non sapevo quali elenchi. Parlò restando china sulle sue carte. «Mi sono accorta che non prendi più nessuna medicina.» Poi sollevò il volto. Gli occhi mi guardavano fissi, adesso. Il loro colore era reso ancora più intenso dagli aceri fuori dalla finestra. Eravamo tutti e due in salotto, seduti ciascuno sul proprio divano. Anche questo era un lusso nuovo. La prima sera che avevo passato a casa da solo con lei, le avevo chiesto quale fosse il mio posto. Kunta mi aveva spiegato, un po' irritata, che ognuno di noi aveva il suo divano, anche perché, rarissimamente, i due ragazzi guardavano la televisione con noi.

Anche questo era molto diverso da come mi ricordavo io. Nella *home* i miei figli facevano a gara per infilarsi tra noi genitori, che stavamo sul divano bianco a due posti per guardare la televisione prima di andare a letto. Chi arrivava per ultimo si metteva da solo sulla poltrona nera, piccola, molto fashion ma poco comoda. Poi, in realtà, ogni sera finivamo per starcene tutti e quattro rannicchiati vicini, sul divano bianco.

Ora, nella *house*, quei divani erano spariti entrambi, ammucchiati da qualche parte in mansarda. In salotto adesso ce n'erano due nuovi, fatti fare su misura, molto più grandi, che io non riuscivo a sentire miei. Ma soprattutto, nel mio tempo nuovo, dopo cena i due ragazzi se ne andavano e io e Kunta ce ne stavamo da soli a guardare la televisione addormentandoci quasi subito. Era una cosa normale per tutti, ma non per me, che fino a ieri mi sdraiavo ancora abbracciato con i miei bambini, stretto al loro odore.

Mi sedetti composto. «Come te ne sei accorta?» le chiesi.

«Non ti preoccupare» disse lei. «E rispondimi sinceramente: te le hanno tolte i medici o hai fatto di testa tua?»

«Senti chi parla. Se c'è una che non ubbidisce mai alle disposizioni dei medici sei proprio tu.»

«Adesso parliamo di te, Pier.»

«Me li sono sospesi io.»

«Ah, ecco...»

«Ti ricordo che, anche se parzialmente amnesico, resto sempre un medico.»

«Quindi non prendi più neanche gli antidepressivi?»

«Quelli sono stati i primi che ho eliminato. Mi davano nausea e vertigine.» Facevo finta di sfogliare il diario. Sospirai spostando il peso indietro sui gomiti appoggiati contro lo schienale. «Poi, uno dopo l'altro, li ho sospesi tutti.»

Kunta venne a sedersi vicino a me.

«Ascoltami bene, Pier.»

«So quel che faccio, Kunta.»

«Non interrompermi. Eravamo rimasti d'accordo, o meglio tu eri d'accordo, che avresti accettato un supporto psicologico.»

«E cosa sto facendo?»

«Sì, fino adesso ti sei prestato, anche con entusiasmo devo ammettere, a effettuare i test psicoattitudinali. Ma i test non c'entrano niente con il supporto psicologico. I ragazzi mi hanno detto che te ne stai sempre da solo, e che anche a pranzo non parli mai.»

I ragazzi. Non è che loro fossero tanto logorroici a tavola.

«Quanto le paghi le tue spie?» chiesi.

«Piantala di fare lo stupido. I ragazzi ti vogliono più bene di quanto tu creda e stanno soffrendo più di quanto immagini.»

«Devono essere degli ottimi attori, allora.»

«Mi verrebbe voglia di risponderti che sono uguali al loro padre.»

«Non credo proprio...»

«Senti, non voglio litigare. Vorrei invece che mantenessi la parola data.»

«Quale parola?»

«Avevi detto che accettavi di farti seguire da uno psicologo.»

«E non lo sto facendo?»

«Non è tanto per il dovere di mantenerla, quella parola, ma perché ti servirebbe davvero. Converrai con me che, se continua così, ti perdi. E io non voglio perderti.»

Il fatto è che lei aveva ragione. Io avevo un bisogno disperato di sfogarmi con qualcuno che non fossero i muri o me stesso. La mia guerra, questa guerra fredda che mi cresceva dentro contro il mondo, era come un vento che trascinava qua e là tutto ciò che non era ben ancorato. Sapevo che dovevo fare qualcosa per stare meglio.

Quello che pensavo, però, non era quello che facevo. C'erano due posti nella nuova casa – nella *house* – in cui era ammucchiato tutto ciò che avevamo fatto fatica a buttare via. Il garage e la taverna. Avevo già deciso che avrei passato del tempo dentro al garage, solo con me stesso, per far rivivere i miei giorni.

Mi ricordavo bene che mia moglie era sempre stata restia a buttare via le cose. Se non fosse esistito il riciclo della carta, lei non avrebbe gettato neanche i biglietti usati dell'autobus. In passato, era sempre toccato a me archiviare i documenti in ordinati contenitori da conservare nel box. Ero un metodico e, da sempre, segnavo con il pennarello su ciascuna scatola quello che conteneva.

Le cose adesso non erano cambiate. Anzi, erano raddoppiate, visto che i siti di stoccaggio erano diventati due. In realtà avevo capito che c'era anche un altro posto dove era conservato il mio passato: il mio computer personale. Probabilmente, il mio pc conteneva una mole di informazioni maggiore di quelle rintracciabili nei documenti cartacei. Ma a me piaceva maneggiare la carta e, in fondo, avevo un po' di timore ad aprire il mio computer. Sapevo che avrei dovuto farlo, ma mi convinsi che sarebbe stato più avanti.

E poi c'era un altro motivo che mi portava in garage. Avevo notato che lì c'erano scatoloni che ricordavo di aver già preparato e altri che invece erano stati fatti dopo il 2001, e che quindi io non riconoscevo. Se mi fossi depresso leggendo il contenuto di questi ultimi, pensai che avrei potuto risollevarmi sfogliando le carte che mi erano note.

Così, anche per evitare contatti con i miei coinquilini, finito il pranzo cominciai a starmene tre, quattro ore nel garage. Per farlo dovevo uscire di casa, attraversare la corte interna della cascina e scendere al piano interrato. Mia moglie preferiva non parcheggiare la macchina in garage. E anche io, visto che tanto era estate, presi l'abitudine di lasciare la Volkswagen Touran fuori, in modo da avere più spazio libero nel box. C'era solo una vecchia Vespa d'epoca rossa, appoggiata nell'angolo di destra. Era un posto angusto, come tutti i box, con un odore particolare, di umido e di chiuso, quasi terrigno. Ma le luci al neon, il fresco, il silenzio e un tavolino posto al centro, davano all'ambiente un che di sala anatomica. E in fondo io cosa stavo facendo lì dentro se non delle autopsie? Certo, non c'era nessun cadavere in carne e ossa, ma di salme, con relative esequie da fare, mi aspettavo di trovarne molte.

E così fu.

Passai parecchi pomeriggi in quel luogo. Quando ero lì trovavo un conforto indefinibile, antico, fra quelle pareti così ravvicinate che sembravano perdere la loro consistenza. Era questa la mia dimensione, una stanza umida e grigia, illuminata solo artificialmente, con le mura di calce e il soffitto basso, riempita di scatole e di oggetti ammucchiati in maniera confusa, che mi isolava non solo dalla luce del giorno, ma anche dalla sua realtà e dal suo tempo. Il mio tempo, invece, si fermava.

Stavo chiuso in quel garage come se fossi all'aperto, nell'immensità dell'aria, liberato da tutte le mie prigioni.

Svuotai per primi i contenitori con la scritta «Medie» e «Superiori». Sfogliai tutti i quaderni che trovavo, ma quelli delle materie letterarie li lessi riga per riga. Mi resi conto della progressiva maturazione, nel corso degli anni, di chi li aveva scritti. Un paio di volte mi emozionai quasi fino alle lacrime, leggendo i temi in cui gli alunni parlavano del proprio padre. Sapevo che quel padre ero stato io e che gli autori di quei temi erano i miei figli.

Almeno, lì dentro, dove l'unico orizzonte che esisteva era quello del passato, Filippo e Tommaso tornavano a essere per me ciò che erano sempre stati prima dell'incidente. Era la prima cosa che volevo, in quel momento.

Andavo indietro nei giorni e negli anni, e tutto quello che provavo sembrava avere un senso, anche il dolore per le cose perdute che non avrei mai più potuto rivedere.

Aprii anche gli scatoloni che non ricordavo di essere stato io a mettere in ordine. Sfogliando le carte, scoprii che nel 2005 era morto Giovanni Paolo II, e ricordai l'emozione che avevo vissuto quando, nel 2000, alla chiusura dell'Anno Santo ero andato con tutta la famiglia a Roma. Avevamo visto il pontefice dal vivo, in piazza San Pietro e poi all'interno della basilica. Ci eravamo dati la mano tutti e quattro, in cerchio, e avevamo pregato. Me la potevo immaginare adesso una scena così? Savio, per favore, non facciamo ridere. Con ghignatina annessa, me li vedevo già. Tutte le volte che continuavano a chiamarmi così mi trattenevo sempre più stancamente dal mandarli a quel paese.

Trovai gli articoli di giornale sulla morte di mia madre. E mi sorpresi a leggere anche dei trafiletti che riguardavano la mia nomina a primario. Ogni volta mi commuovevo. Avevo letto che sono i vecchi a commuoversi con facilità. Perché hanno cambiato il modo di guardare la vita: non è più una somma, ma una sottrazione. Io, però, non ero ancora vecchio. O non avrei dovuto esserlo.

Più di una volta pensai anche di salire sopra, in casa, per condividere con gli altri le mie emozioni, ma non ne ebbi il coraggio.

Appena potevo cercavo i disegni fatti dai miei figli all'asilo o alle elementari, che ancora ricordavo benissimo. Era incredibile come la mia memoria avesse due stadi così diametralmente opposti: quello in cui riuscivo a trattenere le cose viste e vissute con una precisione abbastanza straordinaria, e l'altro che era del tutto vuoto, come se in quel tempo semplicemente non fossi mai esistito.

Tra le varie carte, una scoperta in particolare mi toccò più delle altre. Trovai due articoli del quotidiano della città di Cremona, «La Provincia», datati agosto 2009. Il primo si intitolava *Il caso: il mio grazie a un uomo molto riservato e onesto*. Raccontava di un padre che voleva ringraziare un signore che gli aveva riconsegnato il portafoglio del figlio dimenticato a un distributore di benzina. Diceva che conosceva solo il cognome di quel signore e che era originario di Levata. Chiedeva se qualcuno avesse potuto fornirgli informazioni utili per ringraziarlo di persona. Il direttore del giornale aveva scritto a margine dell'articolo: «Queste sono le più belle lettere che ci piace pubblicare: dimostrano che onestà e solidarietà esistono ancora. Per fortuna».

Il secondo articolo era intitolato *Non ci ha stupito la correttezza di Piccioni*. In pratica era una specie di epitaffio scritto da «otto amici dell'oratorio di Levata» nel quale si identificava il buon samaritano, con nome e cognome, e ne veniva tratteggiata una succinta biografia che si concludeva così: «Il dottor Piccioni per noi è semplicemente Pier. Conoscendolo sin dall'infanzia, l'episodio narrato non ci sorprende affatto. Siamo cresciuti insieme, abbiamo condiviso gioco, educazione e divertimento. Lui si è sempre distinto per l'intelligenza e la fantasia». Fantasia? Mi sembrava di averne sempre a meno. «Impegnato nel sociale, capace di dialogo e di condivisione, dotato di notevole humour, è una persona brillante, sulla quale si può sempre contare.»

Ero allibito. Scoppiai davvero a piangere. La persona descritta in quegli articoli era lontanissima da come ero e mi sentivo adesso. Come facevo a rimettere insieme i cocci, se io potevo non essere quello che ero? Mi sentii come quando mi ero specchiato per la prima volta: se mi fossi incontrato non mi sarei riconosciuto.

Il fatto è che non riuscivo a capire che cosa potesse avermi cambiato così tanto. Tutto quello che mi avevano raccontato, dalle mie liti da primario alla fuga in Africa, dalla mia carriera ai miei figli, sembrava non appartenermi. Avevo bisogno di uscire e respirare.

Presi la bici e cominciai a pedalare, senza meta. O forse andai dove volevo andare senza che me ne rendessi conto.

Mi ritrovai davanti al cancello della mia vecchia casa, la *home*. Scesi, e cercai qualche segno di riconoscimento che mi confortasse. Provai subito fastidio, perché non vidi il mio nome sul citofono, com'ero abituato da sempre. Rimontai in bici e ripresi a pedalare, girai l'angolo e questa volta finii davanti all'ingresso della scuola elementare frequentata dai miei figli, come se fossi sempre stato guidato da un pilota automatico.

Era aperto e alcuni operai stavano scaricando dei mobili d'ufficio. Uno di loro, un ragazzo con i capelli neri e uno sguardo liquido, come quello dei bambini, disse: «Secondo me non ce la facciamo a finire tutto entro l'inizio della scuola». Parlava con una spiccata inflessione spagnola.

«Tranquillo, mancano ancora tre settimane al 12 settembre» gli rispose un altro giovane, con la camicia sopra i jeans macchiata di calce secca. Questo invece aveva un marcato accento balcanico. «Vedrai che ce la faremo.»

Mi bloccai improvvisamente. Un pensiero mi attraversò la mente in modo nitido. Sapevo che cosa avrei fatto nelle prossime settimane. Avrei aspettato il 12 settembre 2013. L'avrei atteso con ansia. Finalmente sarebbe ricominciato l'anno scolastico, e quel giorno io sarei uscito presto in bicicletta per venire proprio qui. Dov'ero adesso. Nella parte malata della mia mente ero convinto che avrei rivisto i miei bambini. Mi ripromisi di non parlarne con nessuno, nemmeno con il mio psicoterapeuta.

Tornai a casa con quest'idea fissa. Mia moglie era in piena forma. Cioè, un po' alterata.

«Sei tornato, finalmente!» mi accolse mentre sbatteva rumorosamente i piatti sul tavolo, per far capire bene a tutti quale fosse il suo umore.

«Prima di cena, no?»

«Quando servi non ci sei mai» protestò lei.

«Servo a che cosa?»

«Per esempio con i tuoi figli.»

Con i miei figli? A farmi chiamare Savio?

«Sono due fannulloni» insistette lei. Quello l'avevo capito. Che potevo farci? «Riescono a stare lì a far niente tutto il giorno, e la sera escono e stanno fuori tutta la notte.»

Il Serpente e il Gorilla arrivarono giù in quel momento. Come se niente fosse, Filippo aprì la credenza e sgranocchiò qualcosa.

«Cosa hai fatto di buono, mamma?»

«Sedetevi» rispose lei. «Adesso papà devi farvi un discorsetto.»

Che cosa? Afferrai al volo due begli sguardi ironici. Preferii restare in silenzio. Lo facevo quasi tutte le sere. Mangiavo assieme a loro, ma stavo zitto con il capo chino sul piatto.

Quella volta però avevo qualcosa da raccontare. Per questo cambiai idea e decisi di parlare.

«Oggi pomeriggio in garage ho trovato due articoli di giornale dell'agosto 2009. Parlano di un portafoglio smarrito che è stato riconsegnato.»

Filippo e Tommaso avevano l'aria di quelli che hanno scampato l'immancabile, noiosissima ramanzina. Fecero finta di essere molto interessati. «Ah sì?»

Squillò il cellulare di Kunta e lei si alzò per andare a rispondere fuori dalla cucina.

«Sono stato io a riconsegnarlo» dissi. «Mi sono commosso. Voi vi ricordate com'è andata?»

Sguardi di stupore. Ma di che cazzo parla?

Dopo un po', però, Tommaso disse che sì, se lo ricordava quell'episodio, anche se il tono non era proprio dei più entusiasti: «Hai trovato un portafoglio sulla colonnina di un distributore mentre tornavamo a Pavia, dopo aver passato l'ennesima noiosa domenica a Levata». Sembrava recitasse una cantilena. «Abbiamo girato tutta la sera tra carabinieri e polizia municipale per riconsegnarlo, cazzo.»

Sai che bei ricordi.

«Siamo arrivati a Pavia tardissimo» aggiunse Filippo. Quello se lo ricordava.

«E non ci hai neanche ascoltato» disse Tommaso. Fece un ghigno: «Gli hai ridato tutti i soldi che c'erano dentro. Io me li sarei tenuti». Il Serpente.

«E dell'articolo dei miei amici che mi fanno i complimenti e mi descrivono come una bella persona?» chiesi.

Non so perché lo feci. O forse sì. Mi ero commosso e volevo renderli partecipi. Che ingenuo.

«In agosto i giornali devono riempire le pagine perché scarseggiano le notizie» sibilò il Serpente.

Non replicai. Kunta rientrò con il telefonino in mano. Mentre lo posava sul tavolo della cucina, mi puntò gli occhi addosso: «Allora? Gliene hai dette quattro?».

«Mamma, ma la finisci?» protestò Tommaso.

«La finite voi! Non vi vergognate?» Kunta quando si arrabbiava poteva diventare un fiume in piena. Cominciò a ripetere che erano due fannulloni, che non si possono passare le giornate così come fanno loro, che quello che si costruisce da giovani poi resta per tutta la vita. «E voi state costruendo una vita fatta di niente.»

Loro risposero che non era vero, che avevano dato degli esami, che l'università è fatta così, dovremmo saperlo, che ci sono periodi vuoti.

Io stavo zitto. Mi chiusi nei miei pensieri. Non mi importava nulla di quella discussione. Ma non mi importava troppo nemmeno di quello che era appena successo. Avevo provato a farmi accettare, ma ero stato respinto.

Adesso, però, avevo un obiettivo, finalmente, dopo tanto tempo. Bastava aspettare qualche settimana e sarei andato tutti i giorni a trovare i miei bambini.

Quelli veri, quelli del mio tempo.

XVII

Prima che finisse l'estate, decisi di andare a trovare i miei colleghi sul lavoro. Era stata Kunta a sgridarmi perché non lo avevo ancora fatto: «Trovi normale che tu non sia mai andato una volta a Lodi? E sì che tanti dei tuoi collaboratori sono venuti a farti visita. Te lo hanno chiesto anche loro, ma hai sempre glissato. Capisco che tu abbia paura, ma forse dopo tre mesi è ora di superarla».

Ero sdraiato sul divano e stavo leggendo il giornale. Li avevo visti quasi tutti i miei colleghi, ma non mi aveva fatto molto piacere. Probabilmente era una questione d'orgoglio. Ma la cosa che mi amareggiava di più era che nessuno sembrava comprendere il mio stato d'animo. Anche per questo, preferivo stare da solo.

«Possibile che tu non capisca?» risposi togliendomi gli occhiali. «Io non ho paura. Tutti i colleghi e i collaboratori che sono venuti a trovarmi mi hanno osservato con compassione. Non è colpa di nessuno, ma io sono stanco di essere guardato come un diversamente abile, di raccontare cosa mi è successo e di vedere gli occhi increduli della gente. Sono stanco di essere giudicato per quello che non sono più e di avvertire pregiudizi per quello che sono o sarò. Andare a Lodi per me vorrebbe dire tutto ciò elevato all'ennesima potenza.»

Kunta mi guardò e scosse lentamente la testa arricciando le labbra.

«E che cos'è questa se non paura? Vuoi continuare tutta la vita a farti condizionare così dagli altri?»

Non ribattei. Ma decisi che ci sarei andato.

Prima però feci un salto al direttivo dell'Academy, la società scientifica di cui facevo parte. Mi portarono Ivo e Carlo, che erano stati i miei maestri professionali. Ivo aveva occhi carismatici ed era più grasso e grigio di come lo ricordavo. Carlo aveva uno sguardo intelligente e indaffarato. Anche lui era più tondo e più vecchio.

Quando andai nella sala riunioni incontrai tante persone che non rammentavo di conoscere. Una di loro si avvicinò e mi strinse con vigore la mano. «Finalmente ti si rivede.»

Continuava a scuotermi la mano con entusiasmo. Feci un sorriso impacciato.

«Scusa, ma come ti chiami?»

Restò impalato un attimo. Poi lasciò velocemente la stretta.

«Ma vaffanculo!»

Evidentemente non sapeva di me, di quel che mi era successo. Devo dire che ci rimasi male. Ma lui anche peggio. Per tutto il resto della giornata mi evitò con imbarazzo. Me lo disse un altro come si chiamava: Giancarlo, ed era il primario del pronto soccorso di Parma.

Per me era la prima volta, anche se mi avevano raccontato che ero una delle colonne portanti. L'atmosfera era familiare, i discorsi molto propositivi. Mi sentivo a mio agio. Peccato solo che facessi fatica a capire buona parte di quello che veniva detto. Mi mancavano soprattutto i ricordi dei cognomi e delle storie che quei cognomi rappresentavano. Mi resi conto di quanto la medicina fosse andata avanti nei dodici anni del mio buco. Ma la cosa straordinaria era che le novità scientifiche le afferravo velocemente e le ricordavo bene fin da subito, proprio come nell'anamnesi di Platone. Cominciai a pensare che fosse vero. L'anima poteva davvero avermi conservato il ricordo? In fondo, l'anamnesi non sarebbe nient'altro che un risveglio della memoria, il ridestarsi di un sapere già presente proprio nella nostra anima, ma affondato nell'inconscio. Per Platone conoscere significa ricordare. E il ricordo avviene per forma immediata, intuitiva, attraverso lampi improvvisi.

Era quello che avvertivo mentre ascoltavo gli altri dissertare sulle ultime novità mediche. Se lo schiavo, privo di cultura, riesce grazie a Socrate a comprendere il teorema di Pitagora ritrovando da sé i passaggi logici, è perché questi erano già presenti in forma latente nella sua mente, avendoli visti prima di incarnarsi. Ma perché allora non potevo riuscirci anch'io? Non potevo essere io l'esempio vivente e attuale di quello schiavo? Si tratterebbe di un processo di reminiscenza – riuscire cioè a ricordare tramite vari agganci che stimolano il ricordo – attuabile grazie alla preesistenza dell'anima. Bene, se così fosse, quello che abbiamo imparato e quello che abbiamo vissuto resterebbe, anche se nascosto nell'inconscio fino alla nostra morte.

Quel giorno mi feci forza di questa convinzione. Avrei potuto recuperare facilmente una parte del tempo perduto. Certo, rimaneva, gigantesco e opprimente, il problema psicologico. Come rimaneva, ineludibile e complicato, il rapporto con gli altri.

Quella sera, quando tornai a casa, scoppiò un'altra lite familiare. Tommaso, in modo scortese, aveva sbattuto provocatoriamente la porta per uscire, solo perché diceva che voleva starsene da solo con se stesso. Da quattro giorni eravamo in attesa che gentilmente ci comunicasse cosa aveva intenzione di fare da grande. In un anno non aveva dato neanche un esame. Complimenti. E lui: «Grazie, Savio». Avanti così e il Savio gli faceva fare una brutta fine. Avrebbe dovuto dare un esame uno di questi giorni, ma aveva detto che gli era andata male. Povero figliolo. In compenso, Gatsby era molto attivo sul fronte ricreativo. A ciascuno il suo. Non si perdeva una festa, questo impegnatissimo guru del divertimento. Stava due ore in bagno a guardarsi tutti i pori del viso, applicandosi con una serietà ammirevole, e veniva fuori lasciando una scia di profumo che arrivava fino a Milano.

Filippo, invece, aveva promesso di cambiare vita e di dare due esami entro l'estate. L'aveva promesso circa dieci giorni fa, una notte che era rientrato come tutte le altre notti alle tre, e di fronte alle nostre rimostranze il tapino aveva deciso di giurare solennemente. «Lo giuro, Savio.» Ah sì? Non so perché, ma mi prudevano le mani. Aveva la capacità di prenderti per il culo anche quando parlava seriamente. Ieri doveva averne uno, di esame. Era iscritto al quarto anno di giurisprudenza a Pavia, ma doveva ancora finire gli esami del secondo e quando una volta mi ero permesso di farglielo notare era andato via sbattendo la porta. Al primo appuntamento con la storia l'avevo visto uscire di casa a passo svelto, in bermuda e con la barba lunga. Ma dove cazzo andava? All'università, Savio. In bermuda? Non credevo ai miei occhi. Di fronte alle mie perplessità sul suo abbigliamento, secondo me non troppo conforme, mi aveva guardato come faceva lui, con quel sorriso un po' sprezzante. Aveva risposto al volo, perché il ragazzino non aveva molto tempo da perdere: «Sei proprio vecchio e antiquato».

I due esami nessuno seppe più se li aveva dati o no. In compenso, quel pomeriggio si era tagliato i capelli come un picchiatore nazista. E Kunta era esplosa. Aveva fatto una scenata incredibile. Urlava minacciando maledizioni e malattie. Era stata provocata, ma aveva reagito come una pazza. Provai, irresistibile, la voglia di scappare.

Ormai mi convincevo ogni giorno di più che i problemi e lo stress che avevo patito in quei dodici anni di buio non dovevano essere stati solo lavorativi. Era da un po' di giorni che osservavo i ragazzi, e non riuscivo a farmeli piacere. Non era solo per quel modo di fare strafottente che avevano nei miei confronti. Certo, tutti i «Savio» che mi buttavano addosso glieli avrei ficcati dove dico io. E poi quell'aria da compatimento, manco fossi il nonno strabico e balbettante che gli spiega come si fa a conquistare le donne o a parlare bene per far bella figura ai convegni.

L'altra notte, Bibì e Bibò, il duo dell'Ave Maria, erano rientrati ancora una volta alle tre facendo un baccano della miseria. Li avevo aggrediti come un ossesso, sfogando tutti gli arretrati, e gli avevo dato dei falliti. E a mia moglie, per rincarare la dose, avevo detto che la nostra non era una famiglia, e che io evidentemente dovevo essere stato una merda di uomo e di padre. Avevo sicuramente esagerato. Ma i miei due figli mi sembravano persone insensibili, a volte persino cattive. In un caso o nell'altro, che razza di padre ero stato davvero io?

Alla fine andai a trovare i colleghi.

La prima impressione che ebbi all'ospedale di Lodi fu positiva. Mi apparve davanti agli occhi una struttura moderna in cui si alternavano colori pastello dal rosa al verde, con enormi vetrate pulite. Un monoblocco si protendeva davanti a un largo edificio alto sette piani di color rosso mattone. Sembrava un'enorme lingua che usciva da una bocca e ti invitava a entrare. L'unica nota stonata era un edificio vecchio e scrostato che sorgeva sulla destra, con le bandiere della Regione Lombardia, dell'Italia e dell'Europa in bella mostra al primo piano. Pensai che magari non faceva parte dell'ospedale.

Passai oltre le porte scorrevoli di vetro e mi trovai in un'ampia sala d'ingresso con davanti delle scale mobili. Sulla sinistra dominava la scena un pianoforte a coda laccato nero, circondato da poltrone dall'aspetto molto comodo, su una delle quali sedeva un corpulento signore di mezza età, con un naso a becco e cespugliosi capelli sale e pepe, che reggeva un mazzo di fiori e continuava a raschiarsi la gola. Di fronte al pianoforte tre gradini portavano al bar. Una donna spingeva una carrozzella su cui stava una signora anziana, strizzandola a forza nell'ascensore. Sulla destra un bancone di legno, con colori pastello in tinta con i muri, riportava la scritta «Accoglienza» in italiano, inglese e francese. La parete di fianco alle scale mobili era completamente occupata da una serie di monitor vicini l'uno all'altro, che assieme componevano un gigantesco maxischermo.

Mi fermai a osservare. Stavano proiettando notizie di educazione sanitaria. Il video finì. Restai ancora un attimo a guardare.

E rimasi di sasso.

Ero comparso io sul megaschermo. In camice, con il fonendoscopio adagiato sulle spalle, avevo di fronte una giornalista che mi stava intervistando, porgendomi il microfono. Non c'era l'audio, perciò non potevo sentire cosa stessi dicendo. Guardavo la giornalista mentre lei mi faceva le domande, ma quando rispondevo fissavo la telecamera, per cui, in quel preciso istante, mi stavo guardando dritto negli occhi.

Rimasi come ipnotizzato per tutto il tempo dell'intervista. Ero come mi vedevo adesso allo specchio, con i capelli imbiancati e le prime pieghe che avevano cominciato a segnare il volto tra le guance e le labbra. Quell'immagine durò un paio di minuti e poi, improvvisamente, com'era apparsa scomparve dal video.

Mi ero un po' agitato. Uscii dall'ospedale riattraversando le porte a vetri. Vidi delle panchine, ma preferii non fermarmi. Erano troppo vicine all'ingresso. Mi incamminai per una stradina sul lato destro dell'edificio centrale, cercando di riacquistare una frequenza cardiaca e respiratoria accettabile. Ci tenevo che nessuno mi vedesse in quello stato. Camminai per una decina di minuti attraversando vie e strade con poche persone e tanti palazzi vecchi. Quando mi sentii più calmo, tornai sui miei passi. Arrivato di nuovo all'ingresso principale, non entrai, ma cercai le indicazioni per raggiungere il pronto soccorso.

In quel momento squillò il telefono.

«Cosa ci fa a Lodi senza aver dato nessun preavviso?»

Cercai di prendere tempo. Quella voce l'avevo già sentita.

«Cosa?»

«Perché non ci ha detto niente?»

Doveva essere Rosanna, la mia caposala. Era venuta a trovarmi in ospedale e anche a casa. Però preferii restare sul vago. «E lei come fa a saperlo?» dissi.

«Pensava di poter entrare in ospedale, restare impalato a guardarsi la televisione e passare inosservato? Se si gira mi vede che le sto venendo incontro.»

Mi girai. Vidi Rosanna. Non molto alta, robusta, capelli ricci inanellati vistosamente sul capo, e occhi vispi.

«Cosa ci fa qui?» mi chiese.

«Sono venuto a trovarvi.»

«E perché non mi ha avvisato?»

«Perché l'ho deciso ieri sera tardi. E poi volevo farvi una sorpresa.»

Lei fece una smorfia.

«Evidentemente non ci sono riuscito» aggiunsi.

«La sorpresa l'ha ricevuta lei... Mi hanno detto che l'hanno vista bloccarsi davanti al maxischermo a guardare una sua intervista e poi correre fuori precipitosamente.»

«Chi gliel'ha detto?»

«Eh no» sorrise, «le fonti non si tradiscono mai. Ce lo diceva sempre lei.»

Ah sì?

«È una sua frase questa...»

Cominciò a incamminarsi. «Venga, su.» Mi mossi accanto a lei come un novizio che metteva piede per la prima volta nel posto dove era stato primario. «Andiamo in pronto soccorso che i ragazzi saranno contenti di vederla.»

Entrammo in un corridoio sul quale si affacciavano diverse sale. Come per magia mi trovai circondato da un nugolo di persone. Qualcuno me lo ricordavo perché era venuto a trovarmi in ospedale a Pavia. Gli altri si presentarono.

«Allora, com'è tornare a casa?» mi chiese a un certo punto un'infermiera. Feci un sorriso di circostanza. «Si ricorda che questo posto l'ha progettato lei, no?»

Cominciai a guardarmi intorno con un'aria un po' smarrita, tentando invano di nascondere il mio imbarazzo.

«Be'...» balbettai «veramente mi sento un po' frastornato.»

Anche lei sorrise. Anche lei di circostanza. E in imbarazzo.

«Comunque è bello qui» dissi.

Vidi l'espressione degli occhi dei miei collaboratori cambiare progressivamente. Dalla gioia che avevo notato appena mi avevano visto, dalla speranza che sarei tornato presto, alla delusione nel momento in cui cominciarono a capire che non ricordavo nulla di loro e di quel luogo. A poco a poco, esattamente come avevano fatto i miei figli la prima volta che ero tornato a casa, si allontanarono a uno a uno, accomiatandosi cortesemente. Rimase solo Rosanna.

«Andiamo a fare un giro per l'ospedale e poi le offro un caffè» mi disse. Mi prese sottobraccio e mi portò via.

Mi condusse attraverso vari corridoi, spiegandomi i nomi dei diversi reparti e descrivendomi tutte le persone che incontravamo, mentre sfilavano sequenze di camere singole, alcune con le porte semiaperte da cui intravedevo pazienti dall'aria inebetita sdraiati sotto una serie di cannule che sembravano un groviglio di spaghetti.

A un certo punto Rosanna si bloccò. «Dottor Piccioni, vuole conoscere il direttore generale?»

«Ma anche no» risposi. «Ne farei volentieri a meno, almeno oggi. E poi magari ha da fare e non può ricevermi.»

«Veramente è quel signore che ci sta venendo incontro.»

Mi trovai davanti un uomo più o meno della mia età, alto quasi quanto me, atletico, calvo e con due baffetti corti. Gli occhi erano piccoli e irrequieti.

«Ciao Pier, come stai?» mi salutò porgendomi la mano, sorridente. «Che piacere vederti.»

«Vedo che ci davamo del tu» accennai un po' titubante, soprattutto perché non sapevo cosa dire.

«Scherzi?» fece il direttore generale. «Io e te eravamo molto vicini e legati.» Si voltò un attimo verso Rosanna, come a cercare consenso. O per controllare il dissenso: quelli che si abituano a salire in alto sono sempre abbastanza diffidenti.

«Praticamente questo ospedale l'abbiamo messo su insieme io e te.»

Ormai avevo indossato una maschera. Una specie di sorriso. E continuavo ad andare piano su e giù con la testa.

Lui mi posò una mano sul braccio. «Ti trovo proprio in forma, sai. Allora sei pronto per il grande rientro?»

«Veramente sono venuto solo a trovare i miei collaboratori e a vedere come è fatto l'ospedale» risposi timidamente.

«Quindi non hai ancora recuperato la memoria?» mi chiese, cancellando tutto d'un colpo il sorriso dal volto.

«No» risposi, «ma...»

La mano appoggiata del direttore generale divenne una stretta al braccio, un segnale quasi amichevole e altrettanto veloce, per tastarmi il bicipite.

«Scusa, Piccioni, adesso devo proprio andare, ma sono davvero contento di averti rivisto. Ci sentiamo, mi raccomando.»

Lo guardai allontanarsi con passo svelto. Ero rimasto impalato.

«Non ci resti male, dottor Piccioni, non ne vale proprio la pena» disse Rosanna, ferma accanto a me.

Mi voltai verso di lei, senza rendermene conto.

«Si è mai fatto vivo quello là, in tutto questo tempo?» mi chiese.

«Mai.»

«Per fortuna che eravate molto vicini e legati» aggiunse sarcastica. «Pensi se non lo foste stati. Vedrà che quando tornerà sarà il primo a dirle che il suo recupero è stato tutto merito suo. Di lui, intendo. Soprattutto se lei gli sarà ancora utile.»

S'incamminò di nuovo facendomi strada fra un'infermiera che passava portando un tintinnante vassoio pieno di fiale, altre donne in camice barricate in una stanza con dei monitor e qualche paziente che si muoveva senza sapere che fare sui pavimenti lucidi dei corridoi. Seduta su una poltroncina rigida con i braccioli ricoperti di velluto, una mamma cercava di tranquillizzare il bambino che teneva in grembo parlandogli sottovoce e facendoselo ballonzolare con movimenti ritmici delle gambe.

Gli ospedali hanno qualcosa di uguale dappertutto, con le loro pietanze surgelate, gli zuccherosi odori antisettici e i colori tenui, e tutti quegli ascensori e quelle porte chiuse con i loro destini di sofferenza, tutti quegli uomini e quelle donne in camice con i cartellini di riconoscimento in plastica, e poi il rumore vuoto e sempre uguale prodotto da un'infinita folla di piedi su pavimenti strofinati e passati con la cera fino a farli diventare talmente lucidi da sembrare finti, dentro a questo freddo labirinto dove anche il cielo azzurro e le strisce di nuvole che si vedono oltre le finestre sembrano far parte dei vetri.

Ma in questo grande emporio della salvezza, in questo crocevia dell'esistenza, tra la vita e la morte, adesso io da quale parte stavo? Da quella dei medici o dei loro malati?

Rosanna ogni tanto si girava verso di me: «E questo è solo uno, non creda. Non è che gli altri siano tanto diversi. Vedrà quanti ne troverà di furbacchioni in questo posto».

Non dicevo niente. Le camminavo dietro in silenzio. «Dove stiamo andando?» chiesi soltanto.

«Andiamo a berci quel famoso caffè e poi la porto nel suo studio.»

Incontrammo un mucchio di gente che mi guardava in modo strano, osservandomi veloce: un accenno di saluto e scappavano. Nessuno si fermò a parlarmi. Non provavo solo l'ormai abituale, fastidiosa sensazione di essere semplicemente un oggetto di conversazione. C'era qualcos'altro, qualcosa di più forte. Mi sentivo una preda.

«Allora, cosa ne pensa della scena del crimine?» mi chiese improvvisamente Rosanna, mentre avvicinava la tazzina di caffè alla bocca.

«Anche lei quindi è convinta che quello che mi è successo sia tutta colpa del lavoro?»

«Assolutamente sì.»

Avevo voglia di ascoltarla. Non smettevo di girare il cucchiaino nel caffè aspettando che lei continuasse.

«Si era preso carico dei problemi di tutto il reparto negli ultimi tempi» disse lei.

«Be', è un compito del primario.»

«Oh no. Non come faceva lei. Lo aveva sempre fatto, è vero, ma nei mesi prima dell'incidente ancora di più. E senza chiedere aiuto a nessuno.»

«In che senso?»

«Guardi, persino io che ero la persona a lei più vicina, ho scoperto soltanto dopo l'incidente quanto ci abbia difeso. Si è preso sulle spalle tutti i nostri casini ed è partito in guerra da solo.»

«Ma ottenevo qualche risultato almeno?»

«Lo sa cosa succedeva? La mattina lei arrivava, noi le vomitavamo addosso tutti i problemi, lei scompariva per qualche ora e tornava che era tutto risolto. E sa dove andava? Direttamente alla fonte del problema. In direzione. Era diventato la loro ossessione.»

«A sentire il direttore generale avrei dovuto essere culo e camicia con lui.»

«Gliel'ho detto. È un furbacchione. Poco dopo il suo incidente un alto dirigente della direzione mi ha fermato e mi ha detto: "A me dispiace per lui, ma noi respiriamo. Era veramente un rompicoglioni". Capito?»

«Addirittura...»

«Solo adesso che non c'è ci siamo accorti di quanto fosse prezioso il suo ruolo.»

«E perché?»

«Perché non c'è più nessuno che ci difende.»

Pensai che probabilmente anch'io avrei voluto essere difeso. Ma non glielo dissi.

Adesso Rosanna mi stava indicando una porta dietro di me. «Questo è il suo studio» disse.

Di fianco alla porta c'era una targa con il mio nome e la

mia qualifica. È una sensazione strana vedere tutte le cose che ti riguardano o ti appartengono come se fossero di un altro. Quando avevo visto la mia immagine sul maxischermo mi era sembrato di essere due persone: c'era una che mi guardava dicendo cose che non sentivo mentre l'altra sprofondava sempre più giù, a ogni parola, inghiottita da una nebbia che avrei voluto disperatamente misericordiosa. Adesso stavo leggendo il mio nome senza sentirlo mio e di nuovo il mondo circostante era diventato gassoso, come se si stesse levando in volo, allontanandosi da me.

Entrammo nella stanza. I miei passi, senza che Rosanna se ne rendesse conto, erano furtivi e i movimenti leggeri e prudenti, quasi avessi paura di toccare qualcosa. C'era una scrivania laccata marrone con sopra un computer nero e una stampante grigia. Da un lato c'era una poltrona di pelle nera, con i braccioli un po' consumati. Dall'altro, due sedie rosse a schienale dritto. Di fronte alla scrivania, un mobile contenitore basso, di metallo grigio scuro e, di fianco, una libreria, anch'essa di metallo, ma di diverso colore, con due ante a vetro, alta fino al soffitto. In un angolo una porta chiusa, come quelle degli sgabuzzini, o dei bagni.

Percorsi con gli occhi le pareti. Non c'erano quadri, ma solo un calendario con la pagina aperta sul mese di agosto 2013, e l'attacco per la presa dell'ossigeno. Non provai niente a leggere quella data. Mi stavo forse abituando al futuro? Cercavo in tutto quello che guardavo una reminiscenza, una qualsiasi lampadina che illuminasse la preesistenza della mia anima in questa stanza. Invece niente. Ero un primario, avevo fatto carriera, i miei collaboratori sembravano volermi abbastanza bene, avevo messo su pure un po' di soldi, avevo comprato una bella casa grande. Solo che non riuscivo a riprendere il mio risveglio, a riappropriarmi di tutto quello che ero stato. Mi sentivo come dice il Vangelo: «Quale vantaggio avrà l'uomo se guadagnerà il mondo intero, e poi perderà la propria anima?».

Girandomi attorno, mi muovevo a tentoni, come un cieco.

Provavo a darmi spiegazioni di questo luogo per me ignoto. Doveva essere stata una camera di degenza, pensai. La mia prima impressione fu di provvisorietà, come se la persona che aveva vissuto qui dentro fino ad allora non la considerasse veramente sua e avesse raccolto, senza abbinarli, i mobili che era riuscito a trovare.

Quella persona però ero io. E qui ci avevo lavorato per sei anni.

Ero convinto che avrei trovato qualche fotografia. Mi ero immaginato di vedere i miei figli da piccoli assieme alla mamma, o qualche altro attestato della famiglia, un effetto personale. Non c'era nulla. Questo studio poteva essere stato di chiunque. Ci rimasi un po' male.

«Allora?» chiese Rosanna, ferma sulla porta.

Mi diressi verso le due finestre che occupavano per intero la parete libera della stanza. In lontananza si vedevano le Alpi.

«Gran bella vista, non c'è che dire» risposi un po' imbarazzato.

Mi girai verso di lei. Mi stava guardando con un lieve sorriso, che mi parve apprensivo. Doveva essere una brava persona, Rosanna.

«Da quello che mi ha appena detto, però, ci stavo poco in studio» dissi. «E si vede.»

Lei annuì. «Adesso la lascio solo. Questo è il mio numero interno. Si prenda tutto il tempo che vuole. Se ha bisogno mi chiami.»

Fece per andarsene, ma si voltò: «Oggi mi sono emozionata abbastanza». Mi lasciò così, chiudendo la porta alle spalle.

Mi sedetti sulla poltrona. Aprii i cassetti della scrivania. Trovai solo oggetti sconosciuti. Mi spostai verso la libreria: era piena di faldoni con la data e il contenuto scritti sul bordo. Notai che dal 2008 la grafia era identica alla mia. Altri faldoni erano nel mobile basso. Li lasciai lì senza guardarli. C'erano anche dei libri mai visti prima.

Entrai nel bagno. E mi si aprì il cuore. Appesa all'attaccapanni c'era la mia giacca arancione di quando prestavo servizio al 118. Quella riga nera sulla banda catarifrangente della manica sinistra mi ricordò la volta che avevo intubato sulla strada un camionista polacco che aveva avuto un frontale spaventoso. La indossai con cautela e rispetto, baciandola delicatamente, come fa un prete con la stola. L'annusai anche. Mi convinsi che profumava ancora di me. In fondo, per la mia mente, l'avevo indossata l'ultima volta solo qualche settimana prima.

Vidi poi un camice con un cartellino su cui c'era scritto «Piccioni Pierdante, dirigente medico-direttore USC Pronto Soccorso matricola 006107» e una mia fotografia. Dovevano avermela scattata quando ero stato assunto qui a Lodi, sei anni prima, perché non ero tanto diverso da come io ricordavo me stesso.

Misi la mano nella tasca del camice. Per la seconda volta in poco tempo fui felice. Estrassi il taccuino, che aveva sul frontespizio l'immagine di una banana blu. In quelle pagine era condensato il mio essere medico. C'erano i dosaggi dei farmaci, gli *scores* di rischio clinico, le procedure diagnostiche. Lo avevo sempre tenuto costantemente aggiornato. Era il mio vangelo professionale. Annusai anche quello e mi convinsi che il profumo era come me lo ricordavo.

Sentii bussare alla porta.

«Posso?»

Mi avvicinai per aprirla.

«Ciao Pier, bentornato.»

Sulla soglia c'era Massimo, il mio vice, o meglio vicario, come mi aveva spiegato proprio lui quando era venuto a trovarmi, la prima volta, in ospedale. E un vicario lo sembrava davvero. Una volta era passato anche da casa a farmi visita e gli avevo detto di fermarsi a cena. L'avevo osservato bene: alto, gli occhi marroni, magnanimi. Riservato, con una discreta pancia, lento nei movimenti e nel parlare, con movenze da prete di sagrestia, di sé mi aveva raccontato solo che era single, che suonava l'organo in chiesa e che faceva volontariato, come medico, a Lourdes.

In ospedale, quando ero ricoverato a Pavia, Massimo mi aveva portato una boccetta di acqua benedetta. Non vorrei sembrare blasfemo, ma finora non è che mi fosse servita molto, anche se l'ultima volta che avevo rivisto Anna Curti, la responsabile della Stroke Unit, lei aveva continuato a ripetere di essere fiduciosa sul ritorno della mia memoria. Io sono ottimista per natura. Diciamo che aspettavo, sempre meno fiducioso con il passare del tempo. Comunque quella boccetta mi aveva fatto piacere.

Massimo dava l'impressione di essere proprio una brava persona. E lo era davvero. Allo stesso tempo, però, trasmetteva la sensazione di essere poco determinato. Non potevi certo definirlo un rampante. Per fare carriera non è un buon atout. E infatti questo suo modo di fare lo aveva sempre relegato al ruolo di luogotenente. Anche adesso. In teoria, in mia assenza, avrebbero dovuto investirlo dell'incarico di facente funzione. Invece, il direttore generale aveva preferito chiamare il primario dell'altro pronto soccorso dell'azienda a sostituirmi. Massimo ci era rimasto male, ma non aveva reagito. Probabilmente, però, aveva pregato. E basta.

Mi sentii un po' a disagio con addosso questa giacca invernale del 118, in piena estate. Me la tolsi. «Accomodati pure» gli dissi mentre andavo a riporla.

Massimo si sedette su una delle seggiole rosse. Mi avvicinai e feci anch'io come lui, mettendomi al di qua della scrivania.

«Non ti siedi sulla poltrona?» mi chiese.

Sorrisi. «Non riesco ancora a considerarla mia. E poi non mi sento uno che si siede dall'altra parte della scrivania.» Ora che avevo ritrovato la mia giacca e il mio taccuino mi sembrava quasi di parlare dalla soglia del mio tempo, come se qualcuno o qualcosa mi fosse venuto in soccorso nelle acque turbinose e sconosciute del futuro.

Potevo dirlo: io sono questo, tutto quello che è successo dopo non mi riguarda.

«Eppure lo hai fatto per sei anni, e anche molto bene» disse Massimo. «Senti, Pier, non ci voglio girare intorno. Senza di te qui è un casino. Infermieri contro medici, medici che litigano tra loro, specializzandi che alzano la cresta, il direttore di dipartimento che è tornato a spadroneggiare e il tuo sostituto che non fa nulla se non continuare a ripeterci che lavoriamo male e che i suoi sono molto meglio. Cerca di tornare presto perché siamo proprio allo sbando.»

Aveva parlato di getto. Quello che temevo, che avevo tentato invano di far capire a mia moglie, si era puntualmente verificato. Avevo sperimentato in poco tempo tutto e il contrario di tutto. L'indifferenza e la troppo premura. L'illusione del passato e la delusione del presente. Erano le stesse sensazioni che avevo provato in ospedale, durante la processione infinita di visite, quando segnavo sui fogli, come un bambino delle elementari che cerca di semplificare le nozioni che deve apprendere, i Sì e i No, le persone che conoscevo e quelle che non sapevo più chi fossero. La realtà era tutta separata in due colonne, come la vita e la morte, in questa nebbia asettica che non mi lasciava neppure la consapevolezza di poter distinguere me stesso.

Pochi giorni prima avevo visto nella corte della mia casa – la *house* – i signori dell'impresa di pulizie che pulivano i portici. Anch'io avevo un portico molto alto con due lucernari pieni di ragnatele. Loro stavano usando pertiche lunghissime per arrivare fino in alto e togliere lo sporco. Mi avvicinai a una signora, che mi sembrava la capa, per chiedere se per caso dovessero pulire anche il mio portico. Mi lanciò uno sguardo feroce, aprendo la bocca in una smorfia sui denti rifatti male: «Sarebbe ora che lei mi pagasse quanto pattuito. Più di un mese fa avevamo fatto un accordo. Venticinque euro per pulire il portico. Io l'ho fatto, ma lei non mi ha mai pagato». Ci ero rimasto malissimo, sudavo e il cuore batteva forte. Non sapevo cosa rispondere. Le chiesi scusa e le diedi cinquanta euro. A casa avevo chiesto conferme a mia moglie e ai miei figli, e nessuno ne sapeva niente.

Non era un fatto molto grave, ma era una delle angosce che mi perseguitava dagli inizi, da quando avevo scoperto di essere capitato nel futuro senza il mio passato. Cosa potevo fare con le persone che dicevano di avere delle pendenze con me? E se avessi avuto delle colpe sul mio lavoro? Se dei parenti di un malato mi avessero accusato di qualcosa?

Mi sentivo umiliato e fragile. Ero impotente, un corpo senza forze nel vortice delle onde. I sensi di colpa sul lavoro non ero in grado di sopportarli. Anche questi che mi aveva appena rovesciato addosso Massimo. Erano più pesanti di me. Mi bastavano e avanzavano quelli che mi facevano vivere in famiglia. Io, in questo momento, non ero l'uomo che aveva realizzato questo reparto, che aveva creato e diretto il suo gruppo. Ero un altro. Ma come facevo a dirlo?

Chiusi momentaneamente gli occhi per risparmiarmi la vista della mia paura. Massimo stava seduto di fronte a me con l'aria di chi è davvero convinto che adesso avrei parlato dandogli una speranza per risolvergli i problemi. Soffocai la voglia di mandare a fare in culo chi mi stava davanti assieme a tutti quelli che avevo visto finora in questo posto e cercai di assumere un aspetto diverso. Come se fossi seduto su quella poltrona, dall'altra parte della scrivania. Come se non fossi io.

«Senti, Massimo» dissi, «è ora di pranzo. Tu hai bisogno di parlare e io ho bisogno di capire. Offro io, ma a una condizione. Le domande le faccio io e tu rispondi. Capito?»

Lui restò zitto, ma con gli occhi mi fece cenno di sì.

«Tu parli e io ascolto. Ma non deve essere una seduta psicanalitica. Sono stato chiaro?»

Massimo sorrise. «Hai ragione, Pier, ti chiedo scusa. È che non riesco ad accettare il tuo buco della memoria.»

Presi il biglietto che mi aveva lasciato Rosanna e feci il suo interno, con il piacere infinito di usare un telefono normale, come ai miei tempi. Sia lodato il cielo, esistevano ancora.

«C'è qui Massimo, stiamo uscendo per pranzo. Viene anche lei?»

«Meglio di no» rispose secca. «Magari la prossima volta che viene mi avvisa prima così usciamo a colazione solo io e lei. Adesso ascolti anche quella campana. Quando andremo noi due, ascolterà la mia.»

Riattaccò. Io guardai Massimo.

«Che rapporti hai con la caposala?» gli chiesi.

«Formali, direi» rispose lui. «E dopo il tuo incidente lo sono diventati ancora di più.»

Passammo due ore in una trattoria un po' fuori mano che aveva scelto Massimo, perché diceva che almeno lì era sicuro di non incontrare nessuno dell'ospedale. Mi spiegò con dovizia di particolari l'organizzazione e i problemi del pronto soccorso. Ovviamente, dal suo punto di vista. Anche lui mi confermò che gli ultimi mesi prima dell'incidente erano stati molto stressanti e conflittuali. Secondo Massimo, avrei combattuto una lunga battaglia contro i miei superiori per ottenere risorse adeguate. In pratica, volevo rinnovare completamente il pronto soccorso. Ci avevo provato in ogni modo a convincerli, ma era stato tutto inutile. Alla fine non avevo firmato il progetto presentato dal direttore del dipartimento di emergenza, attirandomi il risentimento del direttore generale, quello con cui avrei dovuto andare d'amore e d'accordo, a sentir lui. Qualche giorno prima dell'incidente avevo persino abbandonato una riunione: «Se volete che io guidi una Ferrari con tre ruote, siete matti. Guidatela voi!».

Io posso anche essere un fumino che s'accende come un fiammifero se è convinto di aver ragione. Ma continuavo ad avere l'impressione che stessero parlando di me senza che fossi io, in realtà. Per certi versi finivo persino di innamorarmi di questa figura astratta che aveva rubato il mio nome e la mia vita, lasciandomi una storia senza senso, di cui afferravo brandelli sparsi, tra una famiglia lontana e sconosciuta, con due figli sfaccendati che rifiutavo di sentire miei, e un posto di lavoro complicatissimo dove andavo alla carica contro i mulini a vento.

Provavo un sentimento insieme di rabbia e di ammirazione per quel primario matricola 006107 con un sorriso appena storto sulla foto del proprio tesserino, che forse rappresentava il motivo per cui io ora mi trovavo qui, in questo posto dove in realtà non sapevo dov'ero. Anche adesso, in questo momento, avrei voluto essere lontano.

Eravamo ancora seduti, anche se era finito il pranzo. A un certo punto Massimo mi porse un foglietto arrotolato che aveva preso dalla tasca della giacca. «Aprilo» mi disse.

Lo aprii lentamente, inforcando gli occhiali. Era un fotomontaggio della locandina del film di Ridley Scott *Robin Hood*. Al posto del viso del protagonista, vestito come il bandito nella foresta di Sherwood, c'era la mia faccia. Il titolo a caratteri cubitali diceva: *Pierobin Hood, l'incredibile storia di un uomo che divenne leggenda. Da marzo in pronto soccorso*. Marzo, pensai, come se riconoscessi una data. In realtà, il tempo che non conosci non ha date.

Sorrisi.

«L'ha fatto un infermiere del 118 qualche mese prima del tuo incidente.» mi spiegò Massimo.

Mi chiesi se questo Piccioni era troppo per me. Cominciava a essere un rivale ingombrante. L'avevo appena insultato in una lite con mia moglie: era un uomo e un padre di merda. Ma come aveva fatto a farsi volere così bene?

«Ne ha affisse un po' di copie in giro per l'ospedale» continuò lui.

«Pure?»

«Questo per dirti come eri vissuto, soprattutto dagli infermieri. Eri la nostra guida e l'unico che ci difendeva.»

Con tutti i miei problemi ora avrei dovuto mettermi a fare anche Robin Hood. Pensai sinceramente che l'idillio con questo signore, appena iniziato, era già finito.

L'altro continuava a parlare e a straparlare: «Capisci adesso perché ci sentiamo allo sbando?». E a dire cazzate: «Prova a immaginare come si sarebbe sentita la gente di Nottingham se Robin Hood fosse morto improvvisamente».

Alzai gli occhi di scatto. Chi era morto? Io o lui? Cioè, quale dei due Piccioni?

Lui si bloccò. Aveva capito di aver fatto una gaffe. Meno male, perché così si zittì qualche secondo. Non dissi niente neanche io.

«Pier, stai bene?» mi chiese all'improvviso. «No, perché ti sei assentato con lo sguardo fisso nel vuoto.»

«Ah» mi ridestai. «Tranquillo, va tutto bene.»

Stavo pensando che mi avrebbe fatto piacere incontrare questo Robin Hood «de' noantri». Avevo due o tre cose da chiedergli, perché volevo sapere come aveva fatto a condurmi fin qui, in questo bivio dell'esistenza, smarrendo il mio senso del tempo e della vita. Potevo portarlo in giro con me. Io fra pochi giorni sarei andato a trovare i miei bambini. Chissà se se li ricordava. E se si ricordava di me, della mia identità, di quello che era stato lui e che ero io adesso. Se si ricordava di una data, un giorno qualunque, che aveva spezzato la mia vita, il 25 ottobre 2001. Si ricordava che cosa aveva fatto quel giorno come me lo ricordavo io, senza dimenticare niente, nemmeno un gesto, un colore, un sorriso perduto in mezzo a una folla di mille altri sguardi?

Ma c'era una cosa che volevo chiedergli più delle altre, una domanda disperata e struggente che mi vergognavo di confessare.

Almeno lui, poteva aiutarmi?

XVIII

Parcheggiai la macchina a una certa distanza dalla scuola e aspettai l'ora giusta. Verso le 8.15 mi incamminai. Io amo i colori brillanti, ma quella mattina mi ero vestito nel modo più neutro possibile: pantaloni beige e camicia blu. Avrei potuto essere un papà un po' attempato, o un giovane nonno venuto a vedere i nipoti. Entrai nel bar di fronte e ordinai un caffè. Quella notte non avevo dormito per la tensione. Il giorno prima avevo avvisato Kunta e i miei figli che sarei dovuto andare a Lodi per alcune questioni che riguardavano i miei certificati d'infortunio.

Avevo visto l'alba, con il suo cielo composto come una vuota distesa di colori diversi, fino a diventare quasi rossastro nei bordi dell'orizzonte. Era dai tempi del ricovero che non la vedevo. Restavo sempre affascinato dal gioco di luce che precede la comparsa del sole. Assieme al tramonto è uno dei momenti in cui puoi vedere quella palla infuocata negli occhi senza doverli chiudere.

Mi ero sbarbato e avevo fatto la doccia prima di uscire. Mi ero messo a nuovo. Nei giorni prima ero andato a vedere la mia vecchia casa. Lo facevo quasi sempre. Ripercorrevo il tragitto che avevo fatto la mattina del 25 ottobre 2001. Facevo finta di uscire da scuola dopo aver accompagnato Tommaso, stando attento a riconoscere qualche automobile. Guardavo le persone e le case, e mi fermavo tutte le volte davanti al citofono per accorgermi inesorabilmente, ogni volta, che il mio cognome non c'era. È come quando perdi una cosa e continui con insistenza a ripassare nel punto dove sei convinto di averla persa, sperando di non aver visto bene, che ti sia sfuggita, che questa volta invece la ritrovi. Solo che sulla targhetta c'erano scritti sempre gli stessi nomi: Consorti-Mastropasqua. Sorridevo mestamente e poi tornavo a casa.

Ma oggi cominciava la scuola, era diverso. Era come quel giorno di ottobre, e potevo far finta che niente fosse successo, anche se l'aria, nella prima ondata del traffico mattutino aveva un odore che non riuscivo a riconoscere, come se dietro alla tormentosa ricerca del passato, questo posto nascondesse in realtà il suo futuro nei dettagli più insignificanti, nei profumi che non rinnovano la memoria, fra queste strade riempite da patetiche, ingarbugliate creature che si ammucchiavano indifferenti evitando ogni mio sguardo.

Bevvi il caffè senza nemmeno sentirne il gusto. Quando uscii sulla strada, mi osservai attorno furtivamente per vedere se conoscevo qualcuno. Avevo già la scusa pronta: ero lì per un appuntamento con un amico. Non attraversai, per prudenza. Rimasi fermo a guardare. Come lo rammentavo bene questo posto: i miei ricordi finivano proprio lì.

Da qui, da questo momento, ero tornato io. Mi sentivo sospeso nell'impercettibile profondità di quell'attimo fuggente, come se levitassi nell'aria. Le piante erano un po' più grandi, le targhe delle automobili un po' più nuove, ma l'atmosfera era la stessa: di attesa. Le tante mamme, i pochi papà e l'emozione dei bimbi, ricordavo tutto benissimo.

Perché io c'ero sempre stato nei momenti importanti dei miei figli. Ecco chi ero io. Non ero Robin Hood o don Chisciotte che andava contro i mulini a vento, non ero l'alto dirigente di una società di medicina internazionale, non ero «Savio che cazzo dici», e nemmeno l'uomo spaurito che non riconosceva Gianfranco o Giovanni, come diavolo si chiamava il primario di Parma, per beccarsi un vaffanculo. Ero un bravo papà. Quello ero stato.

Per un paio di volte mi parve di scorgere i miei figli. Bimbi biondi, come erano loro, più o meno della stessa statura, due piccole creature che io ogni tanto accompagnavo pure a dormire quando tornavo dal lavoro, in quella cameretta nella casa di via Cozzi 8, dove ricordavo alla perfezione persino la tappezzeria, ultra ingiallita sopra il calorifero, con un alone grigio che saliva spegnendosi verso il soffitto, e lo scaffale laccato su cui stavano posati i loro soldatini di plastica e gli aeroplanini di piombo, e il cesto vicino al letto, riempito dai Lego e da un piccolo Fort Apache di plastica verniciato con i colori del legno, quella cameretta invasa da un odore che io avvertii perfettamente in quel momento, di vaniglia o di gheriglio di noce, assieme a un sentore di latte sulla pelle.

Mi batté il cuore, perché mi sembrava tutto vero. Ma quando guardai con maggior attenzione quei bambini ci rimasi un po' male. Non erano loro.

Suonò la campanella e i bimbi entrarono. Io rimasi lì finché non ci fu più nessuno. Una bidella uscì a chiudere il cancello d'ingresso. Arrivarono due o tre ritardatari. Dovettero suonare un campanello e una signora venne loro ad aprire. Erano due femmine e un maschio, e per di più abbastanza grandi.

Mi incamminai verso la mia automobile. Non ero deluso. Non mi importava se non avevo visto i miei figli entrare a scuola quella mattina. Mi era bastato provare di nuovo dopo tanti mesi l'emozione di fare qualcosa per il solo gusto di farla, senza spiegazioni semplici o complicate, così, innocentemente.

Presi la macchina e mi diressi verso Lodi. Mi fermai però all'ospedale di Sant'Angelo Lodigiano. Mi avevano spiegato che in quella struttura c'era un punto di primo intervento, aperto solo durante i giorni feriali della settimana. E io ne ero il responsabile.

In realtà dovevo solo impiegare il tempo fra l'ingresso e l'uscita dalla scuola dei bambini. Era per quello che ci andavo. Sant'Angelo era il posto più vicino dove crearsi un alibi di ferro.

«Primario, che piacere vederti» mi disse un infermiere dagli occhi ossequiosi, in divisa verde. Lo riconobbi subito: era venuto a farmi visita quando ero ricoverato in ospedale. Mi ricordai pure il nome.

«Ciao, Pasquale» dissi.

«Cortesia o lavoro?» mi chiese.

«Novanta per cento cortesia e dieci lavoro» mentii tranquillamente. «Nel senso che sono venuto a ricambiare la visita ma anche a vedere come è fatto il posto.»

Un po' mi vergognai delle balle che stavo inventando, anche perché lui mi era simpatico. Da dietro arrivò una voce squillante: «Dottor Piccioni, ma che bella sorpresa!».

Mi voltai. Si avvicinò una dottoressa in camice bianco. Per fortuna la riconobbi subito. Vivevo nell'incubo del primario di Parma, di stare lì a ricevere baci e abbracci e poi chiedere: «Scusa, ma tu come ti chiami?».

Lei si chiamava Anna. Me la ricordavo bene perché quando era venuta a trovarmi in ospedale era in compagnia di Massimo. La figura di merda l'avevo già fatta allora. Gli avevo chiesto se fossero marito e moglie. Massimo aveva sorriso, mentre lei si era un po' arrabbiata. I suoi occhi marroni erano diventati rossastri, come il colore dei capelli. Era stato un altro di quei momenti in cui avevo capito che mi conveniva starmene zitto, soprattutto con chi avevo messo nella colonna dei No, quelli che non avevo riconosciuto, senza dire tutto quanto mi passava per la testa.

Anche Anna faceva parte del mio vecchio staff dirigenziale. Mi aveva spiegato tranquillamente che era una delle mie più preziose collaboratrici. Bontà sua. In realtà, le testimonianze di altre persone me lo avevano confermato.

«Stai sereno che oggi non mi arrabbio» disse sorridendo. Si vede che la mia gaffe non era rimasta impressa solo a me. «Ti devo ancora delle scuse per la mia reazione stizzita di quando sono venuta a trovarti in ospedale con Massimo.»

Feci un gesto vago come per dire che non importava. Meglio soprassedere. Invece lei affondò il dito nella piaga: «Sai, sono vedova da poco e tu mi hai seguito tantissimo durante il calvario di mio marito». Robin Hood, eccolo di nuovo, non se ne perdeva una. Ma fatelo beato il bandito di Nottingham! «Da vero amico, più che da capo.»

Mi chiesi con un certo fastidio dove questo tipo, che poi avrei dovuto essere io, trovasse il tempo per fare il buon samaritano da un ospedale all'altro, mettendosi pure a raccogliere portafogli smarriti in giro nei pochi minuti in cui non lavorava, passando tutta la notte a cercare i proprietari. Questo era Mandrake, altro che Robin Hood!

Accennai ancora un sorriso di circostanza. Va bene, non importa. Ma lei ci teneva proprio. «Non sono riuscita a mandare giù quella situazione, di te che mi fai una domanda tanto assurda.»

Io, che non sono Mandrake, pensai che tanto assurda poi non lo era: tutti i miei familiari hanno pensato la stessa cosa. Ma lo dissi solo tra me e me. Lì per lì preferii stare zitto.

Altro sorriso. «Comunque capiti a proposito» disse lei.

«Ah sì?»

«Mi è appena successa una cosa che mi ha molto irritato e per la quale mi devi dare un parere.»

Mi prese male. Avrei voluto dirle: guarda, Robin Hood lo sto cercando anch'io. Ho bisogno di aiuto pure io e vorrei tanto trovarlo.

Lei però era un fiume in piena: «Ho un paio di consigli da chiederti e altre cose da dirti». Qualcos'altro? Diciamolo francamente: Mandrake aveva un po' esagerato, aveva abituato tutti troppo bene.

«Deve arrivare anche Alice, dovevamo giusto scrivere una lettera alla direzione. Guarda, la chiamo subito così si spiccia...»

Decisi coraggiosamente di interromperla.

«Ma è sempre così vulcanica?» chiesi rivolto a Pasquale.

«No, oggi è tranquilla» rispose Pasquale, allargando le braccia. «Credo che tu sia stato uno dei pochissimi uomini che è riuscito a non farla parlare.» In un'altra vita, evidentemente.

«Scusami, Pier» disse Anna, con un tono un po' meno arrembante. «Non ti ho nemmeno chiesto come stavi. È che quando ti ho visto mi è sembrato che il tempo non fosse passato. Senza di te abbiamo certi casini che nemmeno ti immagini.»

Di nuovo la stessa storia. Ormai ero abituato a questa menata, ma cominciavo a irritarmi. Mannaggia a loro e a Robin Hood. Cercai di trattenermi. In fondo, dovevo solo fare in modo di passare qualche ora lì, senza effetti collaterali, prima di tornare a scuola per l'uscita dei miei figli. Una femmina logorroica avrei potuto sopportarla. Ma fingere anche con altre persone, con Alice, e poi con chissà chi altro, tutti abituati dal nostro eroe di Nottingham a passargli la patata bollente, perché intanto pensava lui a ogni cosa, cominciava a disturbarmi davvero. Quel giorno non ci sarei proprio riuscito. Quel giorno era dedicato ai miei bambini.

«Che ne dite se andassimo al bar a prendere un caffè?» propose Pasquale con tempismo perfetto.

«Magnifico.»

Il barista mi guardò come se mi conoscesse. Evitai accuratamente di chiedergli come si chiamasse.

«Il solito, dottor Piccioni?» mi fece, guardandomi distrattamente negli occhi, come se ci fossimo salutati appena due minuti prima.

«Sì, grazie» risposi, aspettando con un po' d'ansia di sapere che cosa era abituato a prendere al bar Robin Hood, nella speranza che non fosse un whisky al mattino, da uomo duro che non deve chiedere mai.

Mi fu servito un caffè d'orzo in tazza grande con una bustina di zucchero di canna. Ma guarda te. Non era particolarmente buono, né mi ricordavo di averne mai bevuto uno. Anche lo zucchero di canna era una novità. Pensai che evidentemente in tutti questi anni dovevo aver cambiato i miei gusti.

Mi accorsi che parecchie persone in divisa da sanitario mi guardavano. Nessuna, però, mi rivolse la parola.

«E così non mi avete nemmeno aspettato?»

Riconobbi la voce.

«Se avessi saputo che c'era anche lei, dottor Piccioni, non sarei venuta in tenuta da contadina» disse Alice.

Capelli biondi legati in una coda, due occhi azzurri malinconici, una t-shirt a manica lunga, un paio di pantaloni stretti che lasciavano scoperte due caviglie sottili. Mi ricordava una fotografia di Brigitte Bardot da giovane.

Io, però, più che altro ero a disagio e anche distratto. Avevo ancora un paio d'ore prima di tornare dai miei bambini.

«Anna, mi hai detto che dovevate scrivere una lettera. Volete che vi lasci sole?» domandai sperando così di potermi defilare.

Speranza frustrata.

«Scherzi? Capiti come la manna. Sono cose che prima facevi tu.» Pure. «Adesso che abbiamo un "non capo" le dobbiamo fare noi. Se vuoi aiutarci, può darsi anche che ti serva per la memoria, chissà.»

Mi arresi. Non potevo far fare brutta figura a Robin Hood. «Ci sto, a un patto però. Che prima mi raccontiate di questo posto, criticità comprese. Se voglio recuperare, devo prima capire.»

Passarono due ore in cui tutti e tre i miei collaboratori mi fecero una descrizione molto precisa della situazione. Anche lì, come a Lodi, il mio arrivo era stato l'inizio di un cambiamento radicale, e mi aveva visto battagliare contro la dirigenza con il sostegno di pazienti e operatori.

Ascoltai tutto, senza perdere mai di vista l'orologio. Va bene Robin Hood, ma avevo anch'io le mie esigenze. Avevo un impegno ben più importante di tutte le dottoresse del mondo e dei loro problemi: dovevo tornare a scuola a prendere i miei bambini.

Non so perché ma glielo dissi. Forse perché se vuoi davvero nascondere una cosa, ti conviene dirla.

«Scusate, ma adesso devo proprio andare dai miei bambini.»

«Da chi?» fece Alice.

«Dai suoi bambini» ripeté molto seriamente Pasquale, che forse non aveva capito bene.

«Chi? Quel figo pazzesco che è la tua fotocopia, ma con trent'anni di meno?» disse Anna.

Io cercai di tagliare corto. «Scusate, ma devo proprio andare» dissi, alzandomi dalla sedia. «Comunque vi ringrazio, perché mi avete aiutato a rifarmi un po' il quadro della situazione. Per me è veramente molto importante.»

Durante la chiacchierata mi ero anche impegnato facendo interventi appropriati e le domande giuste. E devo dire che c'ero riuscito. Almeno questo mi confortava: non ero Robin Hood, ma del mio lavoro un po' ci capivo.

Strinsi la mano a Pasquale, baciai sulla guancia Anna e mi avvicinai ad Alice accomiatandomi abbastanza freddamente.

Uscii da quel posto in fretta. Non volevo arrivare in ritardo all'appuntamento. L'unica cosa che contava in quel momento, per la mia mente, era avere la certezza che a breve sarei stato lì, davanti a scuola, ad aspettare i miei bambini, vedere Filippo che alzava gli occhi felice per avermi scorto in piedi sotto gli scalini e Tommaso che mi sorrideva mentre salutava velocemente i compagni. Un bravo papà non aveva altro modo di comportarsi. E io non solo lo ero stato, ma volevo continuare a esserlo. E poi sentivo che era l'unica maniera che avevo per non precipitare nell'abisso della disperazione. Per non uccidermi.

Parcheggiai la macchina lontano da scuola e rifeci esattamente quello che avevo fatto al mattino. Anche il risultato fu esattamente lo stesso. Aspettai che non ci fosse più nessuno e tornai a casa tranquillo, in attesa del giorno dopo.

Avevo trovato uno spazio per me. Un angolo di salvezza. È difficile spiegare, perché mi resi conto in seguito che certi comportamenti, e certe fissazioni, potevano evidenziare anche altri problemi della mente. In realtà il mio era solo un condizionamento di difesa, necessario in quel frangente per non farmi davvero precipitare nella follia.

D'altro canto non è solo Gabriel García Márquez a dire che il ricordo ce lo costruiamo noi. Io stavo edificando, mattoncino su mattoncino, un riparo dal mondo esterno, una sorta di protezione. Sbagliata, è vero. Ma in quei momenti non vedevo altri strumenti, anche perché ero ancora nella prima fase del mio risveglio, quella che mi diceva di ripartire dal 25 ottobre 2001.

Io non avevo perso solo un file che conteneva gli ultimi dodici anni di vita. Ero stato privato anche delle funzioni e delle attività che avevano conservato quel periodo nella mia mente. La memoria non è semplicemente il ricordo di un avvenimento. È molto di più. Per definizione, sarebbe «la facoltà della mente di fare proprie esperienze e nozioni immagazzinandole per richiamarle al momento opportuno». Ma, in senso più lato, è la capacità di un sistema complesso di raccogliere informazioni che non solo serviranno per affrontare con maggiori strumenti le difficoltà, anche positive, della vita, ma che modificano pure, in base a esse, la propria struttura, in modo tale che ogni trattamento successivo di nuove informazioni sia influenzato dalle acquisizioni precedenti.

Capite cosa vuol dire? Che le informazioni raccolte avevano cambiato me e insieme se stesse, contribuendo a creare per forza di cose una nuova persona, che possedeva strumenti aggiornati nel corso del tempo.

Ma dopo il mio risveglio, chi ero io? L'uomo preesistente o quello determinato dai suoi cambiamenti e anche dalla sua memoria? Quando si cancella un file, si resetta tutto, anche il possessore di quel file? Io mi sentivo, profondamente e inesorabilmente, il padre e il medico del 25 ottobre 2001. Avevo completamente torto? Non lo so.

Anche dopo, quando cambiai atteggiamento, accettando il presente e il suo futuro, e salvando me stesso e la mia mente, non sono in grado di giurare che lo feci per la verità delle cose.

Freud ha evidenziato nelle sue opere gli effetti affettivi dei processi mnestici dell'individuo, mettendo in rilievo i meccanismi inconsci di difesa, per cui oltre a rimuovere siamo in grado pure di possedere ricordi di copertura. Io ricostruivo quel processo, e lo facevo dai dati che conoscevo, mi pare evidente. Non potevo farmene una colpa. Ma oggi sappiamo che tutto questo non basta più, che anche l'inconscio non è fine a se stesso, proprio perché la memoria è una complessa rete di attività, con una pluralità interrelata di funzioni.

Il passato viene ricostruito dai diversi apparati fisico-psichici dell'individuo. Daniel Kahneman in un suo famoso libro, *Pensieri lenti e veloci*, ha sottolineato l'importanza del *remembering self*, per cui lo stesso evento si può riconsiderare mentre è in corso. A seconda di un piccolo, marginale episodio, di una nostra sensazione, profondamente interiore, possiamo rendere quel ricordo in corso positivo o negativo. Può anche non corrispondere completamente alla realtà, perché il condizionamento personale potrebbe pure essere in grado di deformarla, tuttavia ha un ruolo decisivo, visto che regola quello che apprendiamo del passato, ci dà una chiave di lettura del presente e, proiettato nel futuro, condiziona il nostro processo decisionale. Le neuroscienze stanno evidenziando sempre di più come un aspetto chiave della memoria stia nella sua funzione di «anticipatrice di esperienze», al punto che i ricordi più potenti possono prevalere sull'esperienza in atto.

Quello che io avevo ricostruito l'avevo fatto grazie al *remembering self*, e quindi anche grazie alle nozioni che avevo modificato nel corso degli anni.

Voglio dire che non erano solo spariti dodici anni della mia vita, ma che erano saltate anche tutte le modifiche apportate in quel tempo, capaci di condizionare non solo la visione del passato e del futuro, ma anche l'attuazione del presente. Perciò, va da sé che quello che io ricordavo del periodo precedente al 2001, prima dell'incidente, il 30 maggio 2013, era per forza di cose diverso da quello che rammentavo adesso, senza tutte quelle modifiche e quegli aggiornamenti che avevano cambiato nel corso di quei dodici anni la struttura e la sostanza della memoria.

Il file andato distrutto aveva cancellato anche i miei strumenti di cognizione. Dunque non era così sbagliato che io mi sentissi l'umile medico del pronto soccorso di Crema e il padre affettuoso che aveva accompagnato i suoi figli a scuola prima di andare al lavoro nel lontano ottobre 2001. O forse sì, lo era, almeno in parte. Ma era normale. Non potevo fare altrimenti, non poteva essere che così.

Ed era per questo che io mi sentivo bene, in quel momento. Anche se non avevo visto i miei figli. Anche se lo spazio e il tempo erano staccati dalla mia persona.

Continuai così per tutti i giorni di quella settimana. E di quelle successive. Ogni mattina e ogni pomeriggio mi facevo trovare puntuale all'appuntamento con la campanella. Dei miei bambini, ovviamente, nessuna traccia. Con il passare del tempo, però, ci stavo sempre più male. Cominciavo a temere che forse non li avrei mai più rivisti. Inforcavo la bicicletta e mi avviavo verso casa con il magone.

Rispetto alle prime volte qualcos'altro era cambiato. Dopo le visite ai colleghi e agli ospedali di Lodi e di Sant'Angelo, mi ero convinto che dovevo buttarmi a capofitto nello studio, che dovevo recuperare dodici anni di nozioni scientifiche nuove, aggiornando le mie conoscenze mediche ma anche imparando a usare tutti gli strumenti moderni che ti permettono di acquisirle.

Studiavo come un ossesso medicina e informatica. Tutti i giorni, senza saltarne mai uno, compresi i festivi. Era straordinaria la facilità di apprendimento con cui capivo e memorizzavo le varie informazioni. Ho sempre avuto facilità di studio. Anche a scuola non mi applicavo molto, ma quel poco mi era sempre bastato per superare con una certa semplicità interrogazioni al liceo ed esami all'università. Ma adesso c'era qualcosa in più, e dovevo ammetterlo con me stesso. Ogni tanto me ne accorgevo e restavo stupito. Mi bastava sfogliare una volta una pagina piena zeppa di complicatissimi dati scientifici per afferrarne il significato in fretta, come se davvero facessi riaffiorare alla mente qualcosa che era già in fondo al mio magazzino di conoscenze, o alla mia anima.

In realtà non sapevo spiegarmelo. All'inizio avevo pensato persino che alcune delle cose che leggevo facessero semplicemente già parte delle mie conoscenze preesistenti, di tutto quello, cioè, che avevo appreso prima del 2001. Poco alla volta però dovevo ammettere che non era così. Assieme allo stupore, c'era in me una sorta di eccitamento. E questa facilità di apprendimento mi invogliava ancora di più nello studio.

Uno psicologo tedesco del XIX secolo, Hermann Ebbinghaus, sulla base dei suoi esperimenti con sillabe senza senso, composte da diverse combinazioni di consonante-vocale-consonante (chiamate logotomi) aveva elaborato una teoria, detta del riapprendimento, per cui una determinata lista di nozioni (in questo caso di sillabe), precedentemente appresa e poi dimenticata, può essere riappresa in un tempo minore a quello necessario per memorizzarla la prima volta. Questa riduzione del tempo di apprendimento, o risparmio, starebbe a significare che qualcosa nella mente dei soggetti rimane anche quando si pensa di aver dimenticato.

Adesso, onestamente, non ero in grado di ritenere che ciò potesse rispondere al mio caso. Come medico, però, sapevo benissimo che anche i fattori emotivi possono interferire con la memoria, perché è stato provato, per esempio, che l'ansia determina una stimolazione distraente che indebolisce la capacità di ricordare. E pur essendo io in una condizione per forza di cose ansiogena, questo a me non capitava. Non so cosa volesse significare. Certo, me ne rendevo conto, la forza della mia memoria sembrava intatta per quel che riguardava tutte le nuove nozioni da apprendere.

Le ore che passavo sui libri e a navigare sul web sprigionavano in me una sorta di benedetta euforia. Avevo riaperto pure il mio vecchio computer. Guardandoci un po' dentro, mi ero reso conto una volta di più dell'abisso che separava le mie due persone: l'altro, Robin Hood, era un uomo moderno perfettamente inserito nel suo tempo, che padroneggiava con naturalezza tutti gli strumenti messi a disposizione dalle nuove tecnologie. Anche questo particolare, all'apparenza secondario, me lo rendeva sempre più estraneo: non era quella la persona che ero stato io negli anni dell'oblio.

Avvertivo in un certo qual modo le stesse difficoltà a relazionarmi con lui che provavo nei confronti dei colleghi, ma persino di mia moglie, quando sbuffando mi spiegava come funzionavano le ultime novità tecnologiche, con l'aria di chi è costretta a ripetere le stesse cose a un alunno svogliato, come se io le dovessi sapere per forza.

Grazie allo studio, adesso, mi stavo velocemente mettendo alla pari con tutti loro. Non mi restava altro che aspettare i risultati degli ultimi esami, e il referto definitivo sul trauma che aveva cancellato la mia memoria. A giorni sarei andato a ritirarlo. Ma quel senso di euforia condizionava anche la mia attesa, oltre al fatto che quasi tutti i medici e gli psicologi che mi avevano visitato si erano dilungati a sottolineare come le mie reazioni lasciavano intendere un esito positivo del mio blocco mnemonico.

Ero stranamente ottimista. Mi avevano spiegato che casi come il mio erano rarissimi, che ce n'erano appena diciotto in letteratura e che uno solo era guarito. Devo confessare che non stavo molto attento quando me ne parlavano. Non mi faceva piacere ascoltare queste cose. Se rammento bene, doveva trattarsi di uno svizzero: quando aveva ormai perso tutte le sue speranze, un giorno, davanti a un lago, vide uno su un windsurf e di colpo, come un fulmine, rivide se stesso in quell'immagine. La memoria ritornò all'improvviso com'era scappata via. Come se fosse stato un trauma a riportargliela.

Non so perché i dottori, dato che la letteratura medica in materia era così negativa, fossero invece così convinti che io prima o poi sarei guarito. Il mio psicoterapeuta, Gabriele, sosteneva che era per le reazioni del cervello che riuscivo ad avere. «Sono incredibili, quasi sconosciute. È come se attivassi qualche percorso che noi non conosciamo ancora.»

Sta di fatto che tutto questo ottimismo aveva finito per influenzarmi. Ero persino eccitato, in qualche modo, di dover andare a ritirare il mio referto decisivo.

Mentre continuavo a leggere dentro il mio vecchio computer, a un certo punto trovai un file che si chiamava «Pier». Restai un attimo a fissarlo, spaventato e indeciso sul da farsi.

Poi lo richiusi subito.

XIX

Uscii velocemente dalla porta principale dell'enorme edificio. Attorno a me tutti quei palazzi incombevano come le quinte di una tragedia, disegnate sul palcoscenico con le linee allungate verso la distesa vuota del cielo, rendendo ancora più allucinante la sensazione di oppressione. Mi sembrò di essere un pezzo di carne vomitato dalla bocca di un gigantesco animale.

Avevo male. Sentivo le tempie che pulsavano. E non avevo più voce. La cercavo per trovare un rantolo, un alito appena che dimostrasse la mia esistenza, ma dov'era finita? Sant'Iddio, in fondo alle viscere, negli abissi della mia sofferenza.

Mi venne voglia di vomitare, ma non ci riuscii. Mi fermai in mezzo al vialetto con le braccia piegate sul ventre, mentre le persone, ignare, mi passavano accanto in un pullulante, policromo e indifferente corteo di facce sconosciute, senza occhi e senza anime.

Appoggiai gli occhiali da vista sulla punta del naso e rilessi con attenzione il referto della Pet, la Positron Emission Tomography, una sofisticatissima metodica di diagnostica per immagini capace di individuare qualsiasi alterazione o anomalia degli organi umani: «... diffusa disomogenea distribuzione del tracciante in ambito corticale, cui si associano diffusi segni di atrofia, in particolare in sede temporale bilateralmente, parietale bilateralmente e frontale prevalentemente a sinistra...».

Guardai davanti a me senza osservare nulla. Su quelle carte c'era scritto che il mio cervello era pieno di cicatrici. Ma non potevo toccarle. Non potevo sfruttare nemmeno quel semplice gesto per poter ricordare. E il dramma era che la Pet confermava la risonanza magnetica. Le avevo fatte in due ospedali diversi. Apposta. Ma dicevano entrambe la stessa cosa. La mia memoria non sarebbe tornata mai più.

«Mamma, mamma, guarda, c'è un signore che si è fatto male e sta piangendo.» La voce mi distolse dai miei pensieri. Mi girai e vidi una bambina di circa cinque anni che con una mano teneva quella della mamma e con l'altra indicava me. Mi accorsi che stavo piangendo. E chissà da quanto tempo. Avevo in bocca un sapore acido che si faceva più intenso.

Quell'immagine mi è rimasta impressa, con una sensazione strana, come se fossi un imputato a un processo. Avevano sentenziato la mia condanna, lì, fra quei vialetti e le aiuole con i fiorellini bianchi ai bordi, in questo giorno di sole malato, al di là di uno spiazzo che intravedevo oltre il cancello, riempito da macchinoni colorati, guidati da fantasmi rattrappiti sui volanti, che passavano senza accorgersi di nulla.

La bimba fissava con i suoi occhi castani il silenzioso andirivieni della gente attorno alla mia figura, piegata da uno strazio improvviso, con il fiato pesante e i palpiti di dolore che mi attraversavano invisibili la mente, come se mi trovassi al centro di un mulinello che avrebbe potuto risucchiarmi. Avevo sempre pensato che noi fossimo intrappolati in noi stessi, dentro il nostro codice genetico, più rigidamente che in una gabbia. Ma adesso mi rendevo conto che questa prigione poteva anche essere diversa, costruita con le sue mura inaccessibili dal destino capriccioso dell'uomo. Era lui, il destino, che aveva cambiato il mio codice, che aveva mutato il percorso della mia esistenza. E la cosa più terribile era che io non potevo farci niente.

Mi tolsi gli occhiali, misi la busta della Pet tra le ginocchia e con entrambe i palmi delle mani cercai di asciugarmi gli occhi. Quando li riaprii la bambina era scomparsa.

Ripresi a camminare verso l'uscita. Entrai nel parcheggio e mi diressi deciso verso il posto dove avevo lasciato la mia macchina. Almeno quello me lo ricordavo bene. Appena messo in moto, chiamai il mio psicoterapeuta, Gabriele. Usai il vivavoce. Le sue parole echeggiarono per lungo tempo all'interno dell'abitacolo. Gli lessi il referto, con la voce impiastricciata, la lingua che faceva fatica a staccarsi dal palato.

«Porca puttana» fu la prima cosa che disse.

«Non riavrò più la mia memoria» sussurrai, come se parlassi a me stesso.

«Guarda che però in fondo non cambia molto.»

«Cambia tutto» protestai.

«No. L'obiettivo finale rimane lo stesso. Certo, ci vorrà più tempo.»

«Ma questo referto è una sentenza» dissi.

Lui prese fiato, con calma. «Io sono convinto che davvero tu stia usando circuiti collaterali all'interno del tuo cervello. Non si spiegherebbe altrimenti la tua velocità di apprendimento delle informazioni che avevi imparato durante il tuo buco nero.»

Era vero. Pensai di nuovo a Platone. Poteva un medico come me, innamorato della sua professione così empirica, credere alle anime dei filosofi greci?

«È come se tu avessi dei depositi di file criptati» continuò lui. Ma questa sembrava proprio la traduzione, in termini scientifici, dell'anamnesi di Platone. «Basta solo trovare la password. E vedrai che ce la faremo.» Non riuscii neanche a dirgli grazie. «Domani vieni da me che ne parliamo.»

Prima di buttare giù mi disse una cosa che mi colpì: «Senti, Pier. Chi ti sta vicino non ne ha colpa. Mi sono spiegato?».

Non so perché me lo disse. Forse mi aveva davvero letto dentro. Questi psicologi e psicoterapeuti mi sa che devono essere dei cialtroni di talento. Magari hanno una naturale capacità di introspezione. Una sorta di intuito, un po' come i maghi del Medioevo. E come loro, che sono campati secoli, a qualcosa servono, evidentemente.

«Ricevuto» risposi.

Però era vero. Lo sgomento si stava trasformando in rabbia. Anche verso tutto quello che avevo vicino. Persino verso Dio. Bestemmiai, urlai, sempre più forte.

Poi accesi il cd con le canzoni di Guccini. Ancora una volta trovavo nel mio tempo l'unica medicina. La parte sana del mio cervello congiunse le mani in preghiera e si addormentò. Arrivai a casa che erano tutti già a tavola.

«Allora, come è andata?» mi chiese Filippo.

Gli diedi il referto. «Leggi ad alta voce». Gli dissi.

«Dai, Savio, cosa vuoi che ci capisca io. Spiegacelo tu.»

Innanzitutto, avrei dovuto spiegargli che era il momento meno adatto per chiamarmi Savio.

«No, prima leggi e poi parlo. Alla fine capirai perché» dissi duro.

Filippo lesse tutto il referto. «E allora?» chiese.

Nel frattempo mi ero seduto a tavola, senza toccare cibo. «E allora vuol dire un sacco di cose. Che la mia memoria non tornerà più. Che tutto il culo che mi sono fatto finora per recuperare è stato inutile. Che gli stronzi come te e tuo fratello, che hanno sempre dubitato che io fingessi, adesso hanno la prova che non è vero.»

«Ma che cazzo dici?»

Continuai come se non lo avessi sentito: «Che le psicologhe del cazzo, che mi hanno sempre accusato di essere astioso e iroso, adesso devono stare zitte. Che quei bastardi dei miei capi hanno vinto. Che non saprò mai che cosa mi ha detto mia madre prima di morire. Che, se non lo sono già, diventerò demente in pochi anni. Che ne ho pieni i coglioni di spiegarvi quello che non avete voluto capire in questi mesi».

Mi alzai. Mi arrivò una voce da dietro: «A me non va di prendermi dello stronzo gratis».

Mi girai. Aveva parlato il Serpente.

«Gratis?» urlai fuori di me. «Ma se non hai fatto altro che farmi l'elemosina, in tutto questo tempo. Se siamo stati senza litigare per un po' è solo perché mi sono sforzato io di accettarvi. Voi, e soprattutto tu, non avete cambiato il vostro stile di vita di una virgola. Ma che cazzo di figli siete?»

«I tuoi figli, papà.»

«Voi non siete i miei figli. I miei figli sono morti dodici anni fa. Voi non siete nulla per me, capito?»

Filippo bofonchiò qualcosa. Anche Tommaso. Ma non me ne accorsi neanche. Andai di corsa verso lo studio e tornai con il libretto degli assegni.

«Quanto volete per andarvene fuori dai coglioni. Guardate, ve li firmo in bianco, ma scomparite dalla mia vita!»

«Adesso stai esagerando, Savio» alzò la voce Tommaso.

Savio?

«Hai detto cose indegne di un padre» tuonò alzandosi il Gorilla. «Io me ne vado.» E diede un pugno alla porta.

«Indegne di un padre?» lo inseguii urlando ancora più forte. «Devo ricordarti come mi hai trattato appena entrato in questa casa di merda il giorno che mi hanno dimesso dall'ospedale?»

«Vai al diavolo, Savio» si mise in mezzo Tommaso.

A ogni «Savio» che dicevano la mia rabbia saliva ancora di più. Questi mica si rendevano conto del pericolo.

«Dopo quello che hai detto non sei degno del mio rispetto. Con me hai chiuso» aggiunse lui in tono melodrammatico.

«Magari.»

Mia moglie per tutto quel tempo era stata seduta con le mani sul viso. Si alzò. Stava piangendo. «Non è giusto come ci stai trattando» singhiozzò.

«Non c'è niente di giusto al mondo» risposi in modo sgarbato.

E uscii di casa.

Le persone che hanno sofferto, consciamente o meno, cercano tutte il modo più semplice e veloce per dimenticare. Passano i giorni tentando di scordare il passato. A volte stringono amicizia con l'alcol, a volte si rifugiano nelle droghe o nella solitudine, persino nella morte. Pensai a quello splendido film di Kieślowski, *Blu*, a Juliette Binoche che ha perso il marito e la figlia piccola in un incidente d'auto e fa di tutto per cancellarne il ricordo, tentando persino il suicidio. Solo che, malgrado il suo desiderio di affondare nel nulla, il semplice fatto di esistere la costringe a confrontarsi con il passato.

E io com'ero? Se non puoi sfuggire dal tuo passato, come fai a vivere senza di esso? Io, che avevo perso la memoria, avevo un bisogno disperato di ricordare. Era questa la mia sofferenza. Ne avevo talmente bisogno da averne persino paura, che è una contraddizione solo apparente. È come quando ti innamori così prepotentemente di una donna da patire un desiderio talmente forte che sconfina nel timore.

Le mie giornate erano state un costante tentativo di ricordare. E tutto questo dove mi aveva portato? Davanti a un referto scritto con quelle parole così complicate e lontane, come se analizzassero la radiografia di un oggetto inanimato: «diffusa disomogenea distribuzione del tracciante in ambito corticale», e in fondo quello era una parte del mio cervello, un'entità immobile «cui si associano diffusi segni di atrofia», fulminata nella fredda luce di un'immagine che ne sentenziava la condanna. Un oggetto inerme, con le sue dolorose, terribili cicatrici. Del fatto che quelle fossero anche le ferite della mia anima, nel referto non se ne faceva menzione. Lì venivano solo identificate con la precisione della scienza, «in sede temporale bilateralmente», senza chiedersi dove arrivavano oltre a questa massa cerebrale, «parietale bilateralmente», e quali sentimenti della coscienza strappavano alla vita. «Frontale prevalentemente a sinistra...»

Quello ero io.

Non so se c'era un'altra pena che mi aspettava, oltre a quella che scontavo adesso. Ma se ci fosse stata, dove avrei trovato la forza per affrontarla? Quella ferita mi aveva profondamente cambiato: io che sono di natura un estroverso, «capace di far parlare anche i muri» – come mi avevano sempre ripetuto i miei amici – ero diventato un solitario indurito e rabbioso. Più del buco nero in sé, mi aveva cambiato l'estraneità a questo mondo, la dolente e faticosa condizione di straniero incompreso.

Mi accusavano tutti di essere troppo astioso e aggressivo. Ma che modo avevo io di difendermi, oltre che dagli altri, anche da me stesso? Perché questa era la più terribile delle verità, svelata ogni giorno di più in maniera consapevole, e cioè che c'era una parte profonda di me in perenne conflitto non solo con il mio passato e con quello che ero stato, ma anche con il mio futuro e con quello che avrei potuto essere.

Ora che avevo perso la speranza, avrei potuto venirne fuori?

Entrai nel pub e andai a sedermi al tavolo più in ombra, per restarmene più solo ancora di quel che ero. Ordinai una birra media doppio malto. Da sommelier preferivo il vino, ma pensai che la birra in quell'occasione andava meglio.

La parte sana della mia mente mi diceva che avevo esagerato. La parte malata era soddisfatta. Oddio, forse è sbagliato dire che c'era una parte malata. In fondo, tutti noi siamo due persone diverse che realizzano alla fine un'entità unica. La nostra cattiva e buona coscienza. Dr Jekyll e Mr Hyde. Ora aveva prevalso la rabbia. Era da quando avevo letto il referto che mi era esplosa dentro.

Aveva vinto la mia sconfitta. Ecco come mi sentii. Pagai in fretta e uscii. In cielo c'erano nubi e proprio per quello non c'era nebbia. Cominciai a camminare. Testa bassa e mani in tasca. Avevo ferito intenzionalmente i miei familiari. Forse mortalmente. Avevo distrutto in pochi minuti il lavoro di mesi. Avevo detto quello che un vero padre non avrebbe dovuto neanche pensare. Avevo incolpato le persone che mi erano vicine. Avevo bestemmiato Dio. In quel momento non provavo ancora rimorso. Me lo impediva la rabbia. Ma qualcosa dentro mi diceva che avevo sbagliato.

Decisi di tornare a casa.

Aprii la porta chiusa a chiave e trovai mia moglie che piangeva ancora. Le dissi che non me la sentivo di parlare. Così rimasi solo in salotto. Ero disperato. Tutta la buona volontà che avevo messo per combattere il mio buco nero era svanita d'un colpo. Mi sentivo inerme, come il mio cervello. Dovevo trovare la voglia di rimettermi in piedi. Non so perché, ma mi baluginò nella testa l'immagine di Filippo al mare, da piccolo, una volta che era caduto in acqua, e quando lo avevamo tirato su il bianco degli occhi era rosso per via delle lacrime che gli erano venute insieme ai convulsi di tosse, e mi prese un tenero, confuso sentimento di nostalgia, dove qualcosa di vivo fluttuava nel mare infinito della mia coscienza e mi faceva male, mentre io mi sporgevo per abbracciare il suo corpicino con le braccia tese ad aspettarmi.

Il fatto strano è che rivedendo quel ricordo nella mia mente mi resi conto di quanto io avessi bisogno di lui. Solo che continuavo a cercarlo nel passato, a volergli parlare come se fosse ancora il mio tempo, e non il suo. Forse, per assurdo, dovevo anch'io fare come Juliette Binoche nel film di Kieślowski: cercare di dimenticare per sopravvivere al proprio dolore.

Sentivo un affanno strano al petto, come se l'accesso all'aria si fosse ristretto a una piccola fessura. Era una sorta di angoscia provocata dal senso del fato che aleggiava dal 31 maggio 2013 sul mio capo e che stava diventando realtà. Da qualsiasi parte guardassi, non riuscivo più a fuggire, neanche da me stesso.

A un certo punto tutto stava cominciando a precipitare. Non so se ne fossi consapevole o no. Ma questo era solo l'inizio.

XX

«Tuo papà è caduto e ha battuto la spalla destra.» Era mio zio Danilo che mi parlava al telefono. «Lo tenevo a braccetto. Mi sono girato a salutare un amico e patatrac.»

«Adesso dove siete?»

«A casa, a Levata. Ha molto dolore, non riesce a muovere il braccio e la mano si sta gonfiando.»

Pensai che si fosse rotta. «Quanto tempo fa è successo?»

«Un'ora fa circa.»

«Ha battuto solo la spalla o anche la testa? Cammina? Ha vomitato?»

«No, ha battuto il mento e basta. Si è rialzato da solo e non ha vomitato.»

Era comunque un trauma cranico. «Puoi portarlo in pronto soccorso a Cremona che io li avviso e vi raggiungo lì?» dissi.

«Va bene.»

Me lo passò. Aveva la voce rotta: «Vieni per piacere. Mi fido solo di te». Sentii d'istinto che quello era l'inizio della fine.

Partii di corsa. In macchina ripensai all'estate appena trascorsa, alle mie fughe e al mio rifugio, a Levata. Non avevo mai avuto un gran rapporto con mio padre. Burbero e brontolone, era uno di quegli uomini antichi che aveva vergogna a mostrare tenerezze o gesti d'affetto, stirpi di soldati e contadini tirati su per lavorare la terra e combattere. Non mi ricordavo di aver mai ricevuto una carezza o un bacio, se non nel giorno del compleanno.

Da quando ero diventato padre, avevo sempre cercato di comportarmi con i miei figli esattamente al contrario di come mio padre si era comportato con me. Lui era un genitore assente, distante, duro. Io invece, nella mia vita interrotta, ero stato presente, accogliente, tenero.

Da quando l'avevo rivisto dopo l'incidente, qualcosa però era cambiato in me. Avevo scoperto di provare affetto per quel vecchio. Mi faceva tenerezza. E mio padre aveva anche iniziato a parlarmi. Mi aveva chiesto di accompagnarlo, anche se andava in giro per i cimiteri a trovare i parenti e gli amici. I vecchi continuano a parlare con il loro passato pure quando non c'è più. C'è qualcosa di sfasato in questo, come se si fossero abituati a vivere una vita parallela, in una dimensione diversa, facendo cose che non si fanno più o guardandosi solo i film dei loro tempi, strane pellicole con le immagini illuminate ogni tanto da improvvise e ripetute stelle bianche che ne segnalano il consumo. Anche loro sono stranieri nella modernità. Come me, pensai. Ero diventato un vecchio, io, allora? Era quello che mi aveva reso il mio trauma, o io e mio padre eravamo simili solo nell'emarginazione?

Adesso, però, mi faceva piacere stare con lui. C'era qualcosa di nuovo che ci univa, e che prima non c'era. Può darsi fosse il passato. Avevo ascoltato con interesse i suoi racconti e gli aneddoti, memorizzando tutto. Avevo fatto spesso domande e qualche volta ci eravamo fermati a pranzo in vecchie osterie, arrivando persino a discutere animatamente di politica e di sport. Facevamo un mucchio di cose assieme. E non mi era dispiaciuto. Forse, essere padre e figlio è proprio questo. Chissà se anche lui aveva avuto difficoltà a parlare seriamente con me, come io ce l'avevo con i miei figli.

A dire il vero, prima di adesso non mi ricordavo di aver mai parlato seriamente con mio papà. Ora era davvero diverso. Pochi giorni prima mi ero pure commosso. Eravamo appena usciti da una di quelle trattorie e lui mi aveva raccontato del giorno che era partito per la guerra, della sensazione di precipitare in un gorgo di paure e angosce che copre persino la memoria. Mi aveva descritto il treno su cui era salito, i sedili di legno, il finestrino che non si riusciva a farlo venir giù, e la faccia di un suo commilitone, uno di Firenze, uno spilungone con un naso a becco e i capelli ricci. Era stato il primo a morire. Poi mi aveva fermato mentre camminavamo, mettendomi la mano sul braccio e guardandomi dritto negli occhi: «Io non ho ancora tanto da vivere, ma se mi guardo indietro, devo ringraziare il Signore. Nonostante la guerra mi abbia segnato nel carattere e nel fisico, ho avuto la fortuna di vivere con tua madre per tanto tempo e di avere soddisfazioni da te che non avrei mai immaginato».

Lo sfiorai con la mano, facendo segno che avevo capito quel che mi voleva dire.

«Sei diventato talmente importante che a volte, a parlarti, mi sento in imbarazzo» proseguì. «Spero che tu sia altrettanto felice.»

Dette da lui quelle cose, che non mi sembravano vere, avevano un senso. Da qui, da questo paesino di cinquecento anime, da questi alberi che ti proteggono sotto la loro ombra antica, e questi odori di pane caldo e questi silenzi, da questo dolcissimo panorama di rurale vacuità, io ero *el dutùr* andato nel turbinio della città a far carriera, riverito da amici e pazienti.

Mio padre non aveva capito che l'unico posto in cui mi sentivo in pace con me stesso era questo. Io non glielo dicevo. Parlavo tanto con lui e stavo bene. L'altro giorno gli avevo fatto addirittura il bagno. Come tutti i vecchi, tendeva a lavarsi poco. Mi aveva raccontato che non era riuscito ad alzarsi per farlo. Non gli avevo creduto. L'avevo costretto. L'imbarazzo tra noi era evidente. Non mi ricordavo di aver mai visto mio padre nudo, quando ero bambino. Ci aveva messo quarantacinque minuti per lavarsi e asciugarsi. L'avevo aiutato a rivestirsi. Teneva la testa bassa e non mi guardava in faccia. Era questa l'immagine che avevo di lui mentre correvo all'ospedale con un groppo in gola.

«È una brutta frattura, scomposta e con frammenti liberi.» Il collega del pronto soccorso mi stava parlando nel corridoio. «Sfido che ha dolore. È che intervenire chirurgicamente è troppo rischioso. L'età, le condizioni cardiache. E poi sono interventi molto cruenti.»

«Me ne rendo conto» dissi. «L'unica possibilità è fargli muovere la spalla il meno possibile e cercare di iniziare la fisioterapia al più presto. Bisogna però controllargli il dolore, anche in modo pesante. E la Tac encefalo?»

«Negativa per emorragia» rispose il medico.

Mi venne un brivido. La stessa frase. Le prime parole che avevo sentito dopo essere uscito dal coma all'ospedale di Pavia.

Ci vollero tre giorni per titolare la giusta dose di antidolorifico e altri sette per osservare qualche miglioramento generale. Visti i progressi, fu trasferito in una clinica riabilitativa convenzionata, la cui responsabile era suor Carla, che io conoscevo da tempo, prima ancora della frattura nella mia memoria. La struttura era nel centro di Cremona. Mi facevo ogni giorno duecentocinquanta chilometri per andarlo a trovare. Però dovevo farlo: mio padre era destro, e avendo bloccato proprio quel braccio, bisognava imboccarlo.

Dopo un po' che facevo questa vita, all'improvviso una sera, rientrando a casa, trovai mia moglie e i miei figli che mi aspettavano. Strano, pensai.

Mi parlò Filippo: «Senti, Savio, io avrei intenzione di andare a Levata, a studiare dalla nonna Angela per qualche giorno, questa settimana, mentre Tommaso lo farebbe la settimana prossima. Se ci lasci una macchina, per esempio quella del nonno, potremmo andare noi a trovarlo e imboccarlo».

Chissà cos'era successo.

«Ci siete arrivati da soli o ve l'ha ordinato la mamma?» chiesi in modo polemico.

«Senti» disse Kunta, «è ovvio che ne abbiamo parlato. Ma perché non apprezzi il gesto invece di aggredire?»

Ero stanco di fare su e giù tutti i giorni per le strade della Lombardia. Un po' di riposo mi avrebbe fatto bene.

«Credo sia una soluzione intelligente» dissi.

Quella notte dormii profondamente e nei giorni successivi potei riprendere a studiare. Le cose sembravano essersi messe per il verso giusto. Ma il destino era già deciso.

Mi arrivò la telefonata di suor Carla: «Professore, volevo informarla che suo papà si è alzato dal letto, scavalcando le sponde, ed è caduto a terra».

Di nuovo, partii di corsa. Mio padre era disteso sul letto. Aveva gli occhi chiusi e una fasciatura sul capo. Filippo era seduto al suo fianco.

«Papà.» Gli posai una mano sulla spalla, scuotendolo dolcemente. Lui aprì gli occhi. «Come stai?» chiesi.

«Bene, ma quando arriva mio figlio?» Non mi aveva riconosciuto.

«Sono io, papà, sono Pierdante, sono qui.»

Mio padre non rispose. Mi guardò e richiuse gli occhi.

«Sta facendo esattamente come ha fatto la nonna» disse Filippo. Già, solo che io non me lo ricordavo.

Nei giorni successivi ci fu un progressivo peggioramento. Fu necessario tornare alle terapie in vena aumentando i dosaggi. Il grado di orientamento era altalenante. Mio padre passava la maggior parte del tempo assopito.

Una volta, però, in uno dei pochi momenti di lucidità, mi prese la mano.

«Sai cosa c'è?» disse.

«Cosa, papà?».

Mi guardò con un velo negli occhi. Dubitai che fosse consapevole che io fossi suo figlio. «C'è che sto morendo, e me ne accorgo.»

Non riuscii a reggere lo sguardo. Sapevo perfettamente

che aveva ragione. Quella fu l'ultima frase sensata che sentii uscire dalla bocca di mio padre.

Lo trasferirono nell'hospice all'interno della stessa struttura, e lui continuava a peggiorare. Faceva soltanto terapia antalgica. Io mi chiedevo solo per quanto tempo avrebbe dovuto ancora soffrire. Quando andavo a trovarlo gli stavo seduto a fianco e gli tenevo la mano. O meglio, il polso. Potevo sentire i battiti ancora pieni di vita. Se si poteva chiamare vita quella.

La fine arrivò che era passato Natale. Erano le ventitré circa del 31 dicembre 2013. Mia moglie e alcuni amici mi stavano aspettando in una casa privata, per la cena di Capodanno. Ero stato molto indeciso se accettare quell'invito. Sentivo che la morte era vicina. Ma l'abitazione dove avremmo dovuto festeggiare la mezzanotte era praticamente attaccata alla clinica, perciò se fosse successo qualcosa potevo essere lì in un attimo.

Mi ero confessato il giorno prima, dopo essere passato a salutare papà. Gli avevo toccato il braccio prima di uscire dalla stanza. Durante la confessione provavo un senso di pace. Era strano. Forse era abbandono, non so cosa fosse. Forse era una resa. Nel mondo in cui sono cresciuto la chiesa sta ancora al centro del villaggio, è un campanile che sbuca nella nebbia, un'evidenza non solo metaforica, ma anche interiore. Il confessore per me non era soltanto il sacerdote nascosto dietro quelle scure grate quasi medievali, davanti al quale mi inginocchio al buio in preghiera per chiedere perdono. Per me era molto di più: un amico al quale potevo confidare serenamente tutti i miei segreti, che avrebbe conservato assieme a me, per etica o obbligo professionale, come uno psicologo. Ecco cos'era il confessore: il mio psicologo. Io non andavo in quella cabina per semplici motivi religiosi, per l'esclusiva ragione di dovermi depurare l'anima dai miei peccati. Io ne avevo bisogno.

Dal 1996 al 2001, cioè da quando l'avevo conosciuto fino al giorno in cui finivano i miei ricordi, mi ero sempre confessato da don Carlo. Ero andato a trovarlo nella chiesa dove era stato trasferito, in città. C'ero stato tante volte. Anche lui era diventato vecchio, con gli occhi dolci ormai rassegnati. I capelli erano talmente bianchi da sembrare, in certe condizioni di luce, quasi azzurri, come se fossero intrisi d'acqua e mandassero riflessi luminosi cercando di nascondere il sole. Don Carlo mi aveva raccontato dei suoi problemi familiari e della sua stanchezza. Era stato lui stesso a dirmi che fra noi si era creata, negli anni del mio buco nero, una relazione speciale, e che io non ero stato solo il luminare al quale chiedere aiuto per i suoi problemi di salute. Ero stato molto di più. Mi aveva raccontato delle nostre interminabili passeggiate in montagna, durante le quali ci perdevamo in discussioni profonde, spesso combattute. A usare categorie antiche si sarebbe potuto dire che io ero un reazionario e don Carlo un progressista. Ma tutti e due eravamo l'espressione della stessa razza contadina, concreta e generosa. Ognuno con la propria sensibilità. Molto amici. Per me era qualcosa di più: era stato veramente il mio padre spirituale. E io, credo, per lui un figlio.

L'ultima volta che ero andato a trovarlo, avevo deciso di toccare un argomento molto delicato, proprio quello delle confessioni. Chi più di lui avrebbe potuto rivelarmi tutti i segreti, anche quelli più profondi, dei dodici anni che la mia memoria aveva cancellato?

Solo che successe una cosa strana. Fu lui che ebbe bisogno di sfogarsi. Aveva il magone per via della figlia di sua sorella, che prima voleva farsi suora ed entrare in convento, ma che poi aveva cambiato idea, non avendo trovato la vocazione. Sua nipote fece appena in tempo a rientrare nella vita civile che rimase incinta. Da suora a ragazza madre. Questa storia l'aveva molto turbato. Prima di andarmene, però, gli accennai al mio problema.

«Le confessioni? Ragazzo mio, non è così semplice» disse.

«Lo so.»

«No, non per quello che pensi tu. Devo far mente locale, riordinare la memoria. Ma tu cosa temi d'avermi confessato?»

«Non posso saperlo. È questa la mia angoscia. La paura di aver fatto qualcosa di brutto e non saperlo.»

«Su questo puoi stare tranquillo. Di terribile non hai fatto nulla.»

«Di terribile magari no. Però posso aver tradito mia moglie, posso essere stato un cattivo padre, aver commesso errori sul lavoro, anche gravi.»

«La prossima volta che ci vediamo ti dico tutto.»

Restammo d'accordo così. Poi lui venne ricoverato d'urgenza in ospedale per problemi addominali. Quando andai a trovarlo, prima che andassi via si ricordò della promessa che mi aveva fatto: «Ci ho pensato. Dobbiamo rinviare il nostro incontro. Ma stai tranquillo. Non hai fatto nulla per andare all'inferno».

Solo che io avevo il destino contro.

Don Carlo morì improvvisamente il giorno dopo. Oltre al dolore per la scomparsa di un amico, avevo perso l'unica persona che avrebbe potuto rivelarmi tutti i miei segreti e i miei peccati nei dodici anni del mio buco nero. Era come una maledizione che mi perseguitava.

Al suo funerale, fra moltissima gente, ero rimasto solo, cercando di evitare tutte le persone che mi conoscevano. A questo prete io avevo consegnato tutto me stesso. Gli avevo raccontato tutte le mie debolezze, i miei tradimenti e i miei errori. Mi ero fidato ciecamente di lui, tanto da offrigli il mio lato cattivo. Il mio lato oscuro. E avrei voluto continuare a farlo.

Non lo avevo accompagnato al cimitero quel giorno. Ero troppo arrabbiato con lui: in pratica, anche questa volta involontariamente ero stato prima illuso e poi tradito. Sapevo che ci sarei andato più avanti, quando tutti avrebbero cominciato a dimenticarlo.

Quel giorno, però, mi ero sentito molto più solo.

Adesso ero qui con gli amici a brindare al futuro. Un brindisi sobrio, senza troppo entusiasmo. L'*annus horribilis*, questo 2013, era finito. Chissà che l'anno nuovo non mi restituisse qualcosa di quello che avevo perso.

Invece, cominciò nel peggiore dei modi.

Alle 0.32 squillò il telefonino. Ormai sono appendici della tua vita, piccoli oggetti leggeri che non ti lasciano mai. Cambi le mutande, ma il telefonino ti resta sempre addosso o accanto in qualsiasi ora del giorno e della notte. Quando non ti chiamano, lo consulti per navigare su internet e chattare sui social network. L'uomo moderno nasce con un cuore, un cervello e un telefonino.

«Professor Piccioni, suo padre è in *gasping*» mi disse l'infermiera alla quale avevo dato il mio numero di cellulare. Voleva dire che mio papà stava facendo gli ultimi ansimi, che ormai era boccheggiante. Negli ospedali abbiamo ereditato la freddezza dei referti in ogni tipo di comunicazione. Forse è meglio così. Non si può dire: «Suo padre sta morendo».

Uscii di corsa assieme a Kunta, al mio amico Alberto e a sua moglie Milena. Quando entrai nella stanza mio padre era immobile. Rimasi a fissarlo per diversi secondi. Gli toccai la mano. Era calda. Avevo sempre ritenuto un luogo comune il fatto che quando uno muore, dopo, appena ci ha lasciati e ha compiuto il passaggio, finalmente sorride. A me sembrò però che mio padre sorridesse davvero.

Non provai né sconforto per la perdita, né sollievo per la fine di un calvario. Mi sentivo terribilmente vuoto.

Kunta e gli amici intonarono sommessamente una preghiera. Si fa così per accompagnare qualcuno nell'aldilà. Io no. Non avevo voglia di pregare. Non avevo voglia di fare nulla.

Nel giro di poche settimane avevo perso tutti e due i miei papà. E pochi mesi prima avevo saputo di aver perso anche la mamma. In quel preciso istante, mi resi conto di essere completamente solo.

XXI

Kunta era lì a letto, accanto a me, ma non dormiva. Stava supina, rivolta dalla parte opposta, e il suo respiro aveva un soffio prolungato e faticoso, come se non riuscisse a mandare fuori ciò che sentiva dentro. Stava tornando quello che non ricordavo più di aver vissuto. Il suo male, il linfoma.

Era una maledizione che non mi lasciava pace. Mi venne in mente quando lei all'ospedale mi aveva ricordato le sofferenze che aveva patito e di come io le fossi stato vicino, accompagnandola pure a New York per le cure. Ma adesso io ero ancora così bravo, anche come medico? Avrei avuto le stesse forze per aiutarla?

Mi parve di essere un fantasma, uno di quei morti che una volta si diceva tornassero per proteggere i sopravvissuti, vivendo in mezzo a loro. Potevo starle accanto così, come uno spirito buono.

«Davvero non vuoi che ti faccia qualcosa?» le chiesi. «Ti passerebbe il dolore e riusciresti almeno a dormire qualche ora.»

Papà era morto da due settimane. I miei familiari mi erano stati vicini, ma io non avevo avuto il tempo di osservarli bene. Ero stato fagocitato dalla burocrazia. Non avevo potuto fare a meno di notare, però, che Kunta fosse più tirata e pallida del solito. Avevo dato la colpa alla situazione. La notte prima aveva continuato a rigirarsi inquieta. La mattina avevo controllato nella cassetta dei medicinali e mi ero accorto che mancavano degli antidolorifici. Io sapevo che l'inferno del linfoma cominciava proprio così.

«Ho paura» mi disse lei.

«Anch'io» le risposi.

«Non voglio riprendere ancora le terapie. Sarebbe la quarta volta. Ma davvero non hai sentito niente quando mi hai visitata?»

«No, ma sai benissimo che, sulla tua pancia, le mani non bastano. Hai subito tre interventi chirurgici e la massa si è sempre sviluppata in profondità. Hai troppe aderenze. Bisogna fare almeno un'ecografia. O ancora meglio, una Tac con mezzo di contrasto.»

«Io non voglio più fare niente» mi disse.

«Come no? E morire soffrendo.»

«Ma tu non sai cosa significherebbe. Tu hai dimenticato. Perdere ancora i capelli, avere sempre la nausea, disdire le cose che ho programmato di fare. Io ho la mia vita da vivere. Basta, Dio mio, basta...»

«E il dolore? Pensi di continuare a prendere di nascosto gli antidolorifici?»

«Da quando mi controlli?»

«Tu lo hai fatto con me. È normale.»

Il modo in cui mi guardò di sottecchi mi lasciò una sensazione strana, protettiva.

«Sai cosa facciamo? Adesso ti faccio una puntura e domani, anzi questa mattina, visto che sono le tre di notte, prendiamo appuntamento con Cesare Amici, il tuo ematologo, ne parliamo e poi decidiamo il da farsi. E tu farai esattamente quello che ho fatto io in questi mesi: il paziente. Va bene?»

«No che non va bene. Sono troppo impegnata in questi giorni. Eventualmente facciamo la settimana prossima.»

«Eventualmente un corno. Domani pomeriggio, anzi oggi pomeriggio, io chiamo Cesare Amici per salutarlo e gli chiedo di andarlo a trovare insieme, la prima volta che fa la notte. E non azzardarti a dirmi che sarai impegnata anche quella sera perché ti ci porto a forza.»

«Però decido io cosa fare o non fare.»

Si coricò girandomi la schiena. Prima di spegnere la luce lo sguardo mi cadde sulla fotografia con la cornice argentata poggiata sopra il comodino, fatta il giorno delle nozze, un giorno così lontano, quasi di un'altra epoca. Sembravamo imbalsamati, con le emozioni celate da imbarazzati sorrisi di circostanza, sospesi in una bolla colorata dal tempo. Spensi la luce, aderii alle sue forme e la abbracciai. Anche il suo calore lasciato nell'incavo del letto era diverso, come se fosse più tiepido, e più lieve il suo peso. Una mano era distesa sulle coperte spiegazzate, l'altra era mollemente chiusa tra la guancia e il cuscino. I capelli, che nell'oscurità sembravano neri, erano scompigliati. Provai un afflato strano, guardando il suo corpo, con un piede che sporgeva dalla camicia da notte, tanto leggera da sottolineare la forma della sua gamba con la coscia piena, e raccolta in pieghe che parevano curvarsi assieme al suo dolore.

Mentre io aderivo alla sua figura e la abbracciavo, anche questa stanza nuova, quasi estranea, mi parve adesso intrisa della nostra vita, con le strisce sbieche di luce che filtravano attraverso le imposte, la poltrona con i vestiti appoggiati sopra, il vecchio letto che scricchiolava sempre, e per un attimo fugace mi chiesi per quanto tempo l'avrei rivista ancora. Se succedeva qualcosa, se questo mio precipizio fosse continuato, la prima cosa che avrei fatto sarebbe stata quella di cambiare casa.

Feci per stringere più forte il suo corpo, cercando di cogliere solo il presente, senza pensare a nient'altro che a questo momento. Dai movimenti del torace e del collo, capii che lei stava piangendo.

Il dottor Cesare Amici sollevò il referto tenendolo fra le mani: «... l'aumento della nota massa linfonodale localizzata all'ilo epatico (di dimensioni circa doppie rispetto all'ultimo controllo), che ingloba le strutture vascolari, con concomitante dilatazione delle vie biliari intraepatiche...».

I referti sono tutti uguali. Se non sei un medico devi farteli tradurre. Ti uccidono senza farsi capire.

Dopo aver finito di leggere a voce alta, Cesare Amici ci guardò entrambi, sbattendo ripetutamente le palpebre, e appoggiò con garbo il foglio della Tac sulla scrivania. Poi rivolse i suoi occhi verso Kunta.

«La diagnosi è tanto chiara quanto attesa.»

Attesa? Io che venivo dall'altro mondo, quello senza iPad e telefonini tuttofare, non mi aspettavo niente di tutto ciò. Speravo che almeno questo fosse stato inghiottito per sempre dal mio buco della memoria.

«Siamo alla quarta recidiva» continuò Amici. «Posso formularti la mia proposta terapeutica?»

«Io non voglio fare più niente» rispose Kunta. «Sono stufa!»

Che cosa avrebbe fatto in questa situazione Robin Hood? Lui che andava a litigare in direzione per difendere infermieri e collaboratori, che scriveva al posto loro documenti di protesta, che portava la moglie negli Stati Uniti per curarsi e le stava vicino, e poi quando tornava correva a Roma per fare il consulente del ministero e a tempo perso diventava alto dirigente di un'associazione scientifica internazionale? Che parole diceva per aiutare gli altri, che miracoli faceva?

«Sapessi quanto sono stufo io di sentire i tuoi capricci!» esclamò Cesare, irrigidendo il tono di voce.

Un po' restai stupito. Forse faceva così Robin Hood. Autoritario e deciso. Amici aveva imparato da lui come fare.

«Io non faccio capricci» disse Kunta, muovendosi a disagio sulla poltrona, passando e ripassando nervosamente le mani sui braccioli. Alzò la voce, come se sollevasse le mani per proteggersi da una minaccia. «Io non voglio stare male e far vedere a tutti che sto male. E poi non ho tempo da perdere. Ho troppi impegni di lavoro importanti già presi.»

«In tutti questi anni che ti conosco, questa scena me l'hai

già fatta troppe volte perché mi commuova.» Un duro, questo Amici. Doctor House con le palle. «Come te lo devo dire che hai dei doveri verso te stessa e la tua famiglia?» E aggiunse la perla finale: «E poi piantala con le stronzate degli impegni. Non sei indispensabile!».

Mi ricordavo che c'era una certa familiarità con Cesare Amici. Lo conoscevamo da prima del mio buco di memoria e lo frequentavamo ogni tanto, fuori dal lavoro. Ma non pensavo fossimo intimi fino a questo punto. Io l'avevo conosciuto all'università. Lui era un giovane assistente della clinica ematologica. Distinto, educato, occhialini da secchione, sguardo pulito e generoso. Il feeling era stato immediato e reciproco. Poi, mi aveva raccontato Kunta, il caso volle che fosse stato lui il primo a visitarla quando era stata male. Diagnosi: linfoma maligno non-Hodgkin. Durante i trentadue giorni in cui Kunta era stata in camera sterile per il trapianto di midollo, fra noi tre era cresciuto qualcosa di più del normale rapporto tra medico, paziente e parente. Non era amicizia, ma qualcosa di molto simile. Che lui però potesse essere così diretto e duro, non potevo certo immaginarlo.

«La mia proposta, in scienza e coscienza, è di fare un altro ciclo di chemioterapia e, se vai in remissione, di riproporti il trapianto di midollo. Il tuo midollo, in prima battuta, e poi si vedrà. Piangi e strilla finché vuoi, ma è l'unica soluzione. O preferisci non fare nulla e venire tra due mesi a cercarmi, gialla come un limone e con la pancia che ti scoppia?»

Guardai Kunta indietreggiare e abbandonarsi sullo schienale della poltrona. Suo padre era morto a quarantotto anni, esattamente in quel modo. Quella descrizione l'aveva colpita. E anche il tono di Cesare. E bravo Doctor House, l'allievo di Robin Hood.

«Ragiona, Kunta» continuava lui. «Nella sfortuna hai avuto la possibilità di sopravvivere. Anzi, di vivere bene per dieci anni. Ma lo sai che di tutti quelli con il tuo tipo di linfoma, sei quella che è sopravvissuta più a lungo fra i miei pazienti? E poi pensa ai tuoi familiari. Non ci pensi a loro? Pensa a lui.» E indicò me.

Ecco, pensa a me.

«Ti ha sempre curato anche quando lo allontanavi.» disse Cesare.

Eh già, Robin Hood non lo allontani mica così.

«E c'è sempre stato» continuò. «Anche adesso, nonostante quel che gli è successo. Ha sacrificato la sua carriera per te e i figli.»

E che cavolo di carriera potevo fare più di quella che avevo già fatto?

«Lui non può ricordarselo e, conoscendoti bene, non so cosa tu gli abbia raccontato, ma non se lo merita. Né lui né i tuoi figli.»

Grazie, Doctor House.

«Cazzo, Kunta!» esclamò. «Tutte le volte dobbiamo fare queste sceneggiate napoletane?»

Si guardarono in cagnesco, come se fossero loro due marito e moglie. Restarono quasi un minuto così, senza dire una parola.

«Va bene, farò la chemioterapia, ma il trapianto no» disse Kunta alla fine.

Cesare sorrise. «Cominciamo con quella, e poi, siccome sono convinto che anche questa volta andrai in remissione, ripeteremo l'ennesima sceneggiata, simile a quella di stasera. Ti convincerai anche tu che il trapianto di midollo, il tuo midollo, sia l'unica possibilità reale.» Batté piano una mano sulla scrivania, come se stesse per alzarsi. «Ne sono più che sicuro.»

Mi sentivo un po' stranito, come quel fantasma che credevo di essere ogni tanto, tornato nel mondo per proteggere i sopravvissuti. Però ero soddisfatto di come era finita. Si fa così con i pazienti recalcitranti. Robin Hood avrebbe fatto proprio così.

La settimana dopo Kunta cominciò la chemioterapia. Perdeva i capelli e mi disse che questa volta voleva prendersi una parrucca.

«Mi cadono a grappoli» si lamentò. «Guarda.» Si passò delicatamente la mano in testa e le rimase una ciocca tra le dita. «Non bastano i foulard. Non voglio più fare la sorella piccola di Moira Orfei.»

Andammo in un negozio. Ci accolse una signora di mezza età, vestita come una parrucchiera. Anche lo spazio in cui entrammo, al pianterreno di un anonimo palazzo anni Cinquanta, doveva essere stato un locale di coiffeuse.

«La cliente sono io. Vorrei acquistare qualcosa di simile ai capelli che ho in testa ancora per poco» disse Kunta in imbarazzo.

La signora sorrise. «Non deve sentirsi a disagio, signora. Ammalarsi non è colpa di nessuno. Sa perché faccio questo mestiere? Perché ci sono passata anch'io. Da allora i capelli ho smesso di tagliarli e ho cominciato a venderli.»

La fece accomodare su una poltrona vintage con davanti uno specchio d'epoca. Se anche fosse stata una bugia, l'aveva detta proprio bene. Notai che mia moglie era meno tesa.

La signora tornò con alcune parrucche molto diverse fra loro. Kunta ne provò un paio e poi ne scelse una con una lunghezza intermedia, né troppo lunga, né troppo corta. Anche il colore era simile a quello naturale dei suoi capelli.

«È sintetica» spiegò la signora «così la può lavare quando vuole. Il capello naturale è molto più delicato. Visto che lei la deve tenere addosso tutto il giorno, credo proprio sia la scelta migliore.»

Uscì con la parrucca in testa. Aveva paura che se ne accorgessero tutti. Quella sera c'era una nostra vecchia amica a cena, Gemma, con cui eravamo in contatto sin dai tempi dell'università, trent'anni prima. All'epoca avevo chiesto al professore della clinica tisiologica, che frequentavo come interno, di fare una tesi sperimentale sugli antibiotici. Mi avevano mandato nel laboratorio di batteriologia. Lì avevo incontrato Gemma. Mi avevano affidato a lei, che si era appena laureata. Avevamo cominciato a lavorare allo stesso bancone, tra batteri e antibiogrammi. L'avevo invitata a cena per farle conoscere Kunta e da allora erano diventate molto amiche. I bambini la chiamavano zia. Ma questo doveva essere ai miei tempi. Eravamo andati due volte in vacanza a casa sua, a Cisternino, in Puglia. L'ultima nell'estate del 2000, l'anno scorso della mia memoria.

Quella sera facemmo la prova con lei. All'inizio non le dicemmo che Kunta aveva la parrucca. Gemma non si accorse di niente, le fece addirittura i complimenti per il nuovo parrucchiere. Io le guardavo chiedendomi se tutto questo aveva un senso, questa disperazione vischiosa che provavo sulla mia pelle, questa dolente dolcezza che mi sprofondava nel cuore, mentre le loro voci crepitavano fino agli angoli della stanza.

Alla pena si accompagnava la consapevolezza amara che il mondo e la vita si restringevano solo a quello, a sopravvivere, spazzando via tutto il resto, diventato improvvisamente trascurabile.

Guardai Kunta che andava in cucina a prendere il dolce. Ma che cosa ci stava succedendo?

Mi ero sbagliato quando era morto mio padre. Non era vero che ero rimasto solo. A scendere sempre più in basso, nei gironi infernali del mio dolore, purtroppo ero in buona compagnia.

Avevo dentro una stanchezza infinita.

«Chissà dove l'ha nascosta» mormorai tra me e me, girando per le stanze della mia infanzia, fra i colori sbiaditi della tappezzeria e le mattonelle consumate del corridoio. Mi veniva da piangere. Ma non per i ricordi, o per l'emozione di rivedere questa casa ormai vuota per sempre, abbandonata anche dall'ultimo inquilino: mio papà. Mi veniva da piangere perché mi ero arreso. Non ce la facevo più. Se una parte di me era morta, ora che ero sempre più solo e che rischiavo di perdere anche Kunta, potevo andarmene per intero, senza più oppormi ai pensieri che mi avevano perseguitato in tutti quei mesi, come nella poesia di Cesare Pavese: «... questa morte che ci accompagna / dal mattino alla sera, insonne, / sorda, come un vecchio rimorso / o un vizio assurdo. ... Scenderemo nel gorgo muti».

L'avevo voluta tante volte dopo l'incidente, ma senza crederci. Il giorno che mi ero avvicinato di più alla morte era stato il 25 ottobre 2013, il primo 25 reale della mia nuova vita, da quando cioè avevo perso la memoria: nel 2001 era stato il compleanno di Tommaso, quando gli avevo comprato i pasticcini da portare a scuola, e adesso era diventato il giorno più terribile, in cui mi ero dimenticato persino di quella ricorrenza.

Non so se lo facessi perché, davanti a quella scuola, nel mio buco nero erano stati inghiottiti anche i miei figli, o perché ogni ricordo ormai era diventato trascurabile. Sinceramente non riuscivo a capirlo. In ogni caso, come in un appuntamento ineludibile del destino, mi stavo convincendo davvero che spararmi un colpo di pistola in testa sarebbe stata una soluzione possibile.

La pistola l'avevo. Era quella che mio padre teneva nascosta da qualche parte in casa. Quel giorno papà era stato ricoverato per problemi cardiaci, conseguenza finale di un'infezione alla valvola mitralica contratta quando era stato deportato in un campo di concentramento dopo l'8 settembre 1943. Sarei andato a prenderla. Poi era successo che mi aveva chiamato Kunta, che avevo dovuto correre da lei per fare insieme una commissione. E il giorno dopo, quando ero passato a trovare papà, lui mi aveva stretto la mano con le sue dita adunche da vecchio, le giunture rosate e tutte quelle macchioline sul dorso, e mi aveva chiesto di stargli vicino, con una voce esile che doveva aver rotto a fatica il suo pudore, la vergogna di parlare e domandarmi qualcosa assieme alla testimonianza della sua paura. Non gli avevo neanche sorriso. Non ci ero riuscito. Gli avevo tolto la mano lentamente e gliel'avevo posata sulla spalla ossuta, con una delicatezza quasi inusuale fra noi, come se avessi il timore di potergli fare male anche con una minima pressione.

«Stai tranquillo» gli dissi.

Abbandonai in un cassetto il pensiero della morte. Lo tenevo lì, per tempi diversi. Quando ritornava, credevo davvero che sarebbe stato meglio per tutti.

Pochi giorni prima ero stato a Milano per ritirare dei documenti. Alla stazione era venuto a prendermi un amico. «Ti accompagno io» mi aveva detto. Baci, abbracci, e un caffè insieme. «C'è un posticino che lo fanno da Dio.» Quando uscimmo dal bar, lui prese il telefonino e aprì una app, come si usa dire adesso. Io lo guardavo. Non ci capivo niente di quello che stava facendo. «Ecco, la macchina è qui» disse. «Tre minuti a piedi, vedi?»

«Che cosa devo vedere?»

«Guarda» fece lui, mostrandomi il telefonino. C'era disegnata una mappa con delle vie, un puntino rosso e una freccia blu, o forse viceversa, non riesco a ricordare bene tutte queste diavolerie. «Ecco, noi siamo questi. E questa è la macchina» disse lui.

«Ah sì?»

«Certo.»

«E come hai fatto?»

«La vedi?» fece lui tirandomi per il braccio. «È quella Cinquecento rossa. Siamo arrivati.»

«Sì, ma che cos'è? Come hai fatto?»

«È un tipo di noleggio nuovo. Tu dici dove ti trovi e loro ti comunicano se c'è una macchina vicino. La prendi, la usi, la lasci dove vuoi, con le chiavi dentro e te ne vai. Passa un altro che gli serve e se la prende.»

«Tutto con il telefonino?»

«Certo, con che cosa se no? E sai quanto costa?»

«Quanto?»

«Venti centesimi al minuto. Io oggi la tengo mezz'ora, tanto ci basta mezz'ora, no? Fai un po' tu i conti...»

«Sei euro.»

«Hai capito la modernità, Pier? Una volta che impari, vedrai che ti troverai bene. Non potrai più farne a meno.»

«Io farei volentieri a meno di questi aggeggi. Anche se comincio a capirli adesso, sai? Mi sto aggiornando, studio.»

«Non devi studiare. Ci vuole la pratica.»

«Solo che li uso con un incubo che mi perseguita sempre.»

Eravamo fermi davanti alla Cinquecento a chiacchierare.

«Quale incubo?»

«Che questi affari perdano la memoria. Voglio dire, la loro memoria.»

Mi guardò senza sapere se scoppiare a ridere o no.

«Stai facendo autoironia?»

«Nessuna autoironia. Dico davvero. Non so che complesso sia. O forse lo so benissimo. Ho l'angoscia che tutte queste diavolerie perdano la memoria, d'un colpo, tutto quello che gli abbiamo fatto immagazzinare, fidandoci ciecamente di loro.»

«Non esiste. Dammi retta. Fatti una copia dei tuoi file se proprio ci tieni, usa due telefonini, non lo so. Se muore uno, c'è l'altro. Che problema c'è?»

«Lo dici tu. Scusami, ma non viene nessuno a darti la macchina?»

Rise divertito. Quanto gli piaceva stupirmi. Come quei bambini che ti fanno vedere il regalo, convinti di avercelo solo loro. Sembrava non ci avesse dormito la notte. Mi veniva voglia di chiedergli se mi aveva visto ai tempi di Robin Hood. Faceva anche allora il furbo così?

«No. Sta' a vedere» disse.

Fece altri pasticci sul cellulare, che io cercavo invano di carpire. Poi si girò verso di me sorridendo. Qualche secondo dopo la Cinquecento emise uno di quei rumori che fanno le auto quando le apri da lontano.

«Visto?»

Aprì la portiera.
«Che cosa hai fatto?»
«Ho dato le mie coordinate al noleggio.»
«Coordinate?»
«Il mio Pin. Per l'iscrizione. Non devi dimenticarlo.»
«Gli hai dato una cosa per farti riconoscere? È così?»
«Certo. E loro mi hanno aperto la macchina. La modernità è efficienza e rapidità, caro Pier. Sparirà tutto quello che rallenta la velocità, non te ne stai accorgendo? La lentezza appartiene al mondo dei vinti.»
«Io sono lento.»
«Ma non dire cazzate. Sei sempre stato un iperattivo da quando ti conosco.»
Quello doveva essere Robin Hood.
«Dai, sali, è tutto a posto» disse.
La chiave della macchina era già dentro. Ma non era tutto a posto un bel niente. Cosa ci facevo io in questo mondo? Potevo anche studiare tutto quello che volevo per mettermi al passo dei miei contemporanei, ma restavo sempre un alieno, completamente estraneo al loro concetto di esistenza, alla qualità della loro vita, persino alle loro abitudini.

Mi era rimasta impressa una scena che avevo visto all'ospedale di Cremona, una mattina che ero andato a trovare mio padre. Stavo camminando nell'atrio verso gli ascensori quando scorsi un bambino che avrà avuto quindici, sedici mesi al massimo, non stava neppure bene in piedi perché doveva aver imparato da poco a camminare: quel piccolo prese il telefonino dalla mano del padre e compose un numero, immagino per finta – o almeno lo spero – facendo poi di nuovo finta di chiacchierare con qualcuno dall'altra parte della linea.

Non rimasi solo sbigottito. C'era una cosa che mi sconvolgeva più di tutte: quella scena sembrava volermi dire che i bambini di adesso sono diversi da noi, figurarsi da me, nel senso che vengono al mondo già predisposti per le nuove tecnologie, così come, nell'evoluzione della specie, gli uomini impararono piano piano a stare eretti e a camminare su due piedi, a diventare meno forti ma più intelligenti.

Non potevo fare a meno di ripetermi la stessa domanda, come un'ossessione che ti rimbalza nel cervello: cosa ci stavo a fare io in questo mondo? Che senso aveva vivere ora che avevo perso tutti e rischiavo di perdere anche Kunta, che era la mia metà?

Quella mattina andai deciso verso la casa di mio padre. Tra i ricordi della guerra, oltre alle tante storie che mio papà aveva raccontato più ai suoi nipoti che a suo figlio, era rimasta anche una Beretta Parabellum calibro 7.65 con una manciata di proiettili. Io l'avevo già rubata una volta. Era successo quando avevo dodici anni. Ero andato a sparare qualche colpo con gli amici contro i tronchi degli alberi, nei campi lontano da casa. Ma non sufficientemente lontano. Mio padre aveva sentito il rumore degli spari ed era arrivato correndo con una faccia che prometteva brutte notizie già a un miglio di distanza. Figurarsi da vicino.

Dopo quella volta, aveva pensato bene di nascondere la pistola il più accuratamente possibile, così come io avevo nascostc l'umiliazione di quei due ceffoni sul viso ricevuti davanti ai miei amici.

Adesso dovevo cercarla. Chissà dove l'aveva messa quel giorno di quasi quarant'anni fa. Ero arrivato lì abbastanza presto. Dopo la cena con Gemma, avevo passato due giorni di grande angoscia. Sentivo il bisogno di dover chiedere scusa a tutti, ma non ero ancora pronto a farlo con me stesso. Era andata male, non ci potevo fare niente. Mi sono comportato in modo sbagliato – così volevo dire a tutta la mia famiglia – ma perché era tutto sbagliato, perché io ero fuori luogo e non potevamo capirci. Ed era inutile cercare di capire. Chiedo scusa. Spero mi perdonerete.

Quelle parole non le avrei più dette. Le avrei scritte.

Ormai ero deciso. La botta più terribile me l'aveva data la recidiva di Kunta. Il dolore provato era stato così forte da diventare insopportabile, sommato alla mia pena quotidiana. Non riuscivo nemmeno più a farmi passare per la testa l'idea che mia moglie avrebbe potuto ancora essere salvata. L'incorreggibile ottimista era ormai diventato un tenebroso pessimista. Ecco un'altra delle cose che aveva combinato dentro di me l'insopportabile buco nero della memoria.

Mi guardai in giro. «Cominciamo dalla loro stanza» avevo pensato, quella dei miei genitori. Avevo guardato nei comodini traballanti poggiati ai fianchi del letto, dentro l'armadio riempito di vecchi cappotti e dell'unica giacca scura che mio padre indossava sempre per le grandi occasioni. L'ultima volta che gliel'avevo vista era stata la prima domenica che ero tornato a Levata per la messa, dopo il mio incidente. Non ci avevo fatto caso allora. Me ne accorgevo adesso. Povero papà. Ebbi un leggero affanno. Si era messo il vestito buono della festa solo per me.

Cercai anche sotto il materasso, e mi inginocchiai per terra frugando negli angoli più bui sotto il letto. Niente. Vuoi vedere che l'aveva messa nella mia vecchia camera?

Tornai in corridoio e aprii la porta piano, quasi con religiosa sacralità, come se mettessi piede per la prima volta dentro a un tempio. C'ero già stato, nei giorni in cui ero passato a prendere papà per andare in giro assieme o a mangiare in un'osteria, ma sempre di fretta. Non mi ero mai fermato come adesso a guardarla. Non era cambiata molto, da come la ricordavo. Lo stereo, i dischi in vinile, la sciarpa del Liverpool appesa al muro. Mi ero commosso anch'io una volta, a sentire il loro inno, *You'll Never Walk Alone*, «non camminerai mai solo», cantato da tutto lo stadio insieme, a Anfield Road. Era così bello che pensavo fosse una canzone dei tempi dei Beatles e della grande musica di Liverpool degli anni Sessanta. Invece, scoprii che era una canzone molto più vecchia, di un musical americano del 1945. Non importa. È stupenda, roba da brividi. Per questo tenevo quella sciarpa bianca e rossa appesa alla parete.

La prima cosa che feci fu aprire l'armadio. Rovistai con

cura, anche sotto le maglie che non portavo più da secoli, piegate con cura sopra un'asse di legno. Ma non c'era nessuna pistola.

Andai verso la libreria. Iniziai a spostare i libri, i miei libri, quelli di scuola e quelli che mi avevano fatto sognare o che mi avevano appassionato alla lettura. I libri sono quasi come delle persone. Degli amici.

A un certo punto, dietro a una fila di volumi rilegati con spesse copertine di azzurro scuro o verde mare, era comparsa la mia vecchia scatola dei ricordi. Era come un diario per me. Ci mettevo dentro tutte le cose che mi avevano provocato un'emozione particolare. Era una scatola di cartone rinforzato, in stile orientale, di colore rosso con le decorazioni dorate. La tenni fra le mani, chiedendomi se valeva la pena aprire di nuovo un'altra pagina di ricordi. Pensai di no. Però restai fermo. Non me la ricordavo così pesante.

Allora sollevai il coperchio, meccanicamente. Come se lo facessi soltanto per vedere se c'era la pistola nascosta lì dentro. Invece no. C'erano ancora tutti i miei ricordi. Il balsamo di tigre, il pacchetto di sigarette russe, il temperamatite della prima elementare, e tutti gli altri oggetti insignificanti per il mondo, ma fondamentali per me.

Sul fondo, c'era un libro. *Uomini e topi*, di John Steinbeck. Me lo ricordavo bene quel libro. Ci avevo fatto una relazione quando ero in quinta ginnasio. L'unico otto che avessi mai preso alle superiori. Mi misi a sfogliarlo e rilessi le mie annotazioni a margine di pagina. Sull'ultima, in fondo, c'era vergato in veloce calligrafia: «Bell'amico», seguito da diversi punti esclamativi. Mi ricordai di quando e perché l'avevo scritto. Era il mio giudizio morale sull'epilogo della storia. Avevo quindici anni allora. Il protagonista «normale» aveva deciso di uccidere con un colpo di pistola l'amico disabile, per pietà, per evitargli di essere straziato dal resto del mondo. Aveva compiuto un gesto che io nella generosa ingenuità di quegli anni non riuscivo ad ammettere.

Posai il libro e pensai a me stesso. In quel momento io

ero entrambi i protagonisti. Il «normale» e il disabile. E stavo per fare la stessa cosa. Uccidere per pietà. Quando avevo letto per la prima volta *Uomini e topi*, mi ero indignato, con tutta la passione dei quindici anni. «Gli amici non uccidono gli amici. Mai!» Per questo avevo scritto con rabbia quel commento alla fine.

Ma c'era un'altra cosa che quella frase mi aveva rivelato di colpo. L'amico doveva stare vicino e dar forza al disabile, come mi imponeva anche il mio ideale cristiano. E io, anche se mi sentivo travolto dal peso e dalla durezza degli avvenimenti, non potevo mollare da sola Kunta. Avrei tradito due volte. Me stesso e lei.

Non so se quel libro fosse solo un pretesto, e se in realtà la decisione di togliermi la vita non fosse così forte dentro di me. In fondo, forse, stavo disperatamente cercando un appiglio per liberarmi dalle sabbie mobili che mi stavano inghiottendo. Non lo so, sinceramente. Ricordo che ero davvero entrato lì dentro con il serio proposito di farlo. Però ricordo anche che presi la decisione in un attimo.

Rimisi tutto a posto. Uscii velocemente da quella stanza e dalla casa. La pistola non l'avrei più cercata. Quando salii in macchina per tornare a Pavia, accesi la radio per ascoltare il solito cd di Guccini.

Poi, all'improvviso, mi fermai di colpo e feci retromarcia. Tornai su di corsa in casa, attraversai il corridoio, aprii di nuovo la porta della mia stanza. Andai alla libreria e ripresi la scatola. Tirai fuori il libro di Steinbeck e lo portai via con me.

Parte terza

RITORNO AL FUTURO

XXII

Gabriele si rilassò sulla poltrona, mettendosi in una posa sghemba, come se volesse guardarmi bene in faccia, da tutte le parti.

«Bene, bene...» stava mormorando. «Finalmente ti sei deciso, pensavo che avessi cambiato idea.»

Il mio psicoterapeuta aveva il potere di farmi sentire sempre in colpa. Non so se facesse parte della strategia.

«No, ma sai... è stato un brutto periodo...» farfugliai io.

«Be', lo immagino» fece lui, ricomponendosi con un'espressione molto seriosa.

«Molto duro» insistetti.

Stavo cercando di rimettere in ordine me stesso, una fatica improba, visto che avevo sempre cercato di sfuggire a me stesso da tutte le parti. Per prima cosa avevo deciso che dovevo dirgli tutto, e ne avevo di cose da dire. A cominciare dalla scuola e dai miei bambini che ero andato a trovare tutte le mattine senza mai vederli. Mi ero già convinto di venire da lui a parlare anche di questo, ma poi era successa una cosa strana che aveva finito per accrescere la consapevolezza che così non potessi andare avanti.

Un pomeriggio, passato come altri ad aspettare davanti alla scuola che Filippo e Tommaso uscissero in mezzo a quel nugolo di bambini vocianti, a un tratto mi ero sentito chiamare.

«Ciao, Pier. Cosa ci fai qui?»

Mi voltai. Era Claudio, un mio vecchio amico. Uno dei Sì, nella lista fatta all'ospedale di Pavia. Basso, sovrappeso, sorridente e con gli occhi gentili. Mi aveva raccontato che si era sposato, durante il mio buco nero, e che c'ero anch'io al suo matrimonio a fare festa con gli altri. Aveva avuto due bambini, come me: solo che i suoi, adesso, avevano l'età giusta per venire in questa scuola.

«Io? Ho un appuntamento con un amico» risposi molto tranquillo. «Tu, piuttosto, cosa ci fai qui?»

«Sicuro di raccontarmela giusta?»

Il suo sguardo mi trafisse.

«Perché mi parli così?»

Continuava a fissarmi. Capii di essere stato scoperto, e mi sentii sprofondare.

«Sto davvero aspettando un amico...» balbettai.

«Sentimi bene, Pier. I miei due figli vengono a scuola proprio qui. Tutte le mattine li accompagno in macchina. Fin dal primo giorno di scuola ti ho notato davanti al bar a guardare verso l'ingresso. Tutti i giorni. E anche le volte che ho accompagnato mia moglie a prenderli al pomeriggio, tu eri lì.»

Lo guardai smarrito. Cercai disperatamente un punto fisso sopra di lui su cui puntare gli occhi per trovare un appiglio.

«Oggi, che è il mio giorno libero, ho voluto vedere cosa facevi» continuò Claudio, con tono ancora più severo. Ti prego, Dio mio, fallo smettere. Ma lui non si fermava. «Stamattina ti ho seguito e ho visto che tornavi a casa in bicicletta senza incontrare nessuno. Oggi idem. Stavi facendo la stessa cosa. Mi era venuto in mente di parlarne con tua moglie, ma poi ho pensato che sarebbe stato scorretto non farlo prima con te.»

Kunta? Per carità, non era proprio il caso.

«Quindi, vuoi continuare a prendermi per scemo o magari mi spieghi che cosa stai combinando?»

«Non qui, in mezzo alla strada, ti prego» riuscii a sussurrare, abbassando la voce come un cospiratore.

«Entriamo nel bar, allora, così potrò controllare quando i miei figli escono da scuola.»

Quella frase mi perforò il cervello. Quello che per me era finto, per lui era vero. Io ero stato sfortunato. Dovevo rassegnarmi. I miei figli erano scomparsi assieme al mio buco nero, e non li avrei mai più rivisti. Però questo era un problema mio, non suo. E per quanto ci conoscessimo da tempo, non mi sarei di certo aperto con lui. Dovevo raccontargli una storia plausibile, senza approfondire nulla. Qualcosa di sufficientemente emozionante da impedirgli di capire fino in fondo.

«Scusa, ma è complicato» iniziai, quando fummo seduti a un tavolino.

«Provaci.»

Una signorina era in piedi davanti a noi. «Cosa vi porto?» chiese.

«Un caffè» rispose Claudio.

Guardò me. «Va bene» dissi.

«Due caffè» fece lei, puntandomi fisso per vedere se confermavo. Io non vedevo l'ora che si allontanasse. «Sì, sì...» bofonchiai.

«Allora?» fece lui.

Controllai che non ci sentisse nessuno. «Vedi, il discorso è questo. Come sai bene, visto che i miei ultimi ricordi sono di me che sto venendo via da questa scuola, ho creduto che tornare qui mi potesse aiutare. Una specie di seduta quotidiana di fisioterapia mnestica.»

«Mi hai detto l'ultima volta che ne abbiamo parlato che hai uno psicologo che ti sta aiutando. Lui è d'accordo?»

«Certo! L'ho concordato con lui, cosa credi?»

«E allora perché mi hai mentito prima con la storia dell'appuntamento?»

Deglutii a disagio e modificai il tono di voce come si fa quando si sta per piangere e supplicare qualcuno.

«Perché mi vergogno della mia situazione.» Abbassai lo sguardo. Non c'era niente attorno a me che potesse salvarmi. Persino io mi stavo condannando.

«Dai, Pier, non fare così, non è mica colpa tua.»

Sentivo gli occhi inumidirsi per davvero. La ragazza era tornata con i caffè. «Ecco» disse posando le tazzine. Maledizione. Cercai di non guardarla. Per fortuna anche Claudio aspettò a parlare.

Mi posò una mano sulla spalla. «È successo, punto e basta. Capisco che sia complicato. Ma sei circondato da persone che ti vogliono bene.»

«Sì» dissi, come se dandogli ragione potessi riuscire a farlo smettere. Non c'era quasi nessuno nel bar, ma mi sentivo tutti gli occhi del mondo addosso.

«Sapere che stai facendo un percorso condiviso con il tuo psicologo mi tranquillizza» aggiunse lui. «In questi giorni ho temuto davvero che tu fossi uscito pazzo.»

Stavo per diventarlo, se non la finiva.

«Con me puoi sempre parlare, lo sai» disse ancora.

«Sì, hai ragione e te ne sono grato.» Per fortuna mi colse un lampo di lucidità. «Comunque non sta funzionando.»

«No?»

«No. Credo che non ci rivedremo per un po'. Non qui almeno.»

In quel momento mi resi conto che avrei dovuto per forza tornare da Gabriele. Se dirgli tutta la verità o continuare a mentirgli come avevo fatto fino all'ultima volta che ci eravamo visti, dopo che gli avevo portato il referto della Pet, lo avrei deciso in seguito. Dovevo ancora pensarci. Però lo schiaffo ricevuto dopo quell'incontro con Claudio stava cambiando qualcosa dentro di me.

Avevo visto la morte da vicino, avevo pensato seriamente a togliermi la vita, avevo saputo di non avere quasi nessuna speranza di ritrovare la mia memoria e Kunta era di nuovo ricaduta nel suo male. Ma «se tu guarderai a lungo in un abisso, anche l'abisso vorrà guardare dentro di te» diceva Nietzsche. Mi resi conto che non potevo continuare così, che avrei dovuto inevitabilmente cominciare a volgere il mio sguardo da un'altra parte.

Quando tornai a casa, Kunta non c'era. Andai nella mia stanza per continuare gli studi e aggiornare le mie conoscenze informatiche, come facevo tutti i giorni da un po' di tempo a questa parte. Ma questa volta, quando accesi il computer e trovai il file «Pier», decisi di aprirlo. C'era un altro file: «Famiglia». Aprii anche questo, e cominciai a leggere incredulo.

Robin Hood, il grande *dutùr* di Levata, il primario che faceva tutto lui, il grande esperto di medicina, l'alto dirigente di una società scientifica internazionale e il consulente del ministero della Salute, si lamentava perché non riusciva a dialogare con i figli, e ripeteva le stesse cose che Kunta e i miei amici mi dicevano, che mi arrabbiavo anche allora, che i miei figli pensavano solo a divertirsi, che non studiavano mai, che non sopportava la loro aria strafottente, che un giorno o l'altro Savio gli avrebbe fatto un culo così, che tornavano tutte le notti a casa quando lui cominciava a svegliarsi per andare a lavorare, che non avevano valori e l'unico ideale che avevano era quello di non avere ideali. Guardalo lì, l'invincibile Robin Hood, sconfitto nella sua carne. Mandrake, che diventava un qualunque Pierdante nel suo ruolo di padre.

Non provai solidarietà. Una sorta di soddisfazione, questo sì. Nel buco della memoria, dunque, c'era anche una parte di me, un brandello della mia debolezza, un prolungamento del mio passato e del mio presente – finalmente sì, il mio presente –, qualcosa in cui riconoscermi. Almeno in questo, Robin Hood ero io.

Mentre stavo per chiudere il file, lessi una frase che mi lasciò letteralmente di stucco: «Mi sembra incredibile che questi due siano i miei bambini». Ma allora tutto ritornava? Mi vennero i brividi e chiusi di botto lo schermo. Avrei dato qualsiasi cosa per ricordarmi una litigata con i miei figli, perché sono quelle che costruiscono un rapporto. Pensai che la mancanza del ricordo degli scontri avvenuti durante l'adolescenza di Filippo e Tommaso, della rabbia che avevo provato e di tutti i sentimenti che procurano quei confronti, anche i più aspri, fossero il vero motivo del mio rancore verso di loro.

Di colpo cominciai a intuire che le emozioni che stavo provando in quel momento condensavano, in realtà, tutte quelle che sicuramente avevo vissuto nel rapporto conflittuale con i miei figli durante la loro adolescenza. Senza saperlo, avevo ricreato proprio quel conflitto naturale, per accettarli come erano adesso, e sentirmi un padre normale.

Restai impalato davanti al computer. Questa volta avevo cominciato a capire. Se volevo continuare a vivere, dovevo farlo dal 2013. Non avrei più potuto sfuggire la realtà, a maggior ragione adesso che ci stavo trovando un sia pur esile legame. E avrei chiesto aiuto a tutti, per vincere la mia nuova battaglia, anche a Gabriele.

Non avevo chiuso occhio quella notte. Il problema era cosa dirgli e come dirglielo. Mi rilassai anch'io sulla poltrona. Da dove dovevo cominciare? Decisi di iniziare dai miei bambini.

«Sono andato a trovarli a scuola» dissi.

«Non sapevo che i tuoi figli, o come li chiami tu, i tuoi "bambini", andassero ancora a scuola. O forse stai parlando di persone diverse?»

Mi stava guardando in modo volutamente inespressivo. Qualcosa, però, mi riscaldò dentro. Capii che aveva capito. Da quel momento fu tutto più facile, come una diga che si rompe.

«In realtà, quest'estate, ho ascoltato solo la parte malata della mia mente. Ma ora ho deciso di dare ascolto alla parte sana. E voglio raccontarti cosa ho fatto. Tutto quello che ho fatto. Senza più bugie.»

«Bene» fece lui. «Comincia.»

Mi misi a parlare, senza omettere nessun particolare. Mi sforzai di non mentire anche quando mi veniva voglia o quando mi vergognavo di quello che stavo dicendo. Narrai per filo e per segno tutto quello che era successo, come era cominciata e come era finita. Gli dissi del garage, del Gorilla, del Serpente, del lavoro, di Robin Hood, fino alla scelta di aspettare i miei bambini davanti a scuola. Gli confessai anche la furiosa lite che avevo avuto con i miei figli, dopo aver letto il referto che mi condannava.

Lui mi ascoltò senza interrompermi.

«Vedi, anche questa mattina, come tutte le mattine, mi sono alzato presto. Come tutte le mattine, da quando ho smesso di andare di fronte alla scuola ad aspettare i miei figli, sono passato davanti alle loro camere. Ho visto due ragazzi che stanno pagando colpe di cui non sono responsabili.»

Gabriele fece una smorfia come per dire «è vero», restando in silenzio. La notai di sottecchi.

«Ma per quanto io capisca che il mio sia un ragionamento non sano, per me quei due non sono i miei bambini e io non sono il loro padre» continuai. «Non li sento miei. Certo, loro non faranno nulla per venirmi incontro. Ma il problema sono io. È che non provo niente per loro. Nessuna emozione. C'entra qualcosa in questo la mia memoria? Va bene, sì, posso anche riconoscerlo. Questo però non cambia la sostanza delle cose: è come obbligarsi razionalmente a innamorarsi. È impossibile.»

Guardai l'orologio. Avevo parlato ininterrottamente per quasi un'ora. Gabriele si sporse in avanti, mise le braccia con le mani congiunte sulle ginocchia e mi fissò.

«Ti lamenti che hai perso dodici anni di emozioni» disse. «Però, pretendi di usare la ragione. Anzi, pretendi che gli altri siano dei filosofi o dei maghi e usino ragione o emozioni quando fa comodo a te. E ci stai male se non lo fanno. Addirittura ti inventi le cose, per poterci stare male ancora di più. Mi hai detto che almeno con me ora non avresti mentito. Durante il tuo racconto mi sono accorto che avresti potuto farlo. Ma se davvero non lo hai fatto, adesso, non ti senti meglio?»

Era vero. Stavo meglio. Anche fisicamente. Il mio polso era regolare. La mia frequenza respiratoria anche. Non mi sudavano più le ascelle e anche la sensazione di bruciore alla bocca dello stomaco era scomparsa.

Glielo dissi. Poi decisi di continuare, e gli parlai, questa volta però senza soffermarmi troppo su certe espressioni, della lite che avevo avuto con i miei figli dopo il referto.

«Certo che anche tu ci metti del tuo» commentò Gabriele. «Mi ricordo che ti avevo implorato di non uccidere nessun innocente. Mi telefonò tua moglie quel giorno e mi raccontò tutto.»

«Non c'è niente da aggiungere» dissi. «È come hai detto tu. Ho ucciso delle persone. Che fossero innocenti, però, è tutto da vedere.»

Lui mi squadrò con calma. «Adesso basta. Abbiamo detto che la fase delle bugie era finita. Che anche tu ti sentivi meglio dicendomi la verità. Cosa fai? Ricominci da capo?»

«Perché? Non ho mica mentito.»

«Anche tacere è una forma di menzogna, se si tace un peccato o una colpa.»

«E cosa avrei taciuto?»

«Non prendermi in giro. Ora ascoltami bene perché è l'ultima volta che te lo dico. Se hai davvero intenzione di continuare a venire da me, piantala di raccontarmi balle. Non tollero che si offenda la mia intelligenza. Perciò, o mi racconti esattamente cosa hai detto e cosa hai provato, o ti alzi e te ne vai. Sono stato chiaro?»

Mi spaventò il pensiero di non poter più parlare con lui. Questi psicologi possono diventare una droga. Non è che la cosa mi piacesse tanto. Ma allora ne avevo bisogno. E forse non era una droga, a rifletterci bene. Era una sorta di medicina.

«Va bene, resto» dissi, senza fissarlo negli occhi, come un bambino capriccioso che è costretto a ubbidire ai rimproveri degli adulti.

Raccontai esattamente quello che era successo, quasi scandendo volutamente parola per parola, anche le più terribili. Raccontai della furia cieca e poi della rabbia che mi aveva invaso perché non avevo provato emozioni paterne. Alla fine lo guardai e gli chiesi: «E adesso cosa faccio?».

Mi dava un po' fastidio in effetti rivolgermi a lui in questo modo. Mi aveva ridotto davvero a un bambino che deve chiedere consiglio a chi ne sa più di lui. Non era proprio una figura da Robin Hood. Almeno lui apriva un file sul computer e si sfogava lì dentro. Non so perché, ma pensai che i file sono molto più freddi e lontani dei fogli di carta scritti a mano in un diario, con una grafia rivelatrice, come avevo iniziato a fare io dopo l'incidente.

«Prova a cominciare con il chiedere scusa» rispose Gabriele.

Già, come i bambini. Stasera mi sarei presentato in calzoncini corti a tavola, con la testa china. Scusa Filippo, scusa Tommaso, facciamo pace? Possiamo ancora giocare assieme?

«Io?» reagii di scatto.

«Certo che devi cominciare tu» rispose con determinazione Gabriele. Mi sembrò pure arrabbiato. Ma non stava esagerando?

«Be'...» iniziai a farfugliare. Insomma, volevo dirgli, sono pur sempre il padre, no? Nella società in cui ero cresciuto sarebbe il capofamiglia.

«E chi se no?» continuò lui, alzando pure la voce. «Forse non ci siamo capiti. Se non ti imponi di volerti bene, non riuscirai mai a uscirne. E poi, cattolico come dici di essere, il comandamento "ama il prossimo tuo come te stesso" lo dovresti conoscere bene. Applicalo alla lettera e basta.»

«Sull'essere cattolico potremmo discuterne. Sicuramente lo sono stato. Adesso ho qualche problema di relazione con il principale.»

«Non trovare scuse. Il tuo rapporto con Dio sono fatti tuoi. Il tuo rapporto con i tuoi familiari sono anche fatti miei.»

«Posso prendermi almeno qualche giorno prima di farlo?» chiesi, quasi supplice. «Vorrei riflettere bene su cosa dire e come.»

«Vedi tu.»

Insomma, non era così semplice. Non potevo neppure sputtanarmi del tutto. Vestito da papà, come si deve, avrei dovuto trovare le parole giuste, per salvare almeno la mia autorità: ho esagerato un po' e non dovevo farlo, ma voi siete degli stronzi e non sono riuscito a trattenermi. Siccome sono più vecchio e responsabile di voi mi assumo io tutte le colpe. Andava bene così?

Fece per alzarsi. «Adesso ho una visita. È più di un'ora che siamo qui.» Mi alzai anch'io. «Attento, però. Più tempo aspetti e più ci starai male» mi disse.

Prima che uscissi, mi fermò.

«Ah, senti. Ti va di fare i compiti a casa?»

«Cosa intendi?»

«La prossima volta mi porti il manuale d'uso per entrare in contatto con Pier. Le dieci cose essenziali che bisogna fare per relazionarsi con te. Puoi anche scriverle, se vuoi. Hai capito bene?»

«E se non ne trovassi dieci?» gli domandai sarcastico.

«Fatti aiutare dai tuoi bambini.»

Chiuse la porta su quelle parole. Quando tornai a casa i miei figli erano fuori a cena. Meno male. Avrei potuto prendermi del tempo per rispettare il patto con Gabriele. Cenammo solo io e Kunta, senza scambiare molte parole, perché il fatto che avesse telefonato al mio psicoterapeuta per fare la spia non è che lo avessi apprezzato molto. Ma adesso mi rendevo conto che c'erano cose più importanti, come la sua salute, e non era il caso di farle notare, molto seriamente, che non avrebbe più dovuto permettersi di fare una cosa del genere. Ormai, appena le stavo vicino, provavo un afflato profondo e dolcissimo, che mi impediva di relazionarmi con lei con la rabbia che avevo sentito in quei mesi per la persona a me più cara, l'unica cui abbandonarmi, e che invece troppe volte sembrava non capirmi.

Così le dissi, in un impulso di tenera socievolezza, che dovevo chiedere scusa a tutti, ma che non sapevo come fare. «Cosa dici se una di queste sere uscissimo a cena anche per una pizza?» proposi.

Si vede che il mio tono così dimesso l'aveva colpita favorevolmente. Mi parlò a voce bassa, come fanno quelli che si sentono un po' in colpa: «Sai bene che ho parlato con Gabriele». Già, pensai, e non ti vergogni? Ma feci il signore. Restai zitto ad ascoltarla. «Mi ha spiegato alcune cose sulla tua situazione sanitaria che io non avevo capito. Anche perché la tua reazione quel giorno ce l'aveva impedito. Ma non sei solo tu che devi chiedere scusa.»

Ecco, sembrava anche a me. Mi sentii meglio.

«Anche per me è difficile accettare quello che è successo. Figurati per i ragazzi. Una spiegazione seria e pacata, però, la devi anche a loro. Io ci vengo volentieri e sono convinta che verranno anche loro. Basta chiederglielo.»

Già, bastava chiederglielo. Scrissi a mano due messaggi identici, che lasciai in ciascuna delle camere dei miei figli: «Non ho trovato altro modo per scusarmi con voi che invitarvi a cena venerdì sera. Si esce di casa alle venti. Vostro padre». Quasi mi tremò la mano nello scrivere le ultime due parole.

Restai da solo in salotto. O meglio, io e il gatto. Mentre lo accarezzavo presi una decisione importante. Quello sarebbe stato l'ultimo giorno in cui avrei scritto il mio diario. Ormai la sua funzione era finita. L'avevo cominciato per il terrore di svegliarmi e non ricordarmi le cose successe il giorno prima. L'avevo continuato con la scusa di fare esercizi con la mano destra. Mi ero illuso che scrivere le mie emozioni tutti i giorni fosse catartico. E così era stato.

Adesso presi un foglio bianco e cominciai a scrivere il compito che mi aveva assegnato Gabriele. Le dieci cose che bisogna fare per relazionarsi con me.

MANUALE D'ISTRUZIONI

1 Guardarlo negli occhi.
2 Ascoltarlo in silenzio.
3 Lasciarlo finire di parlare.
4 Stimolarlo con problemi complessi.
5 Accettare le sue fughe.
6 Lasciarlo lavorare con le mani.
7 Rispettare il suo ordine mentale.
8 Non mostrargli compassione.
9 Chiedergli come sta dentro.
10 Non avere timore di lui.

Avevo scritto tutto di getto, senza alcuna correzione. Piegai il foglio e lo infilai tra le pagine del diario. Poi mi distesi sulla poltrona e rilessi tutto il diario, dall'inizio alla fine, partendo da quella pagina che avevo scritto la notte del 4 giugno con la lampadina accesa e l'infermiera che mi sbirciava da fuori. Feci di nuovo l'alba. Nella sua ansa, incisi con la mente il silenzioso miraggio che stavo inseguendo, la mia rinascita, assieme a quella scandita, tutte le mattine, da ogni giorno del mondo.

Presi tutti i fogli e li chiusi in una busta. Ci scrissi sopra «Diario del buco nero» e li nascosi su un ripiano della mia vecchia libreria, in mansarda.

Aprì la porta e mi accompagnò alla poltrona. «Siediti.» Si mise di fronte a me, tirando un grosso sospiro mentre si accomodava. «Se sei qui è perché mi hai ascoltato» disse Gabriele. Feci segno di sì senza dire una parola.

«Bene, raccontami allora.» Sorrise, piegando appena le labbra in una smorfia di soddisfazione. Io la colsi, con un sottile fastidio che mi faceva venire voglia di tirar fuori qualcosa per umiliarlo. Ma pensai subito che non dovevo più dare retta al mio orgoglio. Se avevo deciso di prendere questa strada, ora dovevo percorrerla fino in fondo.

«Venerdì scorso siamo usciti tutti a cena: io, mia moglie e i miei figli» iniziai. «Ho usato quel giorno per fare la pace.»

Raccontai tutto, cominciando dalla conversazione con Kunta, quando le domandai se andava bene la mia idea per chiedere scusa a tutti e lei mi aveva risposto che ognuno di noi aveva qualcosa da chiarire, che le colpe forse non stavano tutte da una parte sola. Gli dissi che avevo finito di scrivere il diario, che l'avevo chiuso in una busta poi nascosta in mansarda e che anche questo era un segno della mia volontà di cambiamento. Lui avvicinò un attimo le labbra, sporgendole a petali, e io afferrai quella impercettibile smorfia come un consenso. Ma in realtà non mi importava che lui fosse d'accordo. Sul mio cammino, adesso ero da solo, e ci stavo bene. Gabriele, forse, mi aveva soltanto indicato la strada.

Gli spiegai di come all'inizio i miei figli fossero ancora arrabbiati con me, e Kunta allora gli aveva detto qual era la mia reale situazione clinica. Gli citai le parole che io avevo usato per chiedere scusa: «Non mi sono comportato come un buon padre. Ho rischiato di rompere il rapporto con le persone che mi vogliono più bene». E gli confessai anche di aver adoperato le sue, di parole, che mi erano rimaste dentro per tutto quel tempo: «Ho sparato contro degli innocenti che non avevano colpe per quello che mi è successo».

In cambio, aggiunsi, avevo preteso un reale cambiamento nel loro stile di vita. Anche Filippo e Tommaso si erano scusati per non avermi capito. I miei silenzi li avevano spiazzati e inibiti. Mi avevano detto che per loro era stato molto difficile abituarsi a un padre improvvisamente diverso. «È come se ti dicessero che Tex Willer ha dato improvvisamente le dimissioni da ranger. Ci metti un po' a fartene una ragione» aveva detto Filippo.

Poi avevano continuato a chiedermi dell'evoluzione futura delle mie lesioni, ed erano chiaramente preoccupati e spaventati di quello che sarebbe potuto succedere. Non gli dissi che era la prima volta che li avevo visti così. Adesso, a rifletterci sopra, non sapevo spiegare perché. Forse, in una reminiscenza sospesa ancora tra il passato e il presente, tra i bimbi piccoli e i ragazzoni che avevo di fronte, pensai che i figli si sono abituati a vedere i padri, nel loro inconscio, come cavalieri invincibili che superano tutte le malattie per proteggerli. È un compito del papà affrontare gli ostacoli. Lui sa come si fa. Non loro. Un po' poteva essere vero. Anche alla loro età, il padre resta la figura forte della famiglia.

Parlai a lungo, raccontando soprattutto delle mie emozioni e delle mie paure. Mentre parlavo mi ascoltavo. Mi accorsi che stavo usando toni e parole diversi dal solito. E devo dire che mi piacque. Forse ero riuscito davvero a trovare un modo per controllare la rabbia. Ripensai a un vecchio album di Asterix, che avevo letto e riletto ai miei figli quando erano piccoli. Asterix spiegava all'amico Obelix che il coraggio non consiste nel non avere paura, ma nel conoscerla e nel vincerla.

«Bene, Pier. Credo proprio che siamo sulla buona strada.» Gabriele accavallò le gambe, tirando indietro la schiena sulla poltrona. Non avevo ancora finito di parlare, in realtà. C'era ancora una cosa che volevo dirgli, la più importante, perché riguardava il mio futuro e non il mio passato. Ma restai ad ascoltarlo.

«Ti ricordi che cosa mi avevi risposto la prima volta che ci siamo visti?» fece lui.

«A quale delle mille risposte ti riferisci?» sorrisi io.

Lui andò avanti come se non mi avesse sentito. «Be', oggi ho avuto davanti una persona che, con tante difficoltà, sta cominciando a capire cosa significhi essere e fare il padre. E sai che parlo a ragion veduta. Ho due figli anch'io. Avrai ancora alti e bassi, ma ce la farai. Un genitore cambia nel corso degli anni assieme alla crescita dei figli. È evidente che uno non può fare il papà di un bimbo di otto anni come lo fa con un adolescente o con un laureando di ventitré. Tu è come se ti fossi trovato a gestire situazioni diverse, con un salto improvviso di dodici anni, dall'oggi al domani. Chiunque avrebbe incontrato le difficoltà che hai avuto tu. E tu le hai superate pure in fretta.»

«Sai una cosa?» lo interruppi io. «Il fatto di avere una diagnosi, anche se inquietante, mi ha tranquillizzato. Ora so cosa ho. Conosco il mio nemico. Certo, se ti dicessi che sono terrorizzato, minimizzerei. La frase fatta che riguarda la mia condizione è un'altra: almeno so di che morte morire. In parte è vero. Ma è vero anche che mi sta tornando la voglia di divertirmi facendo quello che mi è sempre piaciuto. Il medico.»

Ecco, era questo che volevo dirgli. Stavo davvero cominciando a rinascere, anche dopo tutte le disgrazie che mi erano capitate. Sentivo una forza nuova dentro me, da quando avevo deciso di spostare il mio orizzonte temporale, riallacciando la mia vita dal 2013 anziché dal 2001.

Mi aiutava, in questa convinzione, anche la facilità con la quale apprendevo le nozioni che tutti i giorni mi mettevo a studiare. Era davvero come se riscoprissi la mia anima.

«Sei incorreggibile, ma allo stesso tempo incredibile» disse Gabriele.

«Incredibile è quello che mi è successo.»

«Appunto. Hai appena avuto una diagnosi infausta, hai solo intravisto uno spiraglio nella tua situazione emotiva e familiare e già pensi al lavoro.»

«Ma io sono anche il mio lavoro. È quello che sto riscoprendo.»

«Stai calmo. Non darti fretta. Studia, vai ai congressi, trovati con i tuoi colleghi, ma stai attento. Non precorrere i tempi. Hai visto che il cervello ha il suo ritmo, che va rispettato. Certo, un ottimo sistema per rallentare il fisiologico decadimento cerebrale è quello di tenerlo attivo. Ma con equilibrio.»

«Parli di equilibrio a un demente?» domandai facendo una smorfia. Il fatto è che per la medicina questa era la mia condizione, anche se io in pochi mesi ero già riuscito a imparare perfettamente quello che un giovane con un quoziente intellettivo normale avrebbe fatto fatica ad apprendere.

Gabriele sorrise. Poi si fece subito serio.

«Tu usi spesso l'ironia e l'autoironia per affrontare il mondo» disse. «Ed è un bene, è un'altra delle tue qualità. D'ora in avanti, però, dovrai pesare molto bene chi hai di fronte e stare attento al contesto nel quale sei. Se finora il tuo modo di comportarti poteva risultare simpatico, da oggi potrebbe preoccupare chi ti vuole bene o essere usato contro di te da chi ti vuole male.»

«Non potrò più essere spontaneo?»

«Non ho detto questo. Ti ho solo ricordato di non esagerare.»

«Ti sembra che esageri?»

«Dai, un demente che ai test psicologici risulta più che normale non può non capire quello che ho detto.»

Si tirò su sulla poltrona. «Ho un altro compito da darti a casa per la prossima volta» aggiunse.

«Un altro decalogo?»

«No. Devi fare un riassunto di quello che ti è successo di divertente collegato alla tua professione. Usa come chiavi di lettura le emozioni positive che hai provato nei rapporti con le persone. Passa pure attraverso gli occhi, come ho visto che fai di solito, ma arriva al cuore, tuo e degli altri.»

Lo guardai con aria dubbiosa. «Toglimi una curiosità» dissi.

«Certo.» Adesso Gabriele si era alzato e aveva preso dei fogli dalla scrivania. «Ma tu lo sapevi fin dall'inizio che le cose sarebbero andate così?»

Sorrise.

«Cioè, voglio dire, tu hai condotto i nostri incontri, hai aspettato quando dovevi aspettare, mi hai spinto quando dovevi spingere. Ma era già tutto pronto, tutto scritto? Sapevi che saremmo arrivati a questo punto, perché fa parte del tuo mestiere?»

Si voltò, venendo verso di me. Assunse un'espressione serissima, chinando leggermente la testa. «Non è così semplice» disse.

«Cioè?»

«Vedi, Pier, il mondo di oggi, grazie essenzialmente a internet, tende a essere popolato da enciclopedici superficiali. È un ossimoro, ovviamente. Ma se ti guardi intorno, ti accorgi che è così. Con un altro ossimoro ti dico che a me piacciono gli ignoranti esperti. Quelli che si rendono conto di non sapere tutto. Ma quel poco lo conoscono in profondità. Perché lo hanno approfondito con passione.»

«Ti riferisci a me?»

«In un certo senso sì. Anch'io, un po' come succede a te, faccio sempre più fatica a riconoscere quello che vivo come il mio mondo. In questo senso siamo molto simili. E questa similitudine l'ho colta subito.»

«Ma tu sei interno a questo mondo. Non ti piace, ma ci vivi dentro.»

«È questa la cosa sensazionale della tua storia. Tu eri un estraneo. Eri. Io sin dall'inizio ho colto anche la tua enorme diversità. Quando abbiamo fatto la prima riunione in cui la professoressa Berruti ci ha raccontato del tuo caso, io mi sono offerto immediatamente di farti da terapeuta. Tu eri il paziente zero. Vergine, puro, incontaminato. Un immigrato digitale che veniva catapultato improvvisamente nel mondo dei nativi digitali. Ti ricordi come mi hai detto che ti ha chiamato il tuo amico Giovanni in ospedale?»

«Venerdì.»

«Esatto. E aveva perfettamente ragione. Tu sei stato come il Venerdì di Robinson Crusoe.»

«Sembra eccitarti. Un caso da enciclopedia.»

«Ma tu sei medico, le capisci queste cose. L'aspetto affascinante della tua storia andava al di là del tuo problema di memoria. E ciò che affascina tutti è proprio questo, non ti devi offendere.»

«Io non mi offendo affatto.»

«Tu hai perso la memoria mentre si è verificato un cambiamento epocale. Anche questo te lo diceva Giovanni, no? Aveva ragione. In quale altro periodo della storia è successo qualcosa di simile? Forse la Rivoluzione francese, o la Rivoluzione russa. Ma quelli erano cambiamenti politici. Tu sei finito dentro a uno stravolgimento sociale, economico e di costume che non ha eguali, con i bambini che vanno alle elementari con il telefonino, il lavoro manuale che sparisce e questa invasione digitale che annega tutto e poco per volta ci chiude sempre di più dentro ai nostri fortini. Tra un po' faremo pure la spesa alla televisione. E dentro a questo mondo, tu non sei come il bambino che lo assorbe naturalmente. Tu sei l'unico uomo evoluto, vergine come un primitivo africano. È incredibile. Come fai a non vedere quant'è affascinante?»

«Sembra quasi che mi invidi.»

«Non ti irritare per questo. In un certo senso quello che dici è vero.»

«Io non riesco a invidiarmi invece.»

«Lo so. Tu mi hai chiesto se all'inizio del nostro rapporto sapevo che saremmo finiti qui, e io te l'ho raccontato. Speravo che saremmo finiti qui, è vero.»

«E adesso?»

«Adesso non lo so, Pier. Potresti riconquistare il tuo posto nel mondo, non dico tutto quello che avevi prima. Il tuo posto. Sarebbe una cosa eccezionale. Sarebbe il compimento di un percorso incredibile: il primitivo dell'Africa, l'immigrato digitale che arriva a dirigere il pronto soccorso di un ospedale e non solo. Ma è difficile, Pier. Quasi impossibile. Anzi, oggi è impossibile, te ne rendi conto? È vero quel che hai detto prima, per la medicina tu sei un demente. Io so che non lo sei, ma è così. Da qui in avanti non ti è più permesso commettere un errore, capisci? Non uno. Dovrai fare un passo per volta, dovrai lottare contro tutti, e riuscire a metterti al loro livello di conoscenza, se non sopra. Non devi aver fretta per far tutto questo. Non puoi ottenere quello che vuoi senza essere diventato più bravo di prima, di quello che eri prima. È la legge della tua vita, adesso. Però, vedi, noi siamo cresciuti insieme. Con il tempo ho capito che eri eccezionale non solo per quello che ti era capitato. Tu sei speciale di tuo. Hai un modo affascinante di reagire alle cose.»

«Siamo di nuovo al caso da antologia?»

«Forse sì. Probabilmente usi circuiti cerebrali che nessuno conosce, nemmeno tu. Ma a volte puoi essere anche prevedibile. Soprattutto quando ascolti, come dici tu, la parte malata della tua mente. Lì diventi anche banale, come tutti. Mi capisci?»

«Intendi dire nei momenti in cui sono più normale?»

«Non so spiegare bene. Sono così affascinato da Venerdì, dalla sua storia, che trovo irritante la tua banalità. Non nego che ci siano stati attimi, in quei frangenti, in cui mi è venuta voglia di abbandonarti al tuo destino. Perché io ero attratto inequivocabilmente dall'altro aspetto della tua personalità. Ovviamente, mi sono sempre ricordato qual era il mio compito. Riflettere sui tuoi comportamenti per capire come aiutarti. Mettermi nei tuoi panni, insomma.»

«E l'hai fatto?»

«Sì. E ti confesso una cosa: ogni tanto avrei voluto anche essere te. Entrare nella tua testa e provare quello che provavi tu.»

XXIII

A un certo punto, Filippo si voltò verso di me, mentre con la macchina passavamo tra casoni lungo i binari e frotte di ragazzi in giacca a vento e pantaloni militari.

«Perché mi odi?» disse improvvisamente. Sentii il suo sguardo fisso su di me.

Lo stavo accompagnando a Mortara, ed ero contento di farlo, perché faceva parte della nostra nuova vita. Avrebbe passato il fine settimana nella sede della Croce Rossa, a fare volontariato. Era uno dei segnali che ci davamo, per lasciare intendere quante cose fossero cambiate dopo quella cena rappacificatrice.

Uscendo da Pavia, la strada si perdeva nei prati di erba stentata, scolorita dalla polvere e dai fumi dei tubi di scappamento, dove erano sorti, in tutti quegli anni dimenticati dalla mia memoria, capannoni e palazzi lontani fra i distributori di benzina disseminati lungo la via. C'erano posti, che io e Kunta avevamo percorso quando l'esistenza doveva essere un'irresistibile ascesa, che adesso sembravano essersi nascosti dietro a questo caos, proprio come il nostro tempo.

Quella domanda mi colse alla sprovvista. «Io non ti odio» risposi. «Solo non sopporto il tuo stile di vita. E neanche quello di tuo fratello.»

«Ma se non ci conosci nemmeno. Dovresti saperlo che Tommaso a diciassette anni è stato in una baraccopoli di Nairobi a fare volontariato. Che cazzo ne sai di noi davvero?»

«Parlami di te, allora.»

E lui lo fece, mentre il cicaleccio della radio, che rimandava insieme musica strappatimpani e le dolci canzonette di una volta, ci accompagnava, quasi a voler mischiare anche nelle piccole cose, per un infinito scherzo del destino, il passato e il futuro.

Lo fece cominciando a raccontarmi della ragazza che gli era morta fra le mani tre anni prima, durante la sua attività di volontario proprio con la Croce Rossa. Bisognerebbe sempre aspettare a giudicare le persone, anche quando si crede di conoscerle. Io avevo commesso un altro errore, però: conoscevo i miei bambini, e mi ero rifiutato di conoscere i miei figli.

Mi sentivo un po' in colpa mentre lo ascoltavo. Durante gli Europei di rafting del 2010 si era ribaltato il canotto della squadra nazionale femminile della Serbia.

«Io sono riuscito a salvare da solo due ragazze, ma non l'ultima» mi disse Filippo.

«È morta?» chiesi banalmente, quasi volessi mettere fine al suo racconto.

«Sì» mi disse.

Era la prima volta che mi parlava seriamente di sé. Rimasi in silenzio, aspettando che continuasse, mentre eravamo infilati dietro a giganteschi camion che ansimavano sbuffando e gemendo sull'asfalto, tra insegne luminose e cartelloni pubblicitari. Ma la sacralità del dolore non si confondeva in questo squallore.

«L'ho rianimata per un'ora, fino all'arrivo dell'elicottero. Ma lei è morta dopo due settimane.»

«Hai fatto tutto quello che potevi.»

«Lo so. È questa la cosa terribile.»

«Che non è bastato?»

«Sì. Questa cosa del destino.»

Pensai a me. «Non possiamo fare niente contro il destino.»

Tre anni fa. Era come se lui mi avesse letto nel pensiero. Io non ricordavo. Ma probabilmente sapevo già quel che era successo. «Quando tornai a casa ti raccontai tutto, chiedendoti aiuto» disse.

«Perché dovevi chiedermi aiuto?»

«Perché ero disperato. Non sapevo se avevo fatto le cose giuste, se avrei potuto fare meglio.»

Mi guardò in silenzio. La radio adesso gracchiava con voce indifferente, parlava di Michael Schumacher ancora in coma, che però era guarito dalla polmonite, di un disoccupato che si era ucciso davanti ai suoi figli, di Al-Qaeda che minacciava i turisti di non mettere piede in Egitto. Per un attimo il mondo sembrava tornato al 2001, visto che quelle erano tutte persone che c'erano già al mio tempo. Dissero di Maradona che aveva un contenzioso con il fisco. Anche lui me lo ricordavo. E pure la disperazione di chi è disoccupato c'era sempre stata. Berlusconi era salito al Quirinale tra i fischi e le contestazioni. Ma cos'era successo improvvisamente? Il mondo si era fermato? Una donna che aveva un tumore al seno destro era stata operata a quello sinistro. Di errori, nel mio lavoro, ne avevo visti tanti.

«Vedi papà» disse Filippo, «io ti considero uno dei migliori medici che conosca. Non lo penso solo io. L'ho sentito dire da tanti. Ho stima per te e per quello che sei riuscito a fare sul lavoro. Per questo ti chiedevo aiuto. Mi ero rivolto al medico oltre che a mio padre.»

«E io cosa ti dissi?»

«Che non avevo colpe. Che avevo fatto bene tutto quello che potevo fare.»

«Ti è servito?»

«In parte sì.»

«Perché solo in parte?»

«Perché ci sono cose che non sono più riuscito a dimenticare. Perché quell'esperienza mi ha segnato per sempre. Immagino che nel tuo lavoro ne hai vissute tante di situazioni così, quando cerchi di salvare qualcuno e non ci riesci.»

«Sì, ma è diverso.»

«In che senso?»

«Io sono un medico, questa è la mia professione. Ed è nel conto che uno possa venire da me già condannato. Non possiamo pensare di salvare tutti, siamo psicologicamente preparati, al punto che alcuni di noi vedono il paziente solo come un oggetto, una cosa su cui intervenire per ottenere risultati. Dobbiamo solo cercare di fare del nostro meglio.» Restai in silenzio, mentre giravo a destra seguendo l'indicazione di un cartello. «Come hai fatto tu» dissi.

Provavo una sensazione strana. Non mi ero solo riconciliato con lui. Mi sentivo, finalmente, in pace anche con me stesso.

E qualcosa in quei giorni era davvero cambiato dentro di me. Che fosse in meglio, lo avrei capito solo dopo. Era strano, però, svegliarmi al mattino, e scendere di sotto, nella sala affacciata sulla veranda, abbagliato da questa luce che si levava come una nebbia dai profili degli alberi, pensando al giorno che mi aspettava, e non a quelli che erano andati via. Era solo una banale constatazione. Ma il mio punto di osservazione non era più lo stesso. Non era stato facile. E a pensarci bene, il percorso era obbligato. Adesso mi rendevo conto di essere diverso, di accettare la mia estraneità non come un rifiuto, ma come una semplice condizione di svantaggio da cui partire per avvicinarmi al mondo, anche quello dei miei figli, ed essere accolto.

Era stata decisiva, per me, la volontà di tornare a fare quello che facevo prima, la mia passione per la medicina: se volevo ritrovare il mio posto nella vita, quel passaggio diventava necessario. Dovevo dimostrare agli altri, e anche a me stesso, che ero in grado di farlo.

Anche quel colloquio in macchina sulla strada di Mortara mi era servito. I complimenti di Filippo, e poi il compito che mi aveva assegnato Gabriele: cercare di ricordare le cose che riguardavano il mio lavoro da un punto di vista anche divertente. Avevo pensato a quella volta che ero andato con Ivo e Carlo all'Academy, di cui ero – a mia insaputa – «un membro importantissimo», come mi avevano detto loro. Avevo messo per iscritto l'episodio con il primario del pronto soccorso di Parma, che mi aveva accolto abbracciandomi, mentre esclamava tutto contento che mi trovava benissimo, prima che io gli dicessi: «Grazie. Scusa, ma tu chi sei?». E lui mi aveva mandato affanculo: «Che cazzo di domande fai?».

Quella sera, però, un professore di semeiotica all'università, Alfonso Resta, mi aveva spiegato che io e lui avevamo «messo in pista la più grossa scuola di specialità in medicina d'urgenza d'Italia. E tu sei stato fra i primi a capire che il futuro degli ospedali non universitari, come il tuo, sarebbe stato quello di aprirsi all'università e diventare quello che gli anglosassoni chiamano *teaching hospital*».

Erano cose che non ricordavo, ma mi avevano colpito perché quella sera tutti mi ripetevano la stessa solfa: «Tu sei un valore aggiunto che noi non possiamo perdere. Devi tornare a fare quello che sai fare».

Forse esageravano, però dentro sentivo che un po' doveva essere vero.

Era soprattutto grazie a tutto questo che mi ero convinto a cambiare. Io sono medico, e so anche per esperienza quanto conti uno scopo nella propria vita per recuperare dopo un trauma. Può farti fare miracoli. Se non ce l'hai è l'inizio della fine.

Il risultato era evidente. Mi sforzavo di prendere l'iniziativa, a cominciare dai saluti. Mi sentivo un po' ridicolo, perché le stesse persone che prima evitavo accuratamente, ora ero quasi io a cercarle. Per me non era un problema: sono sempre stato una persona estroversa. Forse lo era per loro, che mi guardavano improvvisamente con una faccia stranita. Si erano abituati ai miei nuovi modi da orso, e ora mi vedevano che gli andavo incontro, con quell'aria amichevole e giuliva da bauscia milanese. All'inizio quasi sbarravano gli occhi: ma che gli è preso a questo? Avrà mica vinto all'enalotto?

E poi, cercai anche di non vedere più né Gorilla, né Serpente, né pazze isteriche. Una sera, a cena, invece di litigare avevamo cominciato a parlare degli anni del liceo dei miei figli. Il discorso era partito da un professore di lettere che era andato in pensione. Io, ovviamente, non ricordavo chi fosse, ma ho sempre amato le materie umanistiche anche se sono finito a fare con molta passione il medico, e così, anche per non rimanere escluso dai loro discorsi, domandai loro che cosa si ricordassero della *Divina Commedia*.

Filippo si illuminò. «Sono le lezioni che ricordo con maggiore gioia» disse.

«Ecco, il solito...» commentò acido Tommaso.

«Pensa» riprese Filippo, «ricordo ancora a memoria il canto V dell'*Inferno*.»

Solo qualche settimana prima avrei preso quella risposta come una provocazione rivolta a me. Pensa che bello, papà, tu hai perso la memoria e io invece ricordo tutto. Invece restai meravigliosamente tranquillo.

«Quello di Paolo e Francesca» dissi prendendo parte al suo sfoggio mnemonico. «Struggente. Vediamo se ti ricordi davvero gli endecasillabi delle terzine incatenate del canto dei lussuriosi.»

«Senti Savio che sfoggio di cultura...» aggiunse un po' stupito Tommaso.

Be', non potevo pretendere che cambiassero di colpo, dall'oggi al domani. Con calma un giorno gli avrei spiegato che «Savio» da ora in poi dovevano ficcarselo in quel posto. Senza arrabbiarmi, con molta serenità. Se lo dici un'altra volta ti do uno schiaffo che il muro te ne dà due. Ma anche questa volta mi sforzai di non percepire nessun retrogusto velenoso. La considerai solo una battuta innocente di un figlio verso un padre. Non molto riuscita – secondo me – ma non cattiva.

Filippo iniziò a declamare i versi. Era proprio bravo. Tranne qualche piccola sbavatura, dimostrava davvero una memoria fenomenale. Pensai che la forza della mia memoria era nel nostro gene. Anch'io ricordavo bene quei versi, e lo accompagnavo dentro di me mentre lo ascoltavo, come si fa a messa quando si ripete sommessamente la preghiera del sacerdote. Era veramente incredibile quel che mi era successo. Il destino aveva colpito probabilmente la mia qualità migliore.

Filippo trasmetteva pure la sua passione. Anche gli altri stavano lì ammirati con le orecchie spalancate. Finché arrivò al punto in cui parla Francesca: «E quella a me: "Nessun maggior dolore / che ricordarsi del tempo felice / ne la miseria; e ciò sa 'l tuo dottore"».

Mi sentii i brividi. Era la mia vita.

Filippo si bloccò e mi guardò. Anche gli altri mi guardarono.

«Scusa, papà» disse con faccia contrita. «Non è colpa mia. Quando ho cominciato non mi ricordavo di questo pezzo. Lo ha scritto Dante più di settecento anni fa. È che sembra proprio scritto per te, adesso.»

«Hai ragione» mormorai. Ero colpito. «"Nessun maggior dolore / che ricordarsi del tempo felice / ne la miseria." Non nego che ascoltare queste parole mi abbia fatto stare male. Perché è esattamente quello che provo da quando mi sono svegliato dopo l'incidente.»

C'era un gran silenzio attorno.

Non so bene se io mi stessi ascoltando mentre dicevo che «sto bene solo quando ricordo il tempo felice, e il resto è davvero miseria. O almeno lo è per me. Ma non è colpa tua, Filippo, e nemmeno di Dante. Non lo è di nessuno. Neanche mia, però».

E non so neppure se i miei familiari mi guardavano. Quelle parole potevo averle dette io o qualcun altro. Era lo stesso. Mi godevo persino il silenzio che c'era adesso, quel silenzio che rende certe situazioni uniche e irripetibili, quando anche il tempo sembra fermarsi.

Cercai il modo di dirlo: «Stasera è la prima volta, in tutti questi mesi, in cui mi sono sentito davvero partecipe di qualcosa, con voi. Mi sono emozionato. Vorrei conservarlo tra i miei nuovi bei ricordi».

Guardai Kunta e sorrisi. Bene, si riparte da qui, pensai.

XXIV

Andai alla cassetta della posta. La busta era indirizzata a me e portava l'intestazione «Istituto nazionale infortuni sul lavoro». La aprii con una sensazione strana, come se temessi di scoprire quello che stavo per leggere: «Il caso viene definito negativamente perché non esiste nesso causale tra l'evento denunciato e la lesione accertata».

Il mondo mi crollò addosso. Tradotto in parole povere, non potevo tornare a fare il primario. In pratica quella lettera diceva: no, guarda, il tuo non è stato un incidente, ma una malattia.

Era la prima dichiarazione ufficiale di guerra, per tagliarmi le gambe: come fa uno che ha avuto un problema di salute come il tuo, non connesso a un trauma, a tornare a fare il medico e a svolgere addirittura un ruolo dirigenziale? Tutto il castello che avevo costruito in quei mesi era venuto giù in un colpo solo, assieme alle mie speranze.

Ma ciò che mi colpiva di più era il fatto che io avevo pensato davvero di non avere problemi su questo fronte, perché come medico ne avevo viste già altre di situazioni lavorative come la mia ed erano quasi tutte finite nello stesso modo, con il riconoscimento dell'«infortunio in itinere», come si dice nel terribile gergo burocratese. Insomma, contavo su questo passaggio, credevo proprio di farcela.

Avevo portato anche la bibliografia sui casi simili al mio

descritti in letteratura. E le relazioni degli esperti che mi avevano invitato a presentare. Allora perché avrebbero dovuto bocciare la mia richiesta di riconoscimento dell'infortunio?

Presi il telefono e chiamai Giovanni Bertelli, che era un consulente del patronato. Lo conoscevo da tempo, poi lui era andato in pensione e l'avevo rivisto lì. Mi aveva fatto un mucchio di feste rincontrandomi e mi aveva ricordato come io lo avessi da sempre aiutato con i suoi problemi di salute. In cambio lui adesso aveva aiutato me nelle faccende burocratiche legate alle morte di mio papà, prendendosi veramente a cuore le mie difficoltà. Ci eravamo visti spesso, in quei mesi. L'avevo preso pure in giro per come si stava dando da fare: «Giovanni, sembra che ci tieni più te di me all'eredità...».

«Perché? Me ne dai mica una parte?» aveva sorriso lui.

Quando lo chiamai adesso, gli dissi velocemente come stavano le cose e gli chiesi un appuntamento.

«Non so cosa dirti, Pier. Se non che faremo ricorso e che lo vinceremo. Certo che sono state proprio delle carogne a farti una cosa del genere, e soprattutto con un collega.»

«Ma ora che cosa faccio?»

«Il problema è che adesso tu non sei più in infortunio, ma in malattia. E questo significa che dovrai contrattare il tuo rientro al lavoro. Sai, sono già passati nove mesi. Se vuoi puoi continuare a rimanere in malattia ma, te lo dice un pensionato, non sei stanco di stare a casa?»

Non è solo che fossi stanco. C'era anche qualcos'altro di più importante. Io avevo voglia di tornare a fare il medico. Mi mancava da matti il mio lavoro. E tutti mi ripetevano che ero bravissimo. Anche quelli con cui non andavo troppo d'accordo avevano finito per ammetterlo. E allora perché non riprovare? Poi però mi rendevo conto delle difficoltà e avevo anche pensato di restare a casa.

Mia madre e mio padre non c'erano più. Con i figli le cose avevano cominciato ad andare meglio. Al pomeriggio la nostra magione diventava praticamente un collegio:

loro si mettevano al piano di sopra a studiare e io a quello di sotto. Ogni tanto scendevano, facevamo due chiacchiere e poi si guardava un film insieme, di quelli che a me erano piaciuti tanto negli anni del buco nero. Ci spaparanzavamo sulle poltrone, con un boccale di birra e le luci soffuse come al cinema. Dopo un po' loro mi chiedevano se me lo ricordavo. Nella vita precedente. «Ovviamente no» rispondevo.

«Però che emozioni provi, che cosa ne pensi?»

Io glielo dicevo e loro si stupivano tutte le volte: «Vedi, avevi detto le stesse cose».

Ma lo stupore più grande veniva quando guardavamo i gialli, che io ho sempre adorato. Riuscivo sempre a indovinare il colpevole.

«È incredibile» diceva Tommaso.

«Perché?»

«Perché non mi ricordo che avessi indovinato quando lo vedemmo la prima volta.»

«Insomma, mi stai dicendo che l'ho già visto?»

«Che l'hai già visto è sicuro. È che sembra quasi che tu lo ricordi.»

Mettiamola così: avvertivo in me una specie di intelligenza aliena. Mi sentivo soggetto a una sequenza di immagini, emozioni e sensazioni che in senso stretto non mi appartenevano. Mancandomi il passato era come se fossi trascinato dentro il futuro.

In apparenza, sembrava la stessa cosa che mi succedeva con lo studio. Se vogliamo scomodare Platone, l'anima o gli psicologi di un secolo e mezzo fa, una risposta forse l'abbiamo già trovata. Ma non è detto che sia quella giusta. Soprattutto non adesso che dovevo riappropriarmi della mia professione e prepararmi ad affrontare i soloni della medicina. Non dovevo assolutamente farmi distrarre da informazioni non strettamente scientifiche.

Partiamo da un dato. Il cervello è un computer chimico. Per capire bene quel che poteva essermi successo avevo approfondito gli studi in materia. Come quelli dello scienziato Philip Ball, il quale aveva spiegato come «le interazioni fra i neuroni che formano i circuiti del cervello sono mediate da molecole, i neurotrasmettitori, che attraversano le sinapsi», ossia i punti di collegamento fra le cellule nervose. Partendo da qui, bisogna davvero ammettere che questa chimica della mente trova forse il livello più straordinario proprio nel funzionamento della memoria, in cui principi e concetti astratti sono impressi «negli stati di una rete neurale mantenuta da segnali chimici».

Ma come fanno gli eventi chimici a creare ricordi duraturi e dinamici al tempo stesso, che possono evolversi e modificarsi persino nel giudizio oltre che nella sostanza, e che quindi sono in grado di essere richiamati, modificati e dimenticati?

Avevo imparato che in verità molte cose ancora non le sappiamo e che quindi, sul funzionamento del cervello e della memoria, non siamo in grado di dare risposte certe di nessun tipo. La scienza, però, ha ricostruito molti di questi passaggi. Adesso, per esempio, sappiamo che ogni aspetto dell'apprendimento è suddiviso in stadi, a breve e a lungo termine, e che le varie memorie, come quella dichiarativa (che riguarda le persone e i luoghi e che era quella che più mi mancava in questa fase), agiscono in modo diverso in differenti aree del cervello. Quella dichiarativa coinvolge l'attivazione di una proteina, l'Nmda, in particolari neuroni, dando vita all'interno del processo a tutti quei meccanismi di aggressione e difesa che caratterizzano non solo la funzionalità del nostro corpo, ma anche la natura del mondo nei suoi diversi aspetti. È il fascino e il mistero della vita.

Così, se determinati agenti biochimici impediscono la stabilizzazione dei filamenti di actina, che si sono formati all'interno del neurone, «il processo può essere azzerato, per un breve periodo, prima che la modifica della sinapsi si consolidi», come avevo letto nei testi sacri di medicina.

Quel computer chimico che è il nostro cervello è davvero in grado di attivare un ingranaggio complicatissimo e quasi perfetto. Ma anche per molti versi sconosciuto. Per esempio, nonostante Platone e tutto il resto, oggi come oggi non esiste ancora una risposta scientifica in grado di chiarire in che modo sono richiamati i ricordi immagazzinati. «È un problema profondo e la nostra analisi è appena agli inizi» ha detto chiaramente Eric Kandel, neuroscienziato della Columbia University e premio Nobel.

Cioè, non me sappiamo quasi niente.

Io me ne rendevo conto ogni volta, anche in quei pomeriggi che passavamo a guardare vecchi film gialli. Per me, la cosa straordinaria era un'altra: il file colpito dal trauma, quello che mi aveva cancellato dodici anni di vita, aveva o no distrutto anche il mio magazzino dei ricordi? O aveva rotto solo quel misterioso tassello che richiama al nostro cervello i ricordi conservati?

Più andavo avanti, più questi passaggi logici approfonditi con lo studio mi ponevano in una condizione nuova, nella quale dovevo riconoscere a me stesso progressi incredibili, oltre che di comprensione, anche di introspezione psicologica.

Stavo meglio, era proprio vero. E potevo anche restare a casa. Le chiacchierate con Gabriele non erano più un salvavita, e non me ne accorgevo soltanto dal benessere che provavo ogni volta che uscivo dal suo studio. Agli inizi erano una tortura, adesso tutt'altro. L'unico problema era la salute di Kunta.

Ecco, fosse dipeso da me, sarei rimasto a casa per lei. Ma era mia moglie che non voleva. Anzi. La recidiva della sua malattia l'aveva resa ancora più scorbutica. Non voleva neppure che io la accompagnassi alle terapie, anche se questo mi feriva nell'intimo.

«Non è con me che devi ricominciare a fare il medico» mi aveva ripetuto un mucchio di volte. «Prima torni al tuo lavoro e meglio sarà per te, ma pure per me. Sarà meglio per tutti, dammi retta. E poi non voglio che mi usi come scusa. Tu stai accudendo la mia malattia, non me.»

Avevo cercato di replicare, opponendomi alla sua analisi. Ma dovevo riconoscere che non aveva tutti i torti.

Così, dopo aver finito di parlare con Giovanni, decisi di prendere il toro per le corna. E chiamai il direttore generale dell'ospedale dove mi ero dimenticato di lavorare.

«Buongiorno, sono il dottor Piccioni.»

«Buongiorno» mi rispose una voce femminile.

«Parlo con la segretaria del direttore?»

«Che piacere sentirla. Come sta?» fece lei, con tono squillante.

«Bene, grazie. Telefonavo per fissare un appuntamento.»

«Di solito vi sentivate sul telefonino senza mai passare da me» rispose la segretaria. «Ha ancora il suo numero?»

Riflettei pure con un certo stupore che in effetti dovevamo essere stati abbastanza intimi, io e il direttore generale.

«No, ma non importa. La prego di fissarmi un appuntamento e poi mi farò ridare il numero del cellulare in quell'occasione.»

La sentii sfogliare un'agenda. Rispose abbastanza in fretta. «Va bene il 10 febbraio alle quindici?»

«Benissimo.»

«Può dirmi l'argomento di discussione, così lo preannuncio al direttore?»

«Il mio rientro al lavoro» risposi.

Quel giorno mi fecero accomodare in una sala riunioni con un lungo tavolo ovale. C'erano quattro persone oltre a me. Ne conoscevo una sola: il direttore generale, ammesso che un colloquio casuale di un minuto accaduto sei mesi prima, quando ero venuto a trovare i miei colleghi e Rosanna me l'aveva presentato, significasse conoscerlo.

«Ti ricordi di loro?» mi chiese il direttore.

Cercai di nascondere a stento l'irritazione. Lo sapeva benissimo che non potevo rammentarmi nulla di quelle persone. E che pure Robin Hood non avrebbe potuto aiutarmi in nessun modo. Cosa me lo chiedeva a fare, allora, con il mio bel buco della memoria?

Risposi sforzandomi di apparire il più carino possibile:

«No, ma sono curioso di ri-conoscerli». Separai il «ri» apposta, per sottolinearlo ancor di più. Tanto per lanciare un messaggio: va bene tutto, ma cerchiamo di non prenderci per i fondelli.

Si presentarono uno dopo l'altro. Erano il direttore sanitario dell'azienda, il direttore amministrativo e il direttore del personale. In pratica, il gotha dei miei capi.

«Abbiamo guardato la tua documentazione, Pier, e ci dispiace di quel che è successo» disse il direttore generale.

Mi faceva uno strano effetto sentirmi chiamare per nome da quello lì. Sorrisi, proprio mentre lui affondava il colpo: «Dobbiamo pensare al futuro, però. Prima il tuo e poi anche quello dell'azienda. In questi mesi abbiamo tamponato la tua assenza chiedendo al primario dell'altro pronto soccorso aziendale di occuparsi di entrambi. Ma non è stato come quando c'eri tu. Ultimamente, intendo prima dell'incidente, avevamo avuto divergenze di opinioni, ma la tua professionalità era indiscutibile».

Me l'avevano detto tutti. E anche lui adesso lo confermava: solo che in questo contesto ci leggevo una sottile forma di rimprovero. Fece una pausa, come per prendere fiato. Poi mi guardò dritto in faccia. «Quindi, la domanda è semplice: tu adesso sei in grado di rientrare come primario del pronto soccorso?»

Non fui sorpreso dalle sue parole così dirette. Avevo sempre apprezzato enormemente le persone che andavano al sodo. La premessa sulla divergenza di opinioni mi era invece piaciuta poco. Nonostante fossi diffidente di natura, provai a rispondere sinceramente.

«Adesso come adesso no, ho bisogno ancora di un po' di tempo. Ma ho studiato e sto studiando come un matto per riempire il buco della mia memoria.»

Il direttore generale mi fissò con uno sguardo da rettile. Un lampo sottile di pochi secondi.

«Sai cos'è la Tavi, o cos'è il Sofosbuvir o cosa sono i Nao?» mi chiese brutalmente.

Mi girai meccanicamente verso gli altri direttori. Quegli sguardi mi trafissero. I loro occhi erano diventati piccoli come fessure e sembrava ghignassero. Sentii il cuore accelerare e cominciai a sudare.

Mia moglie, quando ero uscito di casa poche ore prima, mi aveva detto: «Mi raccomando, Pier, non avere reazioni esagerate. Vai tranquillo che non hai niente da temere. Conviene anche a loro che tu recuperi».

Povera ingenua. Avrebbe dovuto vedermi. All'interno del Colosseo, solo, disarmato e circondato da fiere. E io, coglione, che mi ero fidato. Provai a ragionare e a difendermi.

«I Nao sono i nuovi anticoagulanti orali che stanno rivoluzionando il *follow-up* di questi pazienti. Come Academy of Emergency and Medicine Care, la società scientifica di medicina d'urgenza del cui direttivo faccio parte, abbiamo fatto un *position paper* su come gestire le emergenze causate dal loro impiego. Le prime due cose che mi hai detto, sinceramente, non so cosa siano, ma, a occhio, la prima ha a che fare con la procedura interventistica e il secondo, dal nome, è un antivirale.»

Avrei voluto aggiungere che, vista la velocità con cui apprendevo le nozioni che coprivano il mio buco della memoria, avrei fatto in fretta a mettermi alla pari. Ma gliel'avevo già detto che stavo studiando come un matto e lui per tutta risposta mi aveva fatto una di quelle domande che fanno apposta agli esami quando vogliono stangarti.

Mi guardò con aria di compassione e mi disse gelido: «Non puoi non saperle queste cose, se vuoi fare il primario, almeno nel 2014».

Avevo voglia di prenderlo a pugni. Non so perché mi venne questo impulso. Io non sono mai stato un manesco. Forse perché se lo meritava?

«Ma le sto re-imparando» dissi allora, sottolineando di nuovo il «re». Gliel'avevo già detto prima, no? «Non potrai sinceramente pensare che io possa recuperare dodici anni in pochi mesi. Sto facendo più in fretta di quel che pensavo, te l'assicuro. E poi chi sa tutto di tutto al giorno d'oggi? Non hanno inventato internet per questo?»

«Sì, sì, però il discorso è che tu o sei in grado di ritornare a fare il primario, e ti ho dimostrato che non lo sei, o noi non sappiamo che cosa farti fare.»

Avevo colto una sottile soddisfazione nelle sue parole. Non sembrava per niente a disagio nell'umiliarmi. Be', qualche danno Robin Hood me l'aveva lasciato in eredità. L'avevo capito subito che era un rompicoglioni, che aveva esagerato con quelle sue manie da Mandrake degli ospedali.

Lui giocherellò con una penna tra le dita. «Visto che non possiamo licenziarti, la nostra proposta è quella di mandarti in commissione per farti avere la pensione d'invalidità. Credimi, Pier, lo facciamo soprattutto per te.»

Una bella soluzione all'italiana. Nel nostro paese c'è la fila per avere una pensione d'invalidità. Tu non sei contento? Guarda che bravi che siamo, a te la facciamo avere come premio. Soffocai a stento l'ira: fottuto bastardo! Ma che cosa gli aveva fatto Robin Hood perché lui mi umiliasse in questo modo?

Mi aveva offeso soprattutto la parola invalidità. Ma come? Non avrebbero dovuto garantirmi un rientro graduale, supportandomi nel recupero? Come si permetteva, questo signore – signore? – di giudicarmi, dopo avermi fatto tre domande del cazzo, due delle quali c'entravano poco o nulla con l'urgenza, e quindi con il mio ambito professionale? Perché non mi aveva chiesto che cosa avessi realizzato al ministero della Salute, o come avevo fatto a moderare dei congressi internazionali? Era da quando mi ero svegliato dall'incidente che combattevo contro chi mi trattava da invalido. E ora avevo scoperto che i miei capi erano tra quelli.

«Quindi non potremmo impiegarlo nemmeno al pronto soccorso più piccolo?» chiese il direttore sanitario. Non feci nemmeno troppo caso a quella domanda.

Cominciò una discussione durante la quale io guardavo

chi parlava, ma solo perché seguivo il rumore dei suoni, senza ascoltare e senza nemmeno capire quello che stavano dicendo. A onor del vero, a questo punto, non mi interessava proprio capirli.

«Allora, Pier, cosa ne pensi?» mi chiese a un certo punto il direttore generale.

Mi girai verso di lui, ma senza guardarlo negli occhi. Cercai di connettere cervello e corde vocali.

«La proposta del pensionamento mi ha spiazzato» dissi. «Pensavo di venire a concordare il mio reinserimento. Ho solo due cose da dire: non voglio creare problemi a nessuno e non voglio l'elemosina di nessuno.»

«Non prendertela così, Piccioni» mi disse il direttore generale con modi melliflui. Adesso mi chiamava per cognome. Ormai ero un pensionato, mica un suo collaboratore. «Fidati, è davvero per il tuo bene. A noi importa tutelare la tua persona. Tu qui eri uno importante. Sarebbe deleterio per te ricominciare in un posto dove tutti ti ricordano in un modo e tu non sei più quello. E poi guarda gli aspetti positivi. Per esempio potresti parcheggiare gratis dovunque, nei posti riservati ai disabili.» Mi prendeva anche per il culo. È per quello che in Italia vogliono tutti la pensione d'invalidità. «Adesso comunque dobbiamo seguire l'iter previsto. Parlerò io con il medico competente.»

«Sarebbe anche opportuno che il dottore smaltisca le ferie pregresse, altrimenti le perde» commentò il direttore del personale. «Ho già fatto i conti. Si arriva fino al 4 maggio.»

Il direttore sanitario e quello amministrativo si alzarono, adducendo la necessità di partecipare a una riunione. Mi strinsero la mano e il direttore amministrativo mi diede perfino una pacca sulla spalla. Anche quello del personale mi salutò. Se ne andavano tutti.

«Adesso devo andare anch'io» disse infine il direttore generale. Missione compiuta. Tanti saluti a casa. «Allora restiamo d'accordo che a brevissimo ti facciamo sapere.»

Poi anche lui uscì dalla sala riunioni. Rimasi solo nella

stanza. Mi voltai sulla sedia girevole. Nonostante fossi appena stato sbranato, non c'erano tracce di sangue attorno a me. Chiusi gli occhi e sentii distintamente un odore disgustoso. Una sensazione cattiva e rivoltante che attraversava il mio corpo bypassando il cervello. Aprii gli occhi e mi annusai. L'odore non veniva da me.

Mi alzai e me ne andai. Appena fuori dall'edificio non avvertii più nessun odore sgradevole. Forse perché si era alzato il vento.

Nei due giorni successivi ero tornato a essere quasi quello di prima. Apatico, distante, silenzioso. Ero rassegnato.

Mia moglie e i miei figli mi avevano chiesto notizie dell'incontro e io avevo raccontato quello che era successo senza passione, come se parlassi di un fatto accaduto ad altri, dall'altra parte del mondo. Non riuscii nemmeno più a studiare in quei due giorni. Non lessi libri o quotidiani. Non cercai neppure Gabriele, per avere il solito colloquio con lui o per sfogarmi.

Guardavo la pioggia che scendeva rigando con strisce sottili la finestra affacciata sul giardino. Quando venne il sole, presi la bicicletta e me ne stetti fuori per un tempo lunghissimo, cercando solo di non pensare a niente.

Tutto ciò che avevo conquistato in quell'ultimo periodo era andato perduto d'un colpo. È che da soli non possiamo costruire niente. Abbiamo bisogno degli altri. Pensai che era una buona lezione per il mio futuro da medico. Ma ci misi nemmeno un secondo a rendermi conto che l'unico futuro che avevo era una più o meno bella pensione d'invalidità. Quello che avevo fatto finora, tutti i miei progressi non erano serviti a niente.

Al terzo giorno fui ricevuto dal medico competente, Roberto Ferri, che avrebbe dovuto decidere sulla mia pensione d'invalidità. Mi spiegò che avrebbe richiesto la ripetizione degli accertamenti radiodiagnostici e dei test neuropsicologici e poi mi avrebbe mandato a fare una visita di medicina del lavoro di secondo livello dal professor Gianluca Menti dell'azienda ospedaliera di Bergamo.

«Tutto chiaro?»

«Sì» dissi in un soffio.

«Sai, Piccioni, il tuo è un caso particolarissimo e complicato. Non voglio commettere errori. In primo luogo nel tuo interesse.»

Annuii e ubbidii docilmente a tutto quello che mi veniva detto. Lui mi strinse la mano molto gentilmente, trattandomi con tutta la delicatezza con cui si può trattare un invalido come me. Fosse successo solo due giorni prima, l'avrei mandato serenamente a quel paese. Adesso, invece, lo ringraziai.

Pensai che avrei potuto pure essere contento della trasferta a Bergamo: sarebbe stata l'occasione buona per andare a trovare don Carlo, sepolto nel suo paese natale, a pochi chilometri dalla città. Dovevo abituarmi a fare quelle cose che si fanno in pensione, quando hai un sacco di tempo libero.

Mentre tornavo a casa misi il solito cd di Guccini nel lettore. «Non so che viso avesse...» Le note della *Locomotiva* riempirono la macchina.

E improvvisamente mi scossi. Qualcosa scattò nel mio cervello. La rabbia entrò a valanga e io non mi opposi.

Accostai la macchina e spensi il motore. Scoppiai in un pianto disperato.

Poi mi guardai nello specchietto e mi spaventai. La maschera di rabbia che avevo di fronte ai miei occhi era terrificante. Se non potevo sfogarla contro gli altri, avrei potuto di nuovo ricadere nelle tentazioni suicide e rivoltarla contro di me.

Misi di nuovo in moto. Non dovevo fare così. Significava dargliela vinta. Non ebbi bisogno di darmi troppe spiegazioni. Semplicemente avevo deciso che avrei vinto io la partita. Ma non come volevano loro, non sarei sceso sul loro terreno. Avrei potuto ricorrere contro l'Inail o denunciare per mobbing i miei capi. Probabilmente dopo anni di tribunali avrei anche potuto vincere. Ma non mi interessava, non era quello che volevo. Io non avevo né tempo né emozioni da sprecare in un'aula di giustizia. Il mio tempo lo dovevo impiegare a studiare per tornare a fare il medico.

Pensavano fossi disabile? Bene, li avrei costretti a ricredersi, gli avrei dimostrato che non era vero. L'unica possibilità di fregare la burocrazia è non essere simmetrici, è riuscire a portare la partita sul piano culturale e anche emotivo, due fattori a essa completamente sconosciuti. Non mi consideravano una risorsa degna di investimenti? Con il mio modo di comportarmi, li avrei smentiti.

E poi per me non era solo una questione di passione per il mio lavoro. Che c'era, senza dubbio: io amavo il mio camice bianco. Ma ritornare nel mio ruolo era necessario per riaccreditarmi con il mondo, e indispensabile anche per dimostrare ai miei figli che cosa sarei stato capace di fare. Mi serviva per riottenere la loro ammirazione.

Mi tornò alla mente il primo incontro che avevo avuto con i miei strizzacervelli, la professoressa Berruti e Gabriele. Mi avevano chiesto dove sarei stato disposto a investire la mia dote di trenta denari: sul lavoro o nella famiglia? Avevo risposto senza esitazioni: come papà. Adesso avevo capito che le due cose erano intimamente legate. Io ero l'uno e l'altro. E per poter tornare a fare il padre dovevo anche tornare a essere un buon medico.

Presi il telefono e chiamai il mio amico Carlo. Questi benedetti cellulari fanno risparmiare tempo: basta cercare un nome e schiacciare il tasto verde. Sentivo il suono della linea libera con l'eccitamento delle occasioni migliori. Carlo era assieme a Ivo nel direttivo dell'Academy, dov'ero tornato a qualche riunione e dove avevo incontrato quel Gianfranco che mi aveva fatto le fusa prima che io gli chiedessi come cazzo si chiamava. Più di un volta Carlo mi aveva ripetuto che ero «un valore aggiunto» per la nostra professione che non poteva andar perduto: «Uno come te, con il tuo carattere, è arrivato dov'è arrivato solo per i suoi meriti».

Lui aveva fondato il Centro nazionale di informazione tossicologica, un punto di osservazione privilegiato dal quale monitorare quello che le persone introducevano nel loro corpo, e mi aveva detto che avrebbe avuto piacere di farmi tornare a lavorare da lui, non solo per riprendere confidenza con il mestiere, ma anche per abituarmi a un lavoro molto informatico che avrebbe potuto essermi di grande aiuto per la mia formazione professionale.

Dall'altra parte della linea un cambio di rumore mi fece capire che stava rispondendo.

«Pronto?»

«Ciao, sono Pier. È ancora valida la proposta di venire a frequentare un po' la tua struttura?»

«Certo, anche da oggi.»

«Oggi no, ma domani mattina sono da te alle otto precise. Grazie ancora.» Riattaccai.

D'un tratto mi sentii invincibile.

XXV

«Venga, dottor Piccioni» fece il professor Gianluca Menti venendomi incontro. «Sono il direttore della medicina del lavoro» si presentò assieme al suo melanconico naso. «E questa è la professoressa Sensini, la direttrice della neuropsicologia clinica» disse, poggiandole una mano sul braccio. «Finalmente ci conosciamo.»

Io strinsi meccanicamente le mani che mi venivano porte. Un po' mi tremavano le gambe. Ero entrato in quell'ospedale nuovissimo con una certa agitazione. Quel giorno avrei dovuto sostenere il tanto atteso colloquio di medicina del lavoro di secondo livello, ma non avevo capito bene cosa volesse dire e a quale livello si riferisse. Era per un disabile di secondo livello, o era l'esame di secondo livello? La burocrazia ha questo di incredibile: non ti spiega mai niente. Il suo potere è l'ignoranza. Tu non devi sapere e non devi capire. Fino a quel momento avevo fatto test di ogni tipo, ma nessuno aveva mai parlato di livelli.

Avevo trovato lo studio seguendo le indicazioni. Avevo bussato e mi aveva aperto questo signore poco più vecchio di me, con due baffoni screziati di grigio e gli occhi scuri e accoglienti. Sotto il suo naso importante, mi aveva regalato un bel sorriso, nel senso che era un sorriso convinto. Mi era piaciuto subito, a pelle.

«È un problema passare al tu?» mi chiese.

«Per me va benissimo.»

Mi accomodai, lentamente, volgendo il capo da una parte e dall'altra, verso loro due.

«Il tuo medico del lavoro ci ha spiegato, per sommi capi, quello che ti è successo» disse Gianluca Menti «ma siamo curiosi di ascoltare tutta la storia da te. Se non ti crea problemi, ovviamente.»

«Quanti giorni di tempo ho?»

Il professore sorrise. Io mi tranquillizzai. Se quello era il secondo livello, avrei voluto velocemente passare ai livelli superiori.

Raccontai nel modo più conciso possibile la mia storia, soffermandomi sui particolari tecnici e sorvolando su quelli emotivi e più strettamente privati. Parlai per una ventina di minuti senza essere interrotto. Per chiudere, accennai alla mia ultima esperienza, quella dal mio amico Carlo: «Ho appena finito uno stage di due mesi presso il Centro nazionale di informazione tossicologica, a Pavia. Le mie ferie residue, in pratica, le ho passate lì».

Quell'esperienza mi era servita moltissimo, e devo dire che quando avevo cominciato ci speravo, ma non così tanto. Avevo preso sempre più confidenza con gli strumenti informatici, acquisendo anche tutta una serie di informazioni utilissime sulle medicine e sul mio lavoro. Oltre a Carlo, lì dentro, di quasi miei coetanei c'erano solo Valeria, cioè sua moglie, e Marinella, la segretaria. Il resto della brigata era composto da giovani di belle speranze, motivati e preparati.

Il centro riceveva telefonate da tutta Italia e anche dall'estero. Potevano chiamare sia gli ospedali sia i privati. Io arrivavo presto al mattino, prendevo il caffè con il guardista della notte e ascoltavo le consegne al collega della mattina. Ogni giorno che passava mi accorgevo che le mie conoscenze aumentavano. La mia missione era proprio quella: imparare.

Quei due mesi erano passati molto in fretta, come succede quando stai bene in un posto. Un giorno Valeria, durante una pausa caffè, mi disse che le era scappato di osservarmi, avendo la scrivania proprio di fronte alla mia: «Ci sono stati momenti in cui sembravi completamente assente. Anzi, veri e propri periodi direi, perché a volte duravano parecchie decine di secondi. Ti confesso che ogni tanto mi sono pure preoccupata. Ma cosa stavi pensando quando eri così?».

Le sorrisi. «Non ti devi preoccupare. È da quando mi è successo l'incidente che le persone che mi vogliono bene mi fanno questa osservazione. Non lo so. Non penso a niente in particolare. O perlomeno, e non metterti a ridere, non lo ricordo. Credo che i miei neuroni superstiti abbiano bisogno di resettarsi con maggiore frequenza del normale. Non sono epilettico e, per ora, i test non evidenziano segni di demenza.»

Valeria si fece seria. «Sai, ogni tanto ne parlo con Carlo. Ti stai dando parecchio da fare e stai acquisendo nozioni in modo incredibile. Secondo me, con lo studio, hai già recuperato tutto quello che sapevi prima e ne hai anche aggiunto.»

«Be', in effetti è un po' così, e questa cosa ha stupito anche me.»

Soffiai sul caffè per raffreddarlo.

«Ho pensato anche che tu sia facilitato nell'apprendere perché stai riempiendo il buco delle emozioni con le nozioni» continuò Valeria. «Tu avevi già una mente eccellente, ora sei diventato plusdotato. Ma le emozioni? Quelle non le puoi studiare...»

Era la verità. Non so se ero diventato un plusdotato, e la cosa non mi era neanche passata per la testa. Però, come diceva Gabriele, di sicuro la mia attuale condizione mi aveva fatto attivare circuiti del cervello fino ad allora inesplorati. Ed era indubbio che avessi recuperato una buona parte del mio vecchio sapere e acquisito una mole di informazioni nuove in tempi molto stretti, andando ben oltre qualsiasi mia aspettativa. Solo che, alla fine, era vero che le emozioni le avevo perdute per sempre. E io avrei scambiato tutte le nozioni della mia mente per un'emozione scordata, qualunque essa fosse.

«Analisi perfetta, Valeria. Ma che alternative ho? Tutti i giorni maledico Dio perché mi ha fatto perdere le emozioni, e tutte le sere lo ringrazio per avermi lasciato almeno la ragione. Cosa dovrei fare secondo te? Uccidermi? Uccidere? Sto solo cercando di sopravvivere. Come tutti, del resto.»

Bevvi qualche sorso di caffè.

«Sarà, ma quando ti vedo così, mi scatta un irrefrenabile istinto materno e mi emoziono. Vorrei avere dei superpoteri e risolverti il problema. E poi, al di là di tutto, se tu potessi restare a lavorare qui, saresti una risorsa notevole.»

«Tranquilla. La bacchetta magica, tu, Carlo e tutti gli altri, con me l'avete già usata. Mi sono davvero sentito a mio agio qui. Protetto e sicuro. Non potrò mai ringraziarvi abbastanza.»

Cercai il cestino dove buttare il bicchiere di carta. La guardai dritto negli occhi: «È un peccato che fra qualche giorno vi debba lasciare. Ma il mio futuro non è qui, lo sai benissimo. Io voglio tornare a toccare i pazienti, a guardarli in faccia mentre li visito, ad ascoltarli senza fili telefonici. Mi mancano. In questi mesi ho usato la testa. Ora voglio tornare a usare le mani».

Mentre dicevo al professor Menti e alla sua collega che avevo lavorato due mesi al Centro nazionale di informazione tossicologica, mi era tornata in mente come in un flash la sensazione lasciata da quelle parole dette a Valeria. Io volevo tornare a fare il medico. Ed ero sicuro di essere in grado di farlo. Lo avrebbero capito anche loro?

I due professori si guardarono.

Parlò per primo Gianluca Menti: «Personalmente, sono stupito che tu sia stato mandato da me».

Sentii il mio cuore battere più forte, quasi torcersi in un convulso movimento a spirale, interminabile, come se finalmente la vita si fosse riappropriata della mia anima e del mio spirito ma anche della mia materia, per la prima volta inviando al cervello, con la sua precisione meccanica, frequenze diverse, di impalpabile, eppure reale, euforia. Senza farmi notare tirai un profondo sospiro di sollievo.

Lui stava continuando a parlare: «Il quesito che mi viene posto è se tu possa o meno tornare a svolgere il lavoro che facevi prima. Io non vedo nessun problema».

I battiti del cuore crescevano ancora.

«Certo» disse, rilassandosi sulla sedia dietro la scrivania. «Sarà necessaria una ripresa graduale. Ma di pochi mesi. Magari i pazienti che mi inviano in osservazione fossero tutti come te... Sai cosa c'è di inusuale, dal mio punto di vista, nel tuo caso? Il lavoratore che vuole tornare a lavorare e il datore di lavoro che ha dei dubbi. Di solito è il contrario.»

«Io, invece, dal mio punto di vista ho qualcosa da chiederti» fece la professoressa. «Come sei messo con le emozioni?»

Cercai di controllarmi e sorrisi. Ormai ero a mio agio, mi sentivo bene. Me l'aspettavo quella domanda. In fondo, di fronte avevo pur sempre una strizzacervelli. Le guardai gli occhi verdi indagatori, ma ci colsi qualcosa di accogliente.

«Quanti mesi ho per rispondere?»

Questa volta si misero a ridere tutti e due.

«Bravo, vedo con piacere che sei molto autoironico» disse lei.

Mi chiesi se lo ero sempre stato. O se lo ero diventato di più adesso. Be', facevo fatica a immaginarmi Robin Hood che si prendeva in giro sul serio. Ai miei vecchi tempi, un po' autoironico lo ero, ma non tanto.

«Solo per quello che ho visto, anche per me potresti essere idoneo» aggiunse lei. «Ma sono davvero interessata ad andare un po' più in profondità. Per esempio, come gestisci le emozioni con i tuoi familiari? Da quello che mi hai raccontato ti sei ritrovato due adulti al posto di due bambini.»

Memore dell'incontro con i miei capi, decisi di rimanere guardingo e di non raccontarmi fino in fondo.

«Mio padre e mia madre sono morti. Sono figlio unico.

Con mia moglie qualche volta litigo. Qualche volta del passato, ma più spesso del presente e del futuro. Credo succeda in ogni coppia. Mia moglie mi ha raccontato che tutto sommato sono stato un buon marito. Ogni tanto lei si irrita perché non ricordo. Però, come ripeto a lei, è un problema suo, non mio.»

Lei scarabocchiava qualcosa su un foglio. Non ci facevo caso.

«Non nego, invece, di avere più difficoltà nel rapporto con i miei figli» continuai. «Hai ragione, mi sono trovato davanti due adulti sconosciuti che non posso trattare come tratterei i bambini che mi ricordo. Il tempo che ci metto a pensare che non sono più bambini mi impedisce di essere immediato. È un negoziato continuo e asimmetrico fra me e loro. Fra il mio passato e il loro presente. Loro se ne accorgono e allora può succedere che salti il banco. Poi ci ritroviamo e cerchiamo di incontrarci a un livello soddisfacente per tutti. È complicato, lo so. Per questo mi sta aiutando un terapeuta. Quando parlo con amici che hanno figli coetanei dei miei, però, mi accorgo che i loro problemi nei rapporti familiari non sono poi tanto diversi, indipendentemente dalla memoria.»

Non le dissi che avevo scoperto, cercando sul mio vecchio computer, che anche prima dell'incidente non erano tutte rose e fiori con Filippo e Tommaso. Persino Robin Hood aveva avuto difficoltà.

«È un po' diverso» mi interruppe la professoressa. «Da tutti i test che ti sono stati fatti risulta che tu hai un buon livello di autocontrollo. Il problema è quanto spendi per mantenerlo. Le risorse che noi abbiamo non sono infinite. Soprattutto quelle emotive. Se le bruci tutte in famiglia, cosa ti resta per il lavoro?»

Capii che era arrivato il momento di estrarre l'asso dalla manica: dire semplicemente la verità. O meglio, una parte di essa. Quella che serviva loro, per l'ennesimo test del mio infinito decorso sanitario.

La verità è che io ero guarito, e me lo stavano ripetendo tutti gli strizzacervelli che mi studiavano per lavoro, per passione, o per la casistica, visto che io ero uno dei diciannove esemplari al mondo ai quali il destino aveva strappato un pezzo di vita con una bella botta sul cervello. La verità è che non avevo bisogno di altre visite e di altri test. Avevo una cicatrice, un segmento quasi invisibile, che ormai faceva parte a tutti gli effetti della mia identità e che mi sarei portato dietro assieme alle mie ossa. Ma nel momento in cui avevo accettato di entrare dentro il futuro, io ero tornato a essere un uomo perfettamente normale secondo tutti gli scienziati che mi avevano controllato. E anche secondo me, alla fine. Ero diverso, questo sì, non potevo negarlo, perché non potevo contare sugli stessi lacci che avevano tenuto legate l'esistenza e la personalità di quello che ero io nel buco nero. Avrei detto tutto ciò, avrei cercato di spiegare loro che cosa significava per me essere un altro. Non è una malattia. È la vita. Ma l'avrebbero capito?

«In questi mesi, dal momento dell'incidente voglio dire, per sopravvivere mi sono nutrito di rabbia» dissi. «Per quello che era successo, ma anche per come venivo trattato. Era tutto così ingiusto. Nel momento in cui umanamente e professionalmente avevo raggiunto l'apice, d'improvviso avevo perso tutto. Per certi versi, ero salito così in alto che quando me l'avevano detto non ci avevo nemmeno creduto. Ho constatato con mano che era vero e quella scoperta per me è stata angosciante. Mi sono allontanato dalla fede. Ho pensato di suicidarmi o persino di vendicarmi in qualche modo, dando sfogo alla mia aggressività. Ma poi, piano piano, ho imparato a canalizzare la mia rabbia.»

«E come hai fatto?»

«Con l'aiuto di tanti, certo. Ma soprattutto da solo. Semplicemente pensando che quello che mi succedeva fosse, tutto sommato, un'opportunità. Non è facile, però è vero. Non è solo una banale convinzione che ho voluto inculcarmi dentro. È un'occasione unica, straordinaria, che il destino può averti regalato se la sai cogliere. Quale altra persona ha la possibilità di ricominciare da capo? E non solo con la fama di essere stato un grande e la speranza di poter rifare con successo quella salita, ma soprattutto di poterne compiere altre ancora. No, guardate, non lo dico per dire, ma credo che nel mio bagaglio ci sia molto di più. Ho la certezza che chi mi vuole davvero bene avrà sempre un occhio di riguardo nei miei confronti, anche perché quello che sto facendo può essere eccezionale.»

Mi fermai un attimo, giusto il tempo di lasciare andare il fiume che mi scorreva dentro.

«Non so se mi spiego. Io mi sono accorto che, proprio per quello che mi è successo, chi mi voleva bene davvero ora me ne vuole di più. Così come chi non me ne voleva, sempre a causa di quello che mi è accaduto, cerca di sfruttarlo contro di me. Ho imparato a distinguerli. O meglio, sto ancora imparando. Ho una voglia matta di ricominciare, non di ritornare quello di prima. Quello non tornerà mai più. Ma posso ancora essere meglio di quello di prima. Questi pensieri mi fanno stare bene. E che cosa sono queste se non emozioni?»

Avevo parlato calmo, scandendo bene le parole. Li guardai entrambi e incrociai lo sguardo con la professoressa. Capii di averla colpita. Dentro di me non c'era solo la soddisfazione per questo. In fondo, stavo affrontando un esame, e dovevo superarlo. Era il compito che ero stato chiamato a fare, adesso. Ma c'era qualcos'altro di più importante. Io non avevo mentito a nessuno, non avevo abbellito niente. Avevo detto la verità e senza chiedere aiuto. E questo mi rendeva orgoglioso. Era la mia sfida, ma anche la sfida di un uomo che risorge.

«Mi dispiace non averti registrato» disse la professoressa Sensini. «Avrei avuto il materiale già pronto per quando parlo di motivazione ai miei studenti.» Anche lei era seduta. Si voltò verso il suo collega e poi di nuovo verso di me. «Sto cercando di mantenermi lucida, ma non posso negare che il tuo racconto mi abbia commosso. Sei l'ennesima prova di quanto sia fantastica la mente umana. A qualunque età.» Prese fiato e poi esagerò addirittura: «Complimenti ai tuoi circuiti cerebrali, dottor Piccioni».

E stavano talmente esagerando che mi venne il sospetto che mi stessero prendendo per i fondelli. Per questo non riuscii neanche a ringraziare. Ci mancava solo che adesso mi chiamassero Savio. Una pacca sulla spalla di quelle che ti avvicinano al pavimento, e poi: «Ehilà, Savio, sei grande! Dammi un cinque, bella zio!».

«Io però resterei un po' prudente» intervenne il professor Menti, risistemando un po' il tono di eccessiva apologia che stava prendendo la discussione. «È commovente quello che hai detto. E probabilmente tu sei una persona speciale. Ma proprio per questo ho intenzione di tutelarti. Per quanto mi riguarda, sei assolutamente idoneo al lavoro, ma preferisco che tu ricominci lontano dall'urgenza. Capiscimi bene. Quello che scriverò nella mia relazione, per la tua azienda, sarà che non esiste alcun ostacolo per la ripresa della tua attività lavorativa, ma in modo graduale e, per ora, in ambito organizzativo, scientifico o di formazione. Poi, tra qualche mese, se ti resta questa motivazione, sono convinto che sarai davvero pronto per tornare a fare il medico e anche il primario. Sei d'accordo?»

Che cosa potevo dirgli? Ero entrato lì dentro con il timore che mettessero la firma sul mio pensionamento per invalidità. Non era ancora quello che volevo, certo, perché sentivo soprattutto l'impulso a tornare al lavoro con i pazienti, «a usare le mani» come avevo detto a Valeria. Ma era un primo passo importante, che non mi chiudeva la possibilità, in un futuro più o meno prossimo, di tornare a fare quello che io pensavo di saper fare meglio.

«Assolutamente sì» dissi.

Sorrisero. Almeno loro mi avevano capito. Mancava il resto. E non era poco.

XXVI

Il direttore generale pose i fogli sul tavolo. Aspettò parecchi secondi prima di parlare. Di solito accennava un sorriso, come se volesse metterti a tuo agio o non farti paura, mentre rifletteva. Avevo capito che faceva parte del suo modo di comportarsi. La prima volta mi ero stupito. Quel silenzio mi era sembrato un rimprovero, come se avessi detto o fatto qualcosa di sbagliato. C'era un mio professore al ginnasio che faceva così: restava impassibile, lasciando che l'errore commesso o la cretinata sparata si solidificasse nell'aria, come una fotografia che emerge dalla camera oscura. Poi, quando non potevi più tirarti indietro, ti bocciava o ti sgridava, con quel suo pallore sudaticcio e lo strato di grasso sulle spalle che lo rendevano ancora più massiccio ai nostri sguardi impauriti. Cercava di umiliarti, mentre si passava con calcolata noncuranza una mano fra i capelli bruno ramati, spargendo qualche sorriso beffardo tra le parole di rimprovero.

All'inizio mi era capitato di pensare che il direttore generale avrebbe fatto lo stesso, riportandomi indietro alla mia adolescenza di ginnasiale sfigato. Ma poi diceva cose banalissime, lasciando il mio timore sospeso a metà. Una volta passò qualche lunghissimo secondo e poi fece persino: «Hai ragione». Mi ero convinto allora che fosse solo una tecnica studiata per mantenere una posizione di superiorità con l'interlocutore. Non volevo pensare che davvero dovesse riflettere tutto quel tempo anche solo per dire alla fine che due più due fa quattro. Durante quelle interminabili pause, avevo preso l'abitudine di contare i secondi. Questo stratagemma mi permetteva di non distrarmi. Qualche volta ci voleva più tempo del solito. «Mille e uno, mille e due, mille e tre, mille e quattro...»

«Ho visto quello che hanno scritto i due medici competenti, il nostro e quello di Bergamo» mi disse infine, interrompendo il silenzio, e soprattutto il mio conteggio. «Ma siamo al punto di partenza. Io ho bisogno di un primario al pronto soccorso. Se tu non torni lì, non so cosa farti fare.»

Lo guardai cercando di rimanere il più concentrato possibile. «Quindi l'idea della pensione d'invalidità non è più fra le tue proposte?» dissi.

«Ma no, era solo un'ipotesi» mi rispose lui, distogliendo distrattamente lo sguardo. «Che cosa vuol dire poi...» disse, mentre si chinava sui fogli che aveva davanti, umettandosi le dita per cercarne uno più velocemente. «Che cosa vuol dire...» ripeté, mentre finalmente estraeva quello che gli serviva, «... ecco: "Idoneo temporaneamente a svolgere attività organizzativa, di ricerca o di formazione"?» Alzò gli occhi, interrogativo, come se dovessi dargli io la risposta, ma senza lasciarmene il tempo. «Ricerca. Non scherziamo: siamo un ospedale di provincia, che ricerca vuoi che si faccia qui? Organizzativa. Ma dove?» Cominciai a sospettare perché aveva pensato tanto. Questa volta stava davvero riflettendo. «E formativa poi? Cosa ti mando, alla scuola infermieri?»

Restai calmissimo. «Guardando quanto c'è scritto sul sito aziendale, la formazione mi sembra un'unità operativa che fa un sacco di cose. E poi si occupa di tutti e quattro i presidi dell'azienda. Potrebbe essere molto utile per il mio recupero. Mi permetterebbe di capire come funziona l'azienda nel suo complesso» proposi.

Il direttore generale incrociò le mani sotto il naso, strofinandosi ritmicamente i baffi. Di nuovo silenzio. Bene, ricominciamo: «Mille e dieci, mille e undici...». Al mille e trentanove si scosse. Mi guardò e mi disse: «Presentati qui la mattina del 5 maggio, con comodo, che io arrivo in tarda mattinata. Prima, se vuoi, vai a farti un giro in ospedale. Ti farò sapere a quale unità operativa ti assegno».

«Scusa il ritardo. È tanto che aspetti?» mi disse il direttore generale, dandomi la mano.

«Sono arrivato da poco» risposi mentendo spudoratamente.

Erano le undici del mattino. Oggi si cominciava. Io avevo timbrato alle otto in punto. Poi mi ero recato negli uffici amministrativi per sbrigare le procedure relative al cartellino: in tutto, massimo venti minuti. Sapevo di dover aspettare. Per ingannare il tempo ero entrato nel mio vecchio studio e mi ero messo a leggere un libro. Avevo cerchiato con un pennarello rosso la data di oggi nel calendario: 5 maggio 2014.

Solo verso le dieci e mezzo ero andato nella palazzina della direzione. Quindi, effettivamente, in quella sala d'aspetto c'ero da poco.

«Adesso faccio chiamare il responsabile della formazione e poi ti affido a lui.» Parlò velocemente, come se dovesse fare una gara alle Olimpiadi. «Scusami, ma devo fare un paio di telefonate urgenti.»

Scattò rapido entrando nel suo studio. Mi chiuse la porta in faccia.

Io mi sedetti, di nuovo nell'anticamera, ripresi il mio libro e continuai a leggere. Dopo tre pagine, arrivò nella sala d'attesa un uomo dall'età difficilmente misurabile. I capelli striati di grigio facevano capire che doveva aver passato la quarantina. Il taglio e la piega, al contrario, erano molto giovanili. Anche il viso era contraddittorio. Luminoso, ben curato, senza segni visibili di barba e soprattutto con pochissime rughe. Gli occhi scuri, però, erano profondi, vissuti, e parevano invecchiarlo.

«Ciao, Pier» mi disse spalancandomi un sorriso cordiale e stringendomi contemporaneamente la mano. Era già passato quasi un anno dai giorni del ricovero in ospedale, ma questo volto non era in nessun elenco, né dei Sì né dei No. Contraccambiai la stretta, senza fargli capire che non l'avevo proprio riconosciuto.

Naturalmente lui lo aveva capito benissimo: «Sono Lucio Restagni, il responsabile della formazione. Bentornato».

Dietro di me arrivò un'altra voce: «Bene, vedo che vi siete già presentati». Il direttore generale era apparso sull'uscio. «Entrate» disse, mettendosi da parte accanto alla porta per farci passare. Ci accomodammo tutti e tre nello studio.

Il direttore ci lasciò giusto il tempo di sederci. «Allora, dottor Restagni, come le accennavo al telefono questa mattina, il dottor Piccioni sarà temporaneamente assegnato a lei. Il capo del personale è già informato di tutto e vi aspetta per definire i dettagli.»

«Sì, va bene, ma da me viene a fare cosa?» chiese Lucio. «C'è un programma di reinserimento, un'indicazione aziendale su cosa fargli fare?»

«Di questo ne parlerete tra voi e poi lo comunicherete al direttore sanitario» rispose con aria un po' scocciata il direttore generale. Come dire, fagli fare quello che ti pare, fagli pulire il corridoio con lo straccio o fagli organizzare un corso scientifico che non faremo mai, ma tienimi fuori da queste beghe, per carità, che ho già dovuto fare i salti mortali, perché qui la legge dice una cosa, gli psicologi un'altra e i medici un'altra ancora, e poi è sempre colpa mia. Questo qui, poi, tu non lo conosci bene, ma è un rompicoglioni che te lo raccomando, e se gli torna la memoria si rimette a fare Robin Hood e ci prende tutti per lo sceriffo di Nottingham.

«Bene, quindi siamo a posto» aggiunse frettoloso il direttore generale. Sembrava avesse un petardo infilato nel di dietro. «Sei in buone mani, Pier, vedrai.» Si alzò, cercando di accompagnarci il più veloce possibile alla porta. Anche i saluti lo stavano tenendo sulle spine. «Ci sentiamo» fece a entrambi, stringendoci faticosamente la mano.

La festa di bentornato, chiamiamola così, era durata poco più di un minuto. Fuori, nel corridoio, Lucio mi guardò e scosse la testa.

«Andiamo nel mio ufficio a fare due chiacchiere, almeno mi spieghi che cosa sta succedendo.»

«Sarà dura, perché anch'io stavo per farti la stessa domanda» dissi.

«È allucinante...» mormorò lui. Quindi mi fece cenno di seguirlo. Mentre camminavamo, cominciò a raccontarmi del passato professionale: «Abbiamo collaborato parecchio e molto in sintonia, io e te, in tutti questi anni. Fin dal tuo arrivo hai puntato molto sulla formazione. E i risultati sono stati eccellenti». Continuò a parlare delle varie iniziative che avevamo organizzato insieme. Io lo ascoltavo con interesse. Era educato, forbito, elegante. Traspariva in modo evidente il livello culturale elevato.

Una volta nel suo studio, Lucio mi chiese a bruciapelo: «Senti, Pier, ma tu che intenzioni hai?».

«In che senso?»

«Vuoi riposizionarti come clinico o no?»

«Bella domanda. Piacerebbe saperlo anche a me. In realtà sai che nessuno, a parte te, qui me lo ha mai chiesto?»

«Ah sì, immagino. Me ne sono accorto anch'io durante il colloquio di prima. In pratica, mi pare di capire, la direzione strategica non ha pensato a nessun piano di riqualificazione» disse Lucio. Chissà perché quando si parla in burocratese si sfrutta sempre la terminologia militare: il «piano», la «direzione strategica», la «ricollocazione»...

«Ha stupito anche me, in parte. È come se per loro io non sia più, non dico un primario, ma nemmeno un medico. Comincio anche a dubitare che mi considerino una persona degna di essere aiutata a superare un momento difficile. E non riesco a spiegarmene il perché. Cosa ho fatto di così grave da meritare un trattamento simile?»

Lucio si abbandonò sulla poltrona girevole e cominciò a ruotare lentamente.

«Non hai combinato niente di grave. Hai avuto un solo difetto. Hai detto molti no. E questo, con certi capi, può essere un errore che si paga.»

In pratica scontavo tutto l'interventismo di quel pirla di Robin Hood. Cioè, pagavo la sua assenza due volte: non potevo avere tutto quello di buono che aveva costruito, ma dovevo versare dazio per le sue battaglie. Era un controsenso.

«Comunque» dissi, «la mia idea, se sei d'accordo, è di lasciarmi il tempo di capire come funziona l'azienda. Magari facendomi seguire i corsi di formazione relativi ai problemi del dipartimento di emergenza.»

«Va bene. Fammici pensare un po' su e fra qualche giorno ti consegno un programmino con i controfiocchi.»

Mi accompagnò dal capo del personale e poi mi presentò i suoi collaboratori. Avevo la sensazione di essermi fatto un prezioso alleato. Alla fine del giro di ricognizione mi fece vedere la stanza dove avrei lavorato.

«Ecco, questo è il tuo ufficio» disse aprendo la porta.

Ufficio? Era un buco. Mi domandai persino se riuscivo a starci dentro quando mi allungavo per intero.

«Fino alla settimana scorsa c'era l'ufficio relazioni con il pubblico» aggiunse lui, con aria molto seriosa, come se avesse detto che qui il presidente della Repubblica aveva il suo studio.

La stanza era al pianterreno del palazzo ottocentesco sede dell'ufficio formazione. Più che un ufficio si sarebbe potuto davvero definire un box. Le pareti interne erano pannelli di alluminio e compensato, spessi pochi centimetri.

«Sarai un po' disturbato dalle macchinette distributrici di bevande, che hai appena fuori dalla porta, e dai rumori della sala informatica che hai di fianco» ammise lui. Ma ti pare? Non riuscirò a farmi un pisolino. Pazienza. Era con il lavoro, però, che non avevo ancora capito come avrei fatto a stare lì dentro. Forse Lucio si accorse che lo stavo pensando, perché mi chiese scusa. «Al secondo piano proprio non avevo posti. E poi credo che l'essere un po' isolato non dia solo svantaggi. I nostri uffici sono un porto di mare, mentre tu hai bisogno anche di tranquillità.»

In che senso? Per ritrovare la mia memoria nel silenzio?

Lucio si agitava disperatamente per dimostrare tutta la sua buona volontà. Parlava e allargava le braccia, come a far vedere che ci si poteva muovere benissimo lì dentro. «E comunque puoi sempre salire quando vuoi. In fondo, atletico come sei, non sarà certamente un problema» cercò di convincermi.

La prima cosa che mi colpì fu la finestra. Dava luce in abbondanza e prendeva quasi tutto lo spazio di una parete, ma aveva le sbarre, come d'abitudine nei palazzi ottocenteschi. L'arredamento era composto da una scrivania schiacciata contro il muro, quattro seggiole, di cui una con i braccioli, un mobiletto a rotelle a tre cassetti e un armadio chiuso a quattro ante. Tutto ammassato in uno spazio che si potrebbe definire, con un eufemismo, non troppo largo.

Sui muri c'erano solo due calendari, aperti tutti e due sul mese di maggio 2014. Ne staccai uno e lo sfogliai.

«Ma è casuale o l'avete fatto apposta?» domandai girandomi verso Lucio.

«Apposta cosa, scusa?»

«Questo calendario ha come tema "Madre, terra di emozioni". Ogni mese ha una parola chiave. Leggi qual è la parola del mese di maggio.»

Gli porsi il calendario.

«No, impossibile...» fece lui, agitandosi sempre di più. Mi guardò con aria affranta. «Ti giuro che non ne sapevo niente.»

Il mese di maggio aveva l'immagine dell'occhio di un elefante con scritto a caratteri cubitali: «Memoria». E in piccolo, sotto: «La memoria di un nobile piacere, per breve che sia, si distende, quasi tenda protettrice, su tutta la vita».

Dopo averlo letto, Lucio si girò verso di me, senza riuscire a dire più una parola. Allargò le braccia sconsolato.

Mi sentii male per lui: «Tranquillo, Lucio, sono abituato alle coincidenze. Ho imparato a riderci sopra. Vorrà dire che uno dei due lo terrò sempre aperto sul mese di maggio, così, a futura memoria».

Fissai l'immagine dell'animale stampata sulla pagina. Avevo già trovato il nome a quella stanza. D'ora in avanti sarà la tana. La mia tana.

Nei tre giorni successivi feci la spola per spostare le mie cose dal vecchio studio all'ufficio che mi avevano assegnato. Non ebbi particolari difficoltà. Come avevo già avuto modo di constatare nell'alloggio nuovo – la mia nuova *home* – le mie cose erano ordinate per anno e per argomento. Robin Hood doveva essere un tipo molto metodico e preciso. Un aiuto determinante me lo diede Patrizia, una tecnica del Centro elaborazione dati. Anche lei mi raccontò che avevamo avuto rapporti di lavoro frequenti e proficui. In pratica, quando io avevo un problema informatico la chiamavo e lei me lo risolveva.

Ma guarda. Pure Mandrake ogni tanto si inceppava con queste nuove tecnologie. Glielo domandai con una certa soddisfazione: «Succedeva spesso?».

«No, non spesso. Ogni tanto.»

Patrizia era florida, procace e generosa. Gli occhi marroni sempre attenti e disponibili. Si capiva lontano chilometri che mi aveva voluto davvero bene nell'altra vita. E che me ne voleva anche adesso. Mi sistemò il computer ma soprattutto mi ordinò le mail e il desktop. Fu lei a suggerirmi di organizzarmi come prima: «Tutto quello che facevi lo inviavi via mail e tutto quello che pensavi lo archiviavi sul desktop. Se ti leggi tutto, recuperi ogni cosa. Certo, ci vorrà un po'. Solo di mail, tra ricevute e inviate, saranno più di quindicimila. Ma se la botta non ti ha troppo cambiato, e sei rimasto lo zuccone di prima, ci metterai poco».

La mattina del quarto giorno mi sedetti alla scrivania e aprii il computer. Cominciai a leggere le mail del 2007, il mio primo anno da primario in quell'ospedale. Continuai per un paio d'ore, prendendo appunti per ricordarmi quelle più significative.

A fine mattina, Lucio, dopo la pausa caffè con tutte le sue collaboratrici, quelle che da allora sarebbero diventate per me le «ragazze della formazione», mi invitò a seguirlo nel suo studio.

«Se sei d'accordo, ho pensato che potresti davvero ricominciare a occuparti dei protocolli e delle procedure che riguardano il tuo campo, l'emergenza-urgenza. Vai sul sito dell'azienda, leggiteli e poi fammi un breve resoconto per ciascuno, con punti di forza e di debolezza. Il tuo essere, diciamo, un "neoassunto" potrebbe rivelarsi molto utile. Dalla settimana prossima iniziano i corsi di formazione sul campo proprio su questi argomenti e tu potresti fare da tutor d'aula aggiunto, ti va?»

«Direi proprio di sì. Stavo giusto guardando le vecchie mail e mi sono accorto che avevo iniziato a fare la stessa cosa quando ero diventato primario, sette anni fa. In fondo, *repetita iuvant*.»

«Se continui con questo spirito ci metti poco a tornare quello di prima» mi disse Lucio.

«Io non voglio tornare quello di prima.»

Mi guardò perplesso.

«Io voglio tornare molto meglio di quello di prima» dissi.

Passai le settimane successive a tentare di recuperare il tempo dimenticato. Ogni giorno dividevo le mie ore di lavoro in modo regolare. Avevo organizzato la mia giornata a blocchi di due ore intervallati da dieci minuti di pausa. Due ore di mail, pausa caffè con le «ragazze della formazione», due ore di studio dei protocolli, pausa bagno, due ore di studio personale, pausa pranzo. Di pomeriggio, solitamente, seguivo i corsi di formazione, e quando non c'erano, me ne stavo a navigare sul web, approfondendo i temi medici che mi interessavano.

Qualche volta capitava che la sera uscissi tardi, quando la città si era quasi svuotata nei suoi colori lunari, con i rami spettrali di qualche albero appena potato che pendeva sotto la luce azzurrata dei lampioni, e io passavo fra strade e case che si allargavano verso altre strade e altre case. Se c'era una cosa che continuava ad angosciarmi dal mio risveglio era questa infinita periferia che avevo ritrovato, l'occupazione degli spazi senza confini che sembrava fissare le nostre vite in una confusione di cemento che stava cancellando i perimetri del mio passato. Prima mi sembrava che il mondo restasse immobile, che ci si potesse crescere dentro. Ora mi rendevo conto che il mondo non si fermava mai. Invecchiava come noi. All'inizio facevo fatica. Mi mancavano gli spazi della natura, quelli dell'albero degli zoccoli. Ma adesso mi ci ero abituato.

Sul lavoro avevo recuperato anche le mie divise verdi e i miei zoccoli rossi da medico. Mi ero imposto di indossarli regolarmente, per ricordarmi sempre che cosa desideravo tornare a essere.

Tutti i giorni mi confrontavo con Lucio e mi accorgevo che stavo rimpadronendomi del mio passato professionale. Era una sensazione piacevole, che mi infondeva sicurezza e mi allontanava sempre più dall'angoscia del mio buco nero. Finalmente, avevo dentro di me la prova provata di aver saltato il fosso. Non ero più il padre e il medico del pronto soccorso riemerso dal 2001, da quel 25 ottobre davanti alla scuola di Tommaso con i pasticcini per il suo compleanno, ma l'uomo nuovo che aveva accettato il suo tempo. Niente più sembrava rigettarmi indietro nella nostalgia del passato. Guardavo quello che era già successo solo come un'occasione per capire quello che poteva succedermi adesso e che dovevo essere in grado di affrontare.

A rifletterci bene sopra, questa mutazione era così radicale che non riuscivo neppure a darmi una spiegazione razionale. Era bastato davvero cambiare il modo di pormi di fronte al tempo perché dentro me accadesse tutto ciò? Era stato sufficiente davvero così poco?

Alla fine, volente o nolente, mi rispondevo di no. Stavo risalendo solo perché ero sceso agli inferi. Questa era la verità. Un uomo diventa quello che è per ciò che ha vissuto, non per quello che ha in testa.

Restava il mistero principale. Per una vita ben riuscita, sostiene lo psicologo Marc Wittmann, ha un ruolo decisivo il nostro rapporto con le dimensioni del passato, del presente e del futuro. Ma a me il tempo era stato distrutto, con una voragine dentro che ne confondeva i limiti, un abisso che ne aveva scomposto il senso. Per quale miracolo io, allora, stavo riuscendo a ricomporlo? Era solo la mia volontà, o davvero il mio cervello era stato capace di attivare altri circuiti compensativi del tutto sconosciuti?

In un modo o nell'altro, io avevo una strana forza che mi rinsaldava l'anima. Al termine della giornata, dopo essermi rivestito e aver messo in ordine la scrivania, prima di uscire gettavo uno sguardo d'insieme alla mia tana. Persino questo buco lo sentivo proprio mio, con un afflato amorevole, che mi infondeva uno strano benessere.

Le cose procedevano bene. L'unico particolare che mi stupiva un po' era che, a parte i colleghi della formazione, avevo scarsissimi rapporti con gli altri medici. Non mi aspettavo che frotte di persone mi venissero a trovare, e forse non lo avrei nemmeno gradito troppo. Ma che in un paio di mesi, solo tre colleghi di numero mi avessero cercato, mi sembrava davvero strano.

D'altra parte, quando qualcuno dei miei ex collaboratori era venuto a trovarmi, avevo percepito un misto di rassegnazione e imbarazzo. Diedi la colpa al fatto che facessero fatica a vedermi al lavoro non nel mio ruolo precedente. Magari mi avevano dato per perso. Mi dispiaceva. Ma solo perché non avevano capito che io non ero perso per niente. Nessuno dei miei capi, invece, mi chiamò mai.

In ogni caso non è che io cercassi spasmodicamente il contatto con gli altri. Avevo da fare. Preferivo stare nella mia tana a leggere e studiare.

Anche tornare a casa la sera mi faceva piacere. Le terapie sembravano funzionare su Kunta, e il rapporto con i ragazzi, tutto sommato, si era normalizzato.

Stavo davvero riscoprendo l'armonia tra me stesso e il mondo.

XXVII

Il telefono squillò mentre ero impegnato a mettere ordine fra i miei appunti, rinchiuso disciplinatamente nel mio bugigattolo. Di solito era Lucio che mi chiamava, anche solo per invitarmi a prendere un caffè. Ma questa volta non era lui.

«Ciao Pier, ti disturbo?» disse Ivo. Mi fece piacere sentire la sua voce. Avevo continuato a frequentarlo, andando ogni tanto ai seminari dell'Academy, che mi servivano moltissimo per l'aggiornamento professionale.

Mi misi subito a raccontargli con entusiasmo quello che stavo facendo. «Ma no, figurati. Sto studiando i protocolli sui trasporti interni perché, quando rientro, ho qualche piccola modifica da apportare. Ho un paio di consigli da chiederti, tra l'altro.»

Ci fu qualche secondo di silenzio dall'altra parte.

«Scusami, ma non sai proprio niente?»

«Sapere cosa?»

«Del concorso» mi disse.

«Quale concorso?»

Altri secondi di silenzio.

«Be', forse è meglio che tu lo sappia da un amico, Pier. Sul sito della tua azienda è comparso un avviso pubblico per sostituire, per un anno, il direttore del pronto soccorso assente per malattia. Cioè tu.»

Ci rimasi di sasso. Ero stato io stesso ad ammettere che

non ero ancora in grado di riprendere quel posto. Ma avevo pure detto che intendevo tornarci. Avevo chiesto solo un po' di tempo.

«Pier, va tutto bene?»

«Sì, sto andando sul sito per capire. A me non ha detto niente nessuno.» Ripetei ad alta voce quello che stavo leggendo sullo schermo del computer: «Incarico temporaneo in sostituzione del direttore titolare, assente dalla struttura per un anno».

La cosa che non riuscivo a spiegarmi era perché non mi avessero detto niente.

«Quindi tu non ne sapevi nulla?» insistette Ivo.

«No.»

«Mi sembrava strano, infatti. L'ultima volta che ci siamo sentiti, pochi giorni fa, hai continuato a ripetermi che il tuo recupero stava procedendo alla grande.»

«È così.»

«Quando mi hanno detto del concorso, questa mattina, ho anche ipotizzato che avessi improvvisamente cambiato idea decidendo di non tornare più al pronto soccorso.»

«Ma figurati! L'unico filo conduttore del mio risveglio e del mio buco della memoria è che io amo profondamente quel lavoro. Mi sono convinto che devo esserci proprio portato. Io rinascerò il giorno che tornerò lì.»

«Lo so, lo so. Difatti ho subito realizzato che era impossibile e che comunque me ne avresti parlato.»

«Ma alla burocrazia questo non interessa.»

«C'è scritto sul bando che la delibera è stata fatta il 17 giugno. E c'è anche scritto che l'incarico termina il 29 aprile 2015, fatto salvo il rientro anticipato del titolare. Strano che non ti abbiano coinvolto. In fondo il titolare sei tu.»

«Credimi, sono più di due mesi che sono rientrato al lavoro e nessuno dei dirigenti mi ha mai contattato. Anzi, quelle rare volte che li ho visti da lontano, hanno cambiato direzione, come se volessero evitarmi.»

«Hanno la coda di paglia.»

«Sono ancora incredulo.»

Scorsi le pagine del bando sul mio computer.

«Ma forse sono anche un po' coglione» dissi. «Dovevo aspettarmelo. La prima cosa che ha fatto la mia azienda è stata quella di togliermi l'indennità da primario. Per il mio bene, ovviamente. Ho la sensazione che stiano cercando di fottermi, sempre per il mio bene.»

«Mi dispiace, Pier. Come ti senti?»

«Come vuoi che mi senta» risposi stizzito. «Il fatto di averlo saputo da un amico non attenua l'amarezza. Mi sento impotente. In più c'è il fatto che non ricordandomi il passato, non riesco a spiegarmi il perché. Cosa posso avergli fatto di tanto grave per venire trattato così?»

'Sto cazzo di Robin Hood.

«Non angustiarti e ascoltami. Hai ancora intenzione di tornare a fare il primario di pronto soccorso?»

«Ora più che mai.»

«Allora sai cosa facciamo? Acceleriamo il tuo processo di rientro. Già la settimana prossima siamo entrambi a Roma a finire il lavoro al ministero della Salute. E a tutti gli eventi scientifici ai quali invitano me e gli altri amici dell'Academy, d'ora in poi ci vieni sistematicamente anche tu. I tuoi capi non ti considerano? Nessun problema. Li fregherai con la tua cultura e le tue referenze.»

Appena posato il telefonino, rilessi il bando. Ci ero rimasto davvero male. Non solo per il silenzio dei miei capi. Possibile che i miei collaboratori, o i miei ex collaboratori, tutti quelli che mi avevano sempre mandato all'attacco dei mulini a vento, non avessero saputo nulla? Oppure ero io che non avevo proprio capito. In fondo, da molto prima che rientrassi al lavoro li avevo sentiti più di una volta parlare di un mio possibile sostituto. Ero io che avevo creduto si riferissero a un collega interno. Ero io che avevo sempre pensato che mi avrebbero aspettato.

Decisi di contattare un avvocato. E chiamai Mara Santamaria, che aveva lo studio proprio a Pavia. Avevamo frequentato l'università negli stessi anni, ci eravamo persi di vista e ci eravamo rincontrati mentre stavo facendo uno dei miei soliti giri in bicicletta.

Mara non era in studio. Le lasciai un messaggio spiegandole il motivo per cui la stavo cercando e lei mi rispose il giorno dopo: «Ho chiesto aiuto a un amico che ne sa più di me di diritto del lavoro, lo conosci bene pure tu anche se non te lo ricordi. Ci vediamo domani. Vieni con tutta la documentazione».

L'esperto si chiamava Matteo Marchisio. Era una mia amicizia nata negli anni del buco nero. Mi disse che avevo fatto il presidente di una onlus caritatevole, il Centro di aiuto alla vita, e lui era stato un mio collaboratore. Ancora adesso, tutte le volte che qualcuno si metteva ad aprire il libro dei ricordi di quei dodici anni, restavo sempre un po' sorpreso. Ma come facevo a fare tutte quelle cose? Secondo me, dormivo troppo poco, il che non fa molto bene alla salute.

Matteo mi parlò di qualche serata che passavamo insieme dopo il lavoro e mi disse che io mi sfogavo con lui per i problemi in ospedale. Si vede che eravamo proprio legati. Lo ascoltavo con uno strano senso di colpa. Chissà che effetto fa agli altri rivedere un amico che non può riconoscerti più.

«Da quanto mi hai raccontato e dai documenti che ho letto, direi che ci sono già gli estremi per parlare di mobbing» esclamò Matteo. «Ora si tratta di scegliere la strategia migliore. Tu cosa vuoi fare esattamente?»

Mi facevano tutti la stessa domanda. Anche la mia risposta era sempre la stessa: «Tornare a fare il medico. Senza fare del male a nessuno. Tornare a fare il primario di pronto soccorso».

Avrei dovuto spiegargli che, nell'anno trascorso dal mio risveglio, mi ero così appassionato a questo lavoro, studiando e cercando di ricostruire il mio passato, che era come se l'avessi fatto davvero. Lo so, in realtà l'avevo sempre fatto, ma faceva parte del mio buco nero, non potevo ricordarmene. Invece, parlando con gli altri, leggendo e approfondendo, avevo finito per sentirlo quasi come l'unica cosa che sapevo fare nella vita.

Ma lui non era uno dei miei strizzacervelli. Non gli spiegai niente.

Mara aveva annuito.

«Ti daremo una mano, Pier, ma tu devi ascoltarci» disse Matteo. «L'errore più grande che tu possa commettere è quello di metterti sul loro stesso piano. Utilizza invece il tempo e gli spazi che ti hanno dato per studiare e riprenderti.»

«È quello che sto facendo.»

«Tu continua a farlo. Affidati ai tuoi amici, che ti sostengono, e stai buono. Sul luogo di lavoro tieni un profilo basso e ubbidisci alle indicazioni che ti vengono date. Non importa se ti sembreranno umiliazioni. È evidente che loro ti considerano morto. Be', lasciamoglielo credere. Anch'io sono convinto che, tra qualche mese, il medico di Bergamo non potrà che darti l'idoneità. Documenta tutto, ma non reagire.»

«Spero di essere in grado» dissi alla fine. «Anche perché non ho più altre guance da porgere.»

Venne fatto il concorso e fu nominato il mio sostituto. Nessuno dei miei capi mi cercò mai, mentre io me ne stavo rinchiuso nella mia tana.

Adesso, però, in questa stanza persino un po' triste, che assorbiva dalla finestra solo la luce lattiginosa del cielo padano, non i suoi colori, ero quasi una macchina, come il mio computer. Non vedevo altro attorno se non l'obiettivo da raggiungere. E di una cosa ero perfettamente sicuro: se avessi dovuto restituire qualche parte della mia vita alla volontà capricciosa del destino, l'ultima sarebbe stata proprio questa, il mio lavoro. È che, nel guazzabuglio della mia vita, credo di non aver avuto mai una consapevolezza così forte per quello che stavo facendo e di non aver mai voluto una cosa più di allora.

A volte non mi accorgevo nemmeno del tempo che passavo lì dentro, e solo il bussare della donna delle pulizie, che aveva fretta di finire per andare a casa, mi riportava nel mondo. A fine agosto avevo terminato di studiare tutti i grossi argomenti di medicina d'urgenza presenti nei testi sacri. Mi ero letto anche tutti i documenti e le mail dal 2007 al 2012. E adesso me li ricordavo bene tutti, me ne ero riappropriato. Mi mancavano solo gli ultimi giorni del 2013, quelli prima dell'incidente.

Un pomeriggio di inizio settembre, durante la sistematica lettura delle mail che mi mancavano, ne aprii una inviata al direttore generale. Conteneva un allegato dal titolo *I numeri e il pregiudizio*. Cominciai a leggere. Era il resoconto di quello che avevo fatto, come primario, in tutti quegli anni. Ma mentre la leggevo rimasi basito, non credevo ai miei occhi. Innanzitutto, mi colpiva lo stile. Non sembrava un rapporto di lavoro. Era scritto come un romanzo, con aneddoti, descrizione delle persone, battute e dialoghi, e soprattutto tanta ironia e presa per i fondelli. Pensai che era incredibile. Hai visto Robin Hood, che roba? Nonostante tutto quello che mi avevano detto, doveva avere molta confidenza con il direttore generale, per permettersi di scrivere quelle cose e in quel modo... Io non mi azzarderei a sfottere il mio capo, se non fossi un suo carissimo amico.

Mi tolsi gli occhiali da vista, mi alzai dalla sedia e mi misi a guardare fuori dalla finestra. Era una giornata di pieno sole. Proprio lì davanti c'era un giardinetto chiuso da una siepe, in cui troneggiava una pianta ad alto fusto. Lucertole e insetti si rincorrevano tra le sue foglie piccole, di un verde traslucido, eccitati dalla temperatura. Aprii la finestra. La mia attenzione fu rapita dalle sbarre di ferro dell'inferriata. Mi ci aggrappai con entrambe le mani, come se fossi un carcerato, e quel contatto mi riportò alla realtà.

No, non era possibile che io e lui andassimo così d'accordo. I miei collaboratori, la mia caposala, tutti quanti mi avevano sempre descritto rapporti difficili e molto conflittuali tra noi. Io dicevo di no a ogni sua proposta e a ogni sua direttiva, e mi infuriavo pure, a sentire loro. Com'era stato possibile che gli avessi scritto quelle cose? Chissà poi se mi ha risposto, pensai. Mi ero incuriosito.

Tornai al computer e controllai fra le mail ricevute. C'era la risposta del direttore generale. Poche parole: «Ho letto quello che hai scritto. Niente male. Quando vuoi passa da me che ne parliamo».

Ma che cacchio succedeva nel mondo dimenticato dell'ospedale di Lodi? Un primario attacca e prende in giro il suo direttore generale, e quello gli risponde: «Niente male, vieni qua che ne parliamo e ci facciamo due risate in compagnia»? Anche la risposta era incredibile: se un mio subalterno mi scrivesse cose del genere, lo licenzierei su due piedi.

Avevo sempre pensato che il direttore generale, con tutti i suoi difetti, fosse però un uomo sincero, che ti diceva le cose in faccia, anche se spiacevoli. Con me, in fondo, non aveva fatto così? Persino brutalmente: ti facciamo avere la pensione d'invalidità in modo da parcheggiare nei posti dei disabili, non sei contento? Com'era possibile allora che un tipo così rispondesse in quel modo a un documento che lo contestava in maniera pesante e con uno stile molto poco ortodosso?

C'era qualcosa che non quadrava. *I numeri e il pregiudizio*. Anche il titolo stesso era un'evidente provocazione. Peccato, sarebbe servito moltissimo aver trovato quelle pagine prima: quella, infatti, in pratica era la mia biografia personale. Lì dentro c'era il ritratto di Robin Hood: un vero rompicoglioni. L'avevo sospettato sin dall'inizio. Faceva tutto lui: il primario, il medico, il sindacalista, il dirigente, l'amico, il consigliere, e pure quello che scrive le lettere di protesta degli infermieri e degli altri medici; e quando finalmente usciva dall'ospedale, organizzava convegni, faceva il consulente del ministero, andava in giro per il mondo nei direttivi di società scientifiche internazionali, e avevo appena scoperto che a tempo perso presiedeva pure un'associazione di volontariato. Per fortuna che un giorno ha solo ventiquattr'ore: ne avesse una in più, questo fanatico puliva anche l'ospedale prima di uscire, dava il bianco alle pareti e metteva i cartelli sulla vernice fresca: «Non toccare, grazie». Come direbbero i miei figli, un cagacazzi gigantesco.

Chissà che sospiri di sollievo ai piani alti – e anche bassi – il giorno dell'incidente. Oh, oggi Piccioni non viene. Davvero? Champagne per tutti. Ha preso una botta in macchina. Ecco, mi stavo giusto chiedendo come mai questa mattina non aveva ancora bussato alla porta con tutte le richieste dei suoi medici e dell'assemblea dei pazienti, che di sicuro aveva già pensato di organizzare nelle sale d'attesa del pronto soccorso...

Robin Hood, secondo me, avrebbe dovuto darsi una calmata. Adesso lo sapevo. E ora sapevo anche perché dovevano essere in tanti a non fare i salti di gioia perché io tornassi.

In quel documento avevo elencato tutti i risultati ottenuti, mettendo in fila una sequenza di numeri che li testimoniavano, e poi facevo un ritratto abbastanza sarcastico e irriverente di un mondo dove non contava il merito, ma solo quanto si fosse organici al potere. Oddio, era la scoperta dell'acqua calda. Lo sappiamo tutti benissimo che l'Italia funziona così da sempre, anche prima del 2001, soprattutto nei settori della cosa pubblica, dove i partiti fanno il bello e il cattivo tempo. Se tu sei contro, finisci fuori.

Mi venne un'intuizione. Forse cominciavo a capire: non è che per scrivere una cosa del genere, così inusuale e così irriverente, il grande Robin Hood avesse le ore o i giorni contati? Probabilmente, quell'incidente aveva solo anticipato i tempi del mio siluramento.

In fondo gli avevo fatto un favore, togliendomi di mezzo. Gli avevo servito la mia testa su un piatto d'argento. Figurarsi se questi signori volevano mai riprendersi un cane sciolto come me, sempre pronto a partire per la guerra, nel loro bell'ospedale così pulito e ordinato, dove nessuno più, magari, osava andare all'assalto nella stanza dei bottoni.

Mi accorsi che la mia tana era più buia e che, fuori dalla finestra, le ombre si erano allungate. Guardai l'orologio. Erano le sette di sera. Pensai che però avevano commesso un grosso errore, tutti. Lasciarmi vivo. Occhio, perché un po' di Robin Hood era sopravvissuto in me anche dopo il buco di memoria.

Adesso ero più deciso che mai. Chiamai il professor Menti al cellulare. «Sono Pierdante Piccioni, disturbo?»

«Ciao, Piccioni. Nient'affatto, stavo per uscire dal mio studio. Dimmi. Tutto bene?»

«Tutto bene, anzi benissimo. Ti telefonavo per fissare un appuntamento con te. Sono pronto a rientrare.»

Qualche secondo di silenzio.

«Scusa» ritornò la sua voce. «Stavo consultando l'agenda.»

Tirai un sospiro di sollievo.

«Ti va bene il 9 settembre alle nove e mezzo da me?»

Fra tre giorni. Perfetto. «Benissimo» dissi.

Appoggiai il cellulare sulla scrivania e mi guardai intorno. La mia tana mi sembrava ancora più piccola del solito.

XXVIII

Il professor Menti mi sorrise sotto i baffi, alla fine del colloquio, dopo una giornata intera di test e prove varie: «Direi che, adesso, nulla osta al suo rientro effettivo in pronto soccorso, professor Piccioni».

Stavo seduto di fronte a lui. Questa volta non c'era la psicologa, la dottoressa Sensini.

«Tra qualche giorno ti spedisco la relazione» fece Menti, passando al tu. «Sono proprio curioso di vedere come reagiranno i tuoi capi.»

«Anch'io» aggiunsi, con accento polemico.

Mi salutò sull'uscio: «Se hai bisogno, sai che puoi contare su di me».

Quasi due settimane dopo arrivò per posta la sua lettera.

> In conclusione, a nostro parere, gli accertamenti sanitari eseguiti non documentano controindicazioni sanitarie ai sensi del D. lgs 81/2008 e successive modifiche, e nulla osta alla ripresa dell'attività lavorativa e alle responsabilità clinico-organizzative e di incarico alle quali il dottor Piccioni era adibito prima dell'infortunio accaduto in data 31 maggio 2013, mentre si recava al lavoro (in itinere).

E con questa lettera mi presentai all'appuntamento con il direttore generale, incontro che ero riuscito a ottenere con una certa fatica, proprio due giorni prima che il mio sostituto prendesse ufficialmente servizio.

Il direttore generale aveva un'aria gioviale che mi scaldava il cuore. Capii subito che ci saremmo divertiti.

«Vieni, vieni» disse, facendo un cenno di saluto molto amichevole da dietro la scrivania. Non avevo mai capito come facesse a tenerla così in ordine.

Sorrise tutto contento. «Ciao, Pier. Siediti.» Mi indicò una bella poltroncina. «Cos'hai di bello da dirmi?»

Adesso toccava a me.

«Cose molto belle.»

Lui sorrideva ancora. «Bene, bene» disse.

«Ma preferisco che tu le legga» feci io allungandogli la lettera del professor Menti. «Io sono molto contento, e non dubito che lo sarai anche tu.»

La prese in mano come per dire: che cazzo è? Strizzava l'occhiolino, in tono molto amichevole, sempre sorridente. Poi cominciò a leggere. Ecco che cazzo era! Non so se avete mai visto come muore un sorriso. Io sì, quella volta. Lo vidi bene: sparisce di colpo, prima negli occhi, poi nei muscoli del viso. La bocca rimane inebetita, come un cervello che non riceve più sangue.

Quando si riprese dallo choc, quello stupore si trasformò in nervosismo. Si morsicò le labbra. Deglutì e inspirò a fondo. Finì di leggere senza guardarmi negli occhi. Poi, iniziò una delle solite pause. Ne aveva da riflettere: mille e uno, mille e due, mille e tre...

«Quindi sei ritornato abile al cento per cento?» mi chiese. Erano queste cose che mi stupivano: l'aveva appena letto, perché doveva rifletterci sopra così tanto per poi domandarmelo ancora?

«Assolutamente» gli risposi, continuando a fissarlo. «C'è scritto lì, no?»

Poveraccio. Altra riflessione, molto ponderata. Mille e uno, mille e due, mille e tre... Mille e quaranta.

«Questo però ci crea dei problemi» disse alla fine.

«No, a me non crea nessun problema. Mi spieghi, invece, a te quale problema crea?»

«No, cioè... intendevo problemi burocratici, sai come sono queste cose. Come facciamo adesso con la tua supplenza?»

«Facciamo? Perché usi ancora il plurale?»

Mille e uno, mille e due, mille e tre....

«Be', a questo punto non vedo altra soluzione che far decorrere in modo naturale la tua supplenza, dopodiché riprenderai il tuo posto. Prima, però, dovrà darti l'ok il medico competente dell'azienda.»

Presi fiato. Che cos'era questa trovata?

«Ascoltami bene, direttore» gli dissi. «Non pretendo una risposta oggi. Dovrai parlarne con gli altri dirigenti.» Ero un fiume in piena. «Ti ricordi che cosa vi dissi la prima volta che ci incontrammo dopo il mio incidente? Due cose: non voglio creare problemi a nessuno e non voglio l'elemosina di nessuno. Be', io sono ancora della stessa idea. In più, aggiungo anche questo, tanto per farti capire quanto io sia sul pezzo: mi rendo perfettamente conto che la realtà è cambiata, non giudico le vostre scelte, ma proprio perché avete fatto queste scelte e non altre, sono disposto a prendere in considerazione eventuali soluzioni che tu e l'azienda vorrete propormi. Con una piccola condizione, imprescindibile però. Da questo momento non ho più nessuna intenzione di smenarci, in ordine di importanza, in termini di salute, soldi e carriera.»

Avevo scandito bene le parole, con voce profonda e sicura. E avevo continuato a fissare il direttore generale negli occhi. Lui, invece, era sempre sfuggito al contatto diretto, posando lo sguardo nel vuoto, con le mani incrociate e la bocca chiusa.

Questa volta non iniziai a contare, in attesa della risposta. Anche perché non c'era nessuna risposta da aspettare, in quel momento. Lui si alzò, fece per restituirmi la lettera.

«Tienila pure, è una copia» gli dissi. «Aspetto tue notizie. Buona giornata.»

Uscii. Mentre varcavo la soglia dello studio del direttore, mi venne in mente la prima volta che me n'ero andato da quella stanza. Erano passati poco più di sei mesi. Ricordai perfettamente le parole: pensione di invalidità. Ricordai le emozioni e gli odori, la sensazione che avevo di precipitare nel vuoto. Chiusi gli occhi e respirai profondamente. Adesso mancavano solo i pazienti.

Appena girato l'angolo dell'edificio, incrociai un signore di mezza età vestito in modo stravagante, che improvvisamente mi bloccò il passaggio.

«Buongiorno dottor Piccioni, si ricorda di me?»

«No» risposi, «ma mi faccia un breve riassunto lei.» Ormai ero diventato un professionista.

Mi spiegò che era stato un mio paziente e che lo avevo curato sempre con competenza. Il destino cominciava a venirmi incontro. Avevo voglia di pazienti? Eccone uno.

«E poi, oltre alla sua professionalità, essere curati da un bell'uomo non fa mai male» aggiunse lui. «A proposito, il bordo viola delle scarpe, identico alla riga della cravatta, è fighissimo.»

Questo è sicuramente gay, pensai. Ma mentre lo pensavo non c'era da parte mia nessun giudizio, né positivo né negativo. Anzi, un po' ero lusingato. Da quanto mi avevano detto amici e familiari, non dovevo essere proprio così prima dell'incidente. Ero più manicheo, avevo idee più tradizionali sul sesso e sul matrimonio.

Pensai che era davvero strano. In tantissimi momenti avevo dovuto constatare e ammettere che mi ero risvegliato un uomo diverso. Secondo la psicologia, lo sviluppo del senso morale e dell'empatia può essere facilitato da caratteristiche biologiche e dalle influenze del contesto familiare, nelle prime fasi della vita. La personalità dell'adulto, però, non è generata da quella del bambino, «ma dal mondo dei rapporti sociali», come ha insegnato il filosofo Lucien Sève. Secondo lui la personalità sarebbe strutturata come «un complesso sistema di scambi». Questo per dire che è molto influenzata dai condizionamenti ambientali. Se io mi risveglio senza il magazzino della memoria che in dodici anni ha costruito il mio carattere, non solo attraverso i ricordi, ma anche attraverso le scelte e i continui cambiamenti sopravvenuti in quel periodo, è evidente che la mia personalità sarà diversa, molto soggetta a tutte le suggestioni dell'ambiente nuovo in cui mi sono risvegliato.

In effetti, nel 2013 e 2014 era profondamente cambiato il giudizio della società verso gli omosessuali rispetto al mio tempo. Solo tre anni prima del mio incidente, nel 1998, il leader di Alleanza nazionale Gianfranco Fini aveva lanciato in televisione, in una trasmissione di Maurizio Costanzo, un vero e proprio anatema contro gli insegnanti gay, poi ripetuto in noiosissime polemiche sui giornali. Mi ricordavo bene quell'episodio. E dentro di me confesso, con un po' di vergogna, che allora gli avevo dato ragione, in fondo. Ma adesso, a ripensarci, mi sembrava impossibile che avessi potuto provare una cosa simile. Oggi quelle frasi nessuno le avrebbe dette in pubblico, anche se le pensava, perché in quel «complesso sistema di scambi» che condiziona la nostra personalità si erano aggiunte altre regole che avevano mutato il senso comune e la nostra morale.

In molte cose, soprattutto per quel che riguardava il giudizio sul sesso, questo cambiamento lo percepivo fortissimo (e anche un po' scioccante, quando, appunto, con la mente andavo indietro, a prima del 2001).

D'altra parte, in quei momenti mi rendevo anche conto amaramente che non avrei mai più potuto essere Robin Hood e quello che ero stato nei dodici anni di buco nero. Questa sconfitta sarebbe rimasta indelebile. C'era solo una cosa che poteva attenuarla: il fatto che io potessi diventare migliore di quello che ero stato.

È la questione di fronte alla quale si trova ogni uomo, quella di passare da come è a come potrebbe essere. Dalla sua realtà alla sua possibilità. Superando la paura del possibile (questo è Kierkegaard). Ed era questa la mia grande opportunità. Io non potevo più avere paura del possibile.

Il medico competente dell'azienda, il dottor Ferri, mi ricevette il giorno dopo. Era il 30 settembre, un anno e quattro mesi dopo il mio incidente. Ma lo dico adesso. Allora avevo smesso di fare i conti. Non sommavo neanche più i dodici anni al mio passato.

Mi presentai in perfetto orario.

«Ho appena finito di leggere quello che ha scritto il professor Menti» mi disse lui, subito dopo che ero entrato nel suo studio. «Non che non mi fidi, sia chiaro. Però avrei bisogno di farti un ultimo test.»

Me l'aspettavo. La sera prima avevo parlato con i miei avvocati. Avevo raccontato loro del colloquio con il direttore generale e Mara si era raccomandata: «Vedrai che adesso faranno di tutto per prendere tempo. Tu fai finta di stare al loro gioco». Previsione azzeccata.

«Ah sì? E come mai?» chiesi.

«Be', vedi, secondo me manca un test che documenti il fatto che sei in grado di reggere lo stress psicologico di ritornare in pronto soccorso come primario.»

Nessuna pietà. Mi trattavano come un matto. Eppure tutti gli esami che avevo fatto dicevano chiaramente che non lo ero affatto.

«E questo test, se esiste, dove lo dovrei fare?»

«Qui in azienda c'è una brava psicologa clinica.»

Avrei dovuto ricominciare da capo. Mi prese un senso di scoramento. Tutte le promesse fatte ai miei avvocati, e anche a me stesso, andarono a farsi benedire. Passai all'attacco, senza starci troppo a pensare.

«Fammi capire bene. Quando si tratta di fottermi, va bene quello che dice il professore di Bergamo. Ma se questo cambia idea, non va più bene? Mi chiedo anche se dal punto di vista legale tutto ciò sia corretto...»

«Guarda che è la prassi.»

Mi pentii subito di quello che avevo detto. Cambiai tono prima che il dottor Ferri potesse continuare. «Comunque sono talmente tranquillo e sicuro delle mie risorse che acconsento a fare tutto quello che mi ordinerai, dovunque tu vorrai» dissi. «Hai già un'idea dei tempi?»

«Qui nessuno vuole fotterti, sia chiaro» si lamentò lui. «Non io, perlomeno. In ogni caso sì, ho già un'idea dei tempi. Ho spiegato il tuo caso alla dottoressa Marisa Carli, la psicologa clinica dell'azienda. Ti ho fissato un appuntamento con lei il 30 ottobre.»

«Così presto? O è il 30 ottobre dell'anno prossimo?» feci ironico. Neanche questa volta ero riuscito a controllarmi.

«Prima lei non può proprio.»

«D'accordo.»

Quello che facevo fatica a capire allora era che in fondo queste persone erano tutte più o meno in buona fede. La verità è che ero finito nel terribile ingranaggio della burocrazia, stretto nei suoi laccioli incomprensibili, nei suoi tempi infiniti e nelle sue regole quasi disumane, perché asservite a una logica che non contempla le persone se non come casi astratti da trattare tutti nello stesso modo.

Per chi come me stava uscendo, addirittura con insperato successo, da un trauma che avrebbe potuto rovinargli la vita, questa situazione era doppiamente ingiusta. Ma forse non potevano farci niente nemmeno loro. Era il mio calvario, e basta.

Cercai di placare la mia istintiva aggressività. «Scusami per lo sfogo» dissi, «ma cerca di capirmi. Non vedo l'ora di ricominciare a fare il medico. Ogni giorno che passa per me è una sofferenza, oltre a un danno economico che nessuno sembra voler valutare. Mi sono fatto un mazzo così per diventare medico e adesso me ne sono fatto uno ancora più grande per recuperare. In pratica, è come se mi fossi laureato due volte.»

«Nessuna scusa, Pier. Ti capisco.»

«Mi chiedo solo perché non mi giudicate per la professione, per quello che valgo. Ho fatto test ed esami di tutti i tipi e di tutti i livelli. E li ho passati tutti. Sono stato dai medici del lavoro, dagli psicologi, dai neurologi, dagli studiosi del cervello e dagli strizzacervelli di qualsiasi grado e specializzazione. Che cosa volete di più? Non sarebbe giunta l'ora di valutare finalmente la mia professionalità?»

«Guarda, Pier, io sto dalla tua parte. Ma anche tu devi capire. Io devo essere molto prudente. E inattaccabile.»

Ecco. Lui doveva essere inattaccabile. E io?

«Comunque» aggiunse «ti prometto che per novembre sarà tutto finito.»

Più o meno un mese ancora. Per loro novembre era dietro l'angolo. Per me era come un miraggio che sfuggiva via a ogni passo che mi avvicinavo.

«Novembre di quest'anno, ovviamente» scherzò. «Tu però ti devi dare una calmata. Se reagisci così anche con la psicologa, ti freghi con le tue mani.»

Appena entrato nello studio, mi trovai di fronte due occhi verdissimi. Lei mi aspettava in piedi. Era alta quasi come me. E io sono uno spilungone.

«Buongiorno dottor Piccioni, si accomodi» fece, indicandomi una poltrona di velluto scuro. «Sono la dottoressa Marisa Carli, la psicologa clinica dell'azienda.»

Le strinsi la mano e poi mi sedetti. Lei passò le dita affusolate con le unghie laccate sopra dei fogli che aveva accanto a sé, sulla scrivania ordinatissima, come se volesse metterli ancora più a posto. «Vorrei premetterle che sono rimasta stupita della richiesta che mi ha formulato il dottor Ferri. Esattamente come ho detto a lui, anche a lei dico che io non ho nessun titolo per giudicarla sotto il profilo dell'idoneità alla mansione di primario. Senza contare poi che lei è seguito da centri molto più qualificati del mio.»

Mi stava fissando con un'espressione guardinga. Cazzo. Dopo un mese di attesa questa qui mi veniva a dire che non capiva il senso di questa visita. Mi chiesi quante volte avevo trattato così un mio paziente. Di sicuro l'avevo fatto anch'io. Anche quando lavoriamo bene, i malati per noi medici spesso restano degli oggetti, delle cose che mettiamo a posto e ripariamo. Non so se sia un male. So che qualsiasi malato può finire in questo ingranaggio perverso, dove il tempo è quello del medico e non di chi ne ha bisogno, e dove le abitudini e le leggi non scritte che regolano questi rapporti prevedono una sudditanza quasi pietosa nei confronti del medico, fino ai limiti dell'abbandono.

Solo che io non ero più un malato. Avevo una cicatrice indelebile, che forse avrei dovuto portare tutta la vita, ma ero guarito. Non potevano più trattarmi come il paziente che aveva un disperato bisogno del dottore.

Sorrisi e mi avvicinai al bordo della scrivania. Appoggiai i gomiti e congiunsi le mani afferrandomi, con entrambi i pollici, il mento.

«Le dirò» attaccai con voce morbida «che sia il professor Menti di Bergamo, sia la professoressa Berruti di Milano la pensano esattamente come lei.» Aggiunsi, a futura memoria, perché capissero bene tutti: «E anche i miei avvocati la pensano così». Dopo una piccola pausa, perché il concetto le entrasse bene in testa, ripresi: «Anche loro non capiscono il senso di questi test. E poi quali test? E perché questa lunga attesa?».

Avevo usato toni e timbro della voce in modo da essere molto seduttivo, ma anche il più chiaro possibile. E difatti alla parola «avvocati», la psicologa aveva contratto le mascelle e aperto gli occhi. In realtà, i riferimenti alla legge li tiravo fuori solo come spauracchio. Non avevo mai avuto la minima intenzione di fare causa a nessuno. Non era quello il terreno su cui avevo voluto portare la mia battaglia.

«Per l'attesa mi scuso, ma ho avuto problemi di salute che mi hanno tenuta lontano dal lavoro» replicò lei. Anch'io ho avuto problemi di salute. E, a quanto sembra, nessuno ha avuto molta voglia di aspettarmi. «Per quanto riguarda i test, invece, dobbiamo concordarli adesso, io e lei.»

«Mi faccia capire bene cosa intende per concordarli.»

«Significa che l'unico che le posso proporre è un test di

personalità, ma lei può rifiutarsi di effettuarlo. Rischia di essere addirittura illegale.»

Notai che la sua voce tradiva imbarazzo. Pensai che quella poteva essere una trappola. Se rifiutavo di fare il test la colpa era mia perché non avevo accettato, e se lo facevo avrebbero potuto usarlo contro di me.

«Guardi» dissi appoggiandomi allo schienale della poltrona, «correrò il rischio dell'illegalità. Sono venuto qui per fare dei test e non per rifiutarmi di farli. O anche questo è un test per valutare il mio livello di sopportazione dello stress?»

«Ma no, non lo deve nemmeno pensare. Io sto solo cercando di fare le cose in modo corretto, essenzialmente per tutelarti. Mi scusi, per tutelarla.»

«Usiamo pure il tu, non c'è problema» dissi riavvicinandomi alla scrivania e glissando sui problemi della mia tutela. «Basta che arriviamo alla conclusione della vicenda.»

«Capisco la sua... cioè, la tua impazienza. Ma stai tranquillo che a breve si sistema tutto.»

«Non sono impaziente. E neppure agitato. Sono solo curioso di vedere la fine del film.»

«Allora cominciamo» fece lei. «Ma prima del test ho bisogno di sentire direttamente da te cosa ti è successo.»

Come si fa con i pazienti. La storia della malattia.

Mi sistemai sulla sedia esattamente come avrebbe fatto una marionetta. Eppure, sarà stata l'atrofia prefrontale, cominciavo a divertirmi.

Ripetei il solito racconto, evitando i riferimenti personali e intimi. Sottolineai più volte, invece, l'importanza del recupero professionale e le modalità con cui era avvenuto, tralasciando l'anamnesi di Platone e tutte le domande che mi ero fatto sui magazzini della memoria. Alla fine, lei mi diede quattro fogli.

«E questi?» chiesi, prima di guardarli.

«È il test.»

C'erano 175 domande con risposta vero o falso.

«Solo 175?»

Lei sorrise. Io un po' meno, quando iniziai a leggere. Alcune domande erano allucinanti. Era un questionario per pazzi o per tossici. Solo un sopravvissuto alla legge Basaglia avrebbe potuto rispondere vero alla domanda: «Vedi spesso attorno a te persone o cose che nessun altro vede?». E solo un accanito consumatore di cocaina ed eroina avrebbe risposto vero a quest'altra: «L'uso di droghe ti ha mai condizionato sul lavoro?». L'uso di droghe no. Ma puoi trovare persone anche peggio.

In venti minuti finii il questionario, imponendomi di fare la persona seria ed equilibrata. Non scoppiai a ridere neanche una volta. Non feci nemmeno una smorfia e non mi lamentai neppure quando mi veniva chiesto se avevo seri problemi a parlare con gli altri o se un malato di mente poteva svolgere mansioni delicate. Mi accorsi che la psicologa mi guardava e scriveva al computer.

Consegnai il compito. Lei prese i fogli e li mise in una cartella. «Se non ti dispiace ti farei ora alcune domande che riguardano i tuoi ricordi» disse.

«Benissimo.»

Mi chiese episodi della mia infanzia, della giovinezza e della prima età adulta. Nessun problema. Quello venne dopo.

«Mi dici un ricordo che risale al periodo tra dodici anni e due anni fa?» mi chiese.

Diceva sul serio? La trapassai con lo sguardo. Ma quello era il periodo del mio buco. Poteva pensare davvero che se ricordassi qualcosa sarei stato ancora lì a farmi prendere per il culo da lei?

«Non credo di poter rispondere adeguatamente a questa domanda» dissi in modo elegante «in quanto fa riferimento al periodo della mia amnesia post traumatica.»

La psicologa arrossì. «Scusami, già... me ne ero scordata» disse.

«Apprezzo la battuta, ma non mi rubare il mestiere. Quello che non ricorda, qui, sono io.»

Lei sorrise. Poi si alzò. «Abbiamo finito» disse. «Almeno per oggi.»

«Cioè, non abbiamo finito?»

«Dovrò farti ancora alcune brevi domande, ma a distanza di qualche giorno da adesso.»

Era incredibile. Sembrava davvero che mi prendessero per i fondelli e che l'unico loro scopo, nemmeno troppo velato, fosse quello di rimandare il più possibile qualsiasi risposta.

«Quando?» chiesi, abbastanza rassegnato.

«Fammi consultare l'agenda.» In piedi dietro la scrivania, sfogliò un quaderno. Lo accarezzava delicatamente. Le dita affusolate, le unghie laccate.

«Sarà una cosa lunga?» chiesi.

«No, no» disse lei con convinzione, mentre continuava a scartabellare. «Tirandomi il collo, vediamo...» Sospirò molto provata, la poveretta. «La prima data possibile per me è il 18 novembre. Ti va bene?»

Ancora tre settimane. Non riuscivo a crederci. Pensai che l'ospedale doveva essere pieno di personale con seri problemi mentali per darle tutto quel lavoro.

«Se non si può prima, aspetterò con pazienza quel giorno» dissi.

«Sto già facendo i salti mortali, credimi.» Mi allungò la mano. «Comunque puoi già prenotare la visita con il dottor Ferri sempre per il 18. Ti prometto che ti consegnerò la mia relazione quel giorno.»

Il 18 novembre, quello che doveva essere l'ultimo giorno della sceneggiata, arrivai in anticipo di qualche minuto nell'ufficio della dottoressa Carli. Bussai e dopo qualche istante lei mi aprì.

«Ciao, sei in anticipo» mi disse. «Dammi qualche minuto e ti faccio entrare.»

Mi sedetti su una poltroncina del corridoio. Quella notte avevo dormito poco e male. Anche se non volevo ammetterlo con me stesso, sentivo la tensione. Quanto tempo era passato da quella mattina del 31 maggio 2013? Diciassette mesi e mezzo. Dio mio, mi erano sembrati un'eternità. Comunque fosse finita, quello sarebbe stato uno dei giorni più importanti della mia vita.

Era piovuto fino al giorno prima. In tutto il Nord erano straripati fiumi e c'erano state frane. Erano morte anche alcune persone. Ma la mattina, quando ero uscito presto di casa, ancora con il buio, avevo visto le stelle e la luna. Mi era sembrata una bella visione, la luna mi aveva sempre messo di buonumore. Adesso, spiando dai vetri della finestra appannati dall'umidità, il cielo aveva preso colore e il sole rischiarava le cose. Sarebbe stata una bella giornata, anche se un po' fredda.

«Entra pure» mi chiamò la dottoressa Carli. Mentre mi avvicinavo alla solita poltrona, lei cominciò a parlare: «Andiamo subito al dunque. Poi te li consegno anche, compresa la legenda per capire i numeri...». Si sedette, rassettando il piano della scrivania. «Ma mi fa piacere dirti, fin da subito, che i test dicono che sei una persona assolutamente normale. Emerge tuttavia una tendenza all'essere, come dire, un po' ossessivo. Duro con te stesso e con gli altri, oggettivo, anzi *evidence* come ti definisci tu, metodico. Ma non significa nulla. Probabilmente sei fatto così. E poi è abbastanza tipico di chi fa il tuo mestiere.»

Pausa.

«Ti riconosci?» mi chiese.

E che importava? C'erano voluti quasi due mesi per dirmi queste banalità?

«Sì, mi ci riconosco» la feci contenta. «Se posso permettermi una battuta, però, quella che tu definisci ossessione io la chiamo precisione, certi superiori la chiamano essere dei rompicoglioni e i mafiosi essere infami. Dipende dai punti di vista.»

Si sforzò di sorridere. Ce la metteva tutta, la Marisa.

«Quando hai appuntamento con il medico competente?» mi chiese.

«Oggi pomeriggio.»

«Caspita, così presto. Come faccio a farti la relazione in così poco tempo?»

Siamo daccapo. Ecco una nuova perdita di tempo. Ero prigioniero di questa condanna. Chiamala ossessione.

Mi sforzai anch'io di sorriderle, mentre le rispondevo con tutta calma: «Se ti ricordi mi hai detto tu di prendere appuntamento con il dotto Ferri per oggi pomeriggio. Mi avevi anche promesso che mi avresti consegnato oggi la tua relazione».

«Sinceramente non ricordo, ma rimediamo subito. In tua presenza gli anticipo a voce il mio giudizio e poi gli manderò la relazione scritta.»

Fece un numero di telefono. Parlò in vivavoce.

«Ciao Roberto, ti ho telefonato perché i test di Piccioni, che è con qui con me e ci sta ascoltando, sono nella norma. Non riesco a prepararti la relazione completa per oggi pomeriggio, ma ti mando un riassunto conciso. Ti basta?»

«Basta e avanza» rispose Ferri.

Ci alzammo insieme.

«Sono contenta di riaverti come risorsa per tutti noi» mi disse.

Mi chiesi se avevo esagerato a pensare male.

«Idoneo con prescrizioni temporanee. Deve sottoporsi a monitoraggio dello stress lavoro correlato. Da rivedere a marzo 2015.» Rilessi bene quello che aveva appena scritto il dottor Ferri.

«Vuoi impararlo a memoria?» mi chiese.

Mi tolsi gli occhiali e lo fissai. Ma non riuscii a dire nulla.

«Visto che le promesse io le mantengo?» continuò lui. «Bentornato a bordo.»

Ero così felice che non riuscivo a parlare. Questa volta non avevo bisogno di inventarmi un ricordo per vivere. Cercai semplicemente di ricordarmi bene tutto di quel momento.

«Sei stato bravo. Il tuo impegno è stato commovente.»

«Be', se penso che nove mesi fa mi era stato prospettato come futuro una pensione d'invalidità, il risultato non è male.»

«Non solo. Tu sei migliorato rispetto a prima. Intendo prima dell'incidente. Io te lo posso dire perché in tutti questi anni sono stato il tuo medico curante.»

Caddi dalle nuvole. «Tu?»

«Sì. Ci siamo visti un mucchio di volte e abbiamo parlato spesso. Ora hai qualcosa in più. Una delle tue frasi che mi ha sempre fatto sorridere era che non sopportavi gli esperti di matrimoni celibi. Hai passato momenti terribili, ma ne sei uscito. Hai vissuto sulla tua pelle cosa significhi passare dall'altra parte della barricata. E lo hai fatto con dignità. Puoi portare con orgoglio le tue cicatrici.»

Forse sì. Ma per farcela avevo dovuto combattere prima contro me stesso, e poi contro gli altri. Non so se queste prove mi avevano fatto bene. Non avevo mai sopportato di essere trattato come un malato, in tutto quel periodo. Però c'erano stati parecchi momenti in cui avrei voluto tanto essere capito. Non avevo avuto né l'uno né l'altro. Avevo dovuto fare tutto controvento.

XXIX

Il direttore generale mi mise una mano sulla spalla accompagnandomi nel suo ufficio. Ecco, vedi, siamo tornati amici. Niente male, passa da me che ci facciamo una bella chiacchierata...

«Tu come la vedi?» mi fece, allontanandosi da me per mettersi dietro la scrivania.

«Be', sono contento, era quello che volevo.»

«Sì, lo so, ma come pensi si possa fare?»

«Io la vedo che voglio tornare a fare il mio lavoro.»

«Sì, sì... solo che noi adesso abbiamo un problema di fondo.»

Un altro? Questa volta non sfuggiva il mio sguardo. E non dovetti contare fino a mille. Parlò subito, e in modo molto diretto: «A me va benissimo che rientri. Il primario del pronto soccorso di Codogno va in pensione a febbraio, fra tre mesi, e quindi la cosa più semplice e indolore è che tu vada al suo posto. Risolverebbe ogni problema. Ma la decisione adesso è più tua che mia».

«Codogno? E perché non Lodi? Sai, io ragiono semplice e lineare. Io sono il titolare, sono idoneo, ritorno al mio posto.»

«È vero, tu sei il titolare, se vuoi tornare a Lodi io non posso impedirtelo.»

«E allora?»

«Bene, tu mi dici: "Io voglio riprendere il posto a Lodi".

Non posso dirti di no, lo sai benissimo. Vinceresti davanti a qualsiasi giudice. Si tratta di capire, però.»

«E che cosa c'è da capire?»

«C'è, c'è... A me sembra che questo ragazzo qui di Lodi, il tuo sostituto, stia facendo un gran bel lavoro e abbia rivoluzionato le cose. Mi sembra proprio che stia cambiando tutto, e da un certo punto di vista il cambiamento fa sempre bene. Comunque, la decisione spetta a te.»

Si vedeva che era disagio, che non sapeva bene cosa dire. Accavallai le gambe e mi passai le mani nei capelli. Feci una bella pausa, come quelle che avevo imparato da lui.

«Che garanzie avrei, se accettassi la tua proposta?» gli chiesi.

«Andresti lì con l'incarico di direttore di struttura complessa» rispose quasi con uno scoppio d'entusiasmo. Aveva improvvisamente riacquistato colore e sicurezza. «Visto che sei idoneo, al massimo cambi la sede. Però deve essere un discorso di accettazione reciproca. Io non posso obbligarti a spostarla, la sede.»

Feci un'altra pausa.

«Questo l'ho capito. Io però ti ho chiesto con quali garanzie. Mi spiego: da quando? Per quanto tempo? Con quale progetto? Con quali incentivi?»

«Sai, Codogno è un ospedale per il quale, da un certo punto di vista, ci risolveresti un bel problema» rispose mellifluo. «Chi altri trovo che vada a Codogno e sappia mettere su un pronto soccorso? Il problema è che il nuovo primario, a Lodi, in pochissimo tempo ha impostato un lavoro completamente diverso e ha già ottenuto risultati eccezionali, di cui tutto l'ospedale è molto soddisfatto.»

«Continui a parlarmi del mio sostituto. Deve essere proprio bravo se in un mese e mezzo è riuscito a fare più di quello che io ho fatto in sei anni.»

«Vai a farti un giro in pronto soccorso e te ne accorgerai. Lo percepisci nell'aria il cambiamento.»

«Addirittura.»

«Già, è così. Guarda, vuoi sapere una cosa? Mi permetto di darti un consiglio spassionato.»

«Sentiamo.»

«Secondo me tu devi cambiare ambiente di lavoro.»

«Tu mi conosci da sette anni, va bene. E questa frase me l'hai già detta. Ma sinceramente, perché dovrei cambiare sede?»

«Stare sempre nello stesso posto non va bene. Te lo dice uno che è qui da tanto, forse da troppo.»

Pausa.

«Cioè, a volte c'è bisogno di cambiare...» Si vedeva che aveva qualcosa da dirmi, e che non sapeva se farlo o no. «Cioè... tu a Codogno saresti una persona nuova, mentre a Lodi sei Pierdante Piccioni, con tutto il tuo passato.»

Quale passato? Quello di Robin Hood o quello del mio incidente?

«Correggimi se sbaglio» dissi. «Quello che intendi dire è che qui a Lodi io sarei nuovo per me ma per gli altri no, mentre a Codogno io sarei nuovo per me e anche per gli altri?»

«Sì, proprio così. Tu a Lodi non saresti nuovo per nessuno, e nell'ultimo periodo sei stato anche molto antitetico.»

«Antitetico? Cioè?»

«Hai avuto grossissime frizioni con tutti.»

Questa volta però il direttore sembrava diverso. Aveva parlato con una voce triste e monotona, come se quello che ricordava gli dispiacesse davvero. «Con i cardiologi, con gli ortopedici, con i rianimatori, con il tuo direttore di dipartimento, con me, con tutti.»

Lo ascoltavo in silenzio. Ne ero quasi affascinato, e non solo per quel suo tono monocorde che pareva addolorato, come se soffrisse con me a levare dal baule le fotografie e i ricordi di una persona cara che non c'era più. È che finalmente sentivo l'altra campana.

Parlò come un fiume che corre verso il mare. «Vedi, tu litigavi non per motivi professionali. E neppure umani. Andavi contro tutti per motivi gestionali, mi capisci? Fino a quel momento avevi ottenuto risultati eccellenti. Lo dicevano i tuoi numeri.» Già: *I numeri e il pregiudizio*... «Per quello secondo me ti aspettavi da parte mia l'immediata nomina a capo di dipartimento. È stato allora che io ti ho detto: "Va bene l'emergenza, ma prima c'è tutto il mondo della rianimazione che bisogna mettere in ordine". Era un momento di transizione, con l'apertura dell'elevata intensità di cure assistenziali, i due primariati di anestesia e di rianimazione da assegnare. Io ti avevo detto: "Aspetta, non è il momento". A quel punto ti sei tirato indietro. E sei diventato molto conflittuale, mentre prima eri assolutamente collaborativo. Sei diventato antitetico, qualunque cosa non andava più bene. Avevi imboccato una strada completamente tua, soprattutto per la gestione del lavoro e del reparto. Ti eri disinteressato del progetto del nuovo pronto soccorso. Potevi anche avere mille ragioni, sai, ma in quel momento lì non si poteva.»

«Cosa vuoi dire esattamente?»

«Voglio dire che quel progetto lì è stato fatto completamente in tua assenza, capisci? Tu non c'eri, non avevi più partecipato alla stesura. Ti negavi. Non volevi più parlarne, dare una mano, partecipare. Facevi il tuo lavoro di medico al pronto soccorso e basta. Ma fra noi due il rapporto era sempre stato diverso, potevamo anche non essere d'accordo, ma ci siamo sempre confrontati e rispettati. Ecco, c'era rispetto fra noi. Hai capito?»

Si fermò di colpo. Fece una pausa.

«È andata così» disse.

La chiacchierata non era finita. Non so perché, ma mi aveva fatto piacere ascoltare la versione del direttore generale. Probabilmente perché ero convinto che fosse in qualche modo attendibile. Non era il solito racconto degli amici che finivano sempre per descrivermi come l'irriducibile Robin Hood che sfidava tutto e tutti. All'occhio dei miei dirigenti di sicuro dovevo essere sembrato il guastafeste suscettibile e polemico che lui aveva tratteggiato. Ed era anche possibile che in precedenza i nostri rapporti non fossero così conflittuali com'erano diventati nei giorni e mesi che avevano preceduto il mio incidente, e come era testimoniato in fondo pure da quella mail irriverente che gli avevo spedito e che avevo ritrovato sul mio computer.

Nella mia condizione, ero obbligato a fidarmi di quello che mi dicevano gli altri. Ma la verità era che io ne avevo bisogno. Per di più, il tono del direttore generale mi era parso incredibilmente sincero. Solo che l'incantesimo finì in fretta.

Gli chiesi di nuovo delle garanzie: «Quale certezza ho che, tra qualche mese, con un pretesto qualsiasi non mi sia dato di nuovo il benservito?»

«Ma dai» mi incalzò lui, «quale commissione in Italia ti risulta abbia decretato la non idoneità al proseguimento di un incarico da primario? Quando mai è successo?»

«Magari davanti a una malattia lunga, potrebbero, non lo so...»

«Lo escludo. Dammi il dato scientifico di una commissione che abbia decretato una cosa del genere. Ma nemmeno per una colpa grave... In ogni caso, te lo ripeto: io al tuo posto farei quello che ti dico di fare. Ci guadagni tu e anch'io. Anche per una questione di amore per l'azienda, nel senso che là a Codogno si crea una necessità oggettiva, vera, non fittizia. Te lo vuoi ficcare in testa? Se accetti mi risolvi un grosso problema.»

«E quindi quali sarebbero i miei poteri e i miei limiti?»

«Avresti carta bianca. Basta che non ricominci a rompere le palle come prima.»

«Va bene. Dammi qualche giorno per pensarci.»

Lo lasciai così sul vago. Era la mia piccola rivincita.

Due giorni dopo tornai da lui. «Accetto la tua proposta» gli dissi. In realtà sapevo fin dall'inizio che gli avrei risposto di sì.

«Hai fatto la cosa giusta per te e per tutti» mi rispose,

senza alzarsi dalla poltrona dietro la scrivania. «Ci stai facendo un grosso favore.»

«Adesso vorrei solo avere risposte certe sui tempi e sui modi.»

«Per me si può fare la delibera anche subito. C'è solo la formalità della commissione tecnica.»

«Commissione tecnica? Cosa sarebbe? Non capisco.»

«Il direttore del personale sostiene che sia necessaria una commissione tecnica che dichiari la tua idoneità a tornare a fare il primario. Sai, mettendomi nei suoi panni non posso dargli torto. Comunque non devi preoccuparti. È solo una formalità.»

«Scusa, ma allora a cosa è servito il giudizio di idoneità del medico competente? A niente?»

«È diverso. Metti che tu il primo giorno di lavoro a Codogno ti gira male e accoltelli un paziente...»

Parlava sul serio? Quelle cose si dicono di un matto. Nessun referto medico, nessun esame e nessun test, fra le migliaia che avevo fatto, mi aveva mai descritto come una persona psicologicamente labile. Cercai di restare calmo.

«Ma scusami, mi spieghi bene le basi giuridiche e contrattuali di questa fantomatica commissione?»

«Sentimi bene. Io di queste cose burocratiche non ci capisco un cazzo. Se il direttore del personale mi dice che è necessaria, lo devo ascoltare.»

Scartabellò nervosamente fra le carte che aveva davanti, come a farmi intendere che aveva un mucchio di cose da fare. «Vagli a parlare tu» disse. «Se lo convinci a non fare questa commissione, io la delibera te la preparo per domani stesso.» Si alzò di scatto, per mettere fine alla discussione. «Scusami, ma adesso ho un impegno» disse senza porgermi la mano per salutarmi.

«Andrò dal direttore del personale, allora» risposi con un tono un po' acceso, mentre mi alzavo anch'io.

«Ti vedo molto conflittuale» commentò lui sardonico. «Questo tuo atteggiamento non aiuta.»

«Non sono conflittuale, ho solo necessità di essere rispettato come persona. E ho una gran voglia di tornare a fare il mio lavoro di medico e primario. Niente di più, niente di meno.»

Mi fiondai nell'ufficio del direttore del personale. Non c'era. Forse era meglio così, visto com'ero arrabbiato. Tornai nella mia tana. Mi sedetti alla scrivania e scrissi di getto una lettera, che si concludeva così: «Con la presente sono quindi a chiederle di esplicitare formalmente le basi giuridico-contrattuali alla base della sua scelta. Le chiedo altresì di indicarmi la tempistica della suddetta commissione».

Attesi quasi due settimane la risposta. Mi chiamò Tommaso, mentre ero nella mia tana che continuavo a fare quello che avevo fatto in tutti questi mesi: studiare.

«Papà» mi disse, «il postino mi ha appena consegnato una raccomandata che arriva dal tuo ospedale.»

«Aprila e leggimi cosa c'è scritto.»

«Aspetta, allora.» Sentii che strappava la busta. «Ecco, è indirizzata a te. La data è del 9 dicembre e la firma è del direttore sanitario. Guarda, non è tanto lunga, te la fotografo e te la mando via WhatsApp.»

Pensai che a me non sarebbe mai venuto in mente, benché ormai avessi cominciato ad alfabetizzarmi alle nuove regole del mondo futuro. Dopo pochi secondi il cellulare cinguettò. Sfiorai con il dito l'icona della nuvoletta verde con la cornetta del telefono, e ingrandii l'immagine con l'indice e il pollice.

Oggetto: idoneità alle funzioni

Egregio dottor Piccioni,
ho ricevuto la nota del medico competente che, dopo opportuna visita, la ritiene idoneo alle funzioni. Ricordo che più volte la S.V. ha segnalato di aver avuto episodi di amnesia di oltre dieci anni. In merito a ciò, le chiedo di comunicarmi e certificare, nell'interesse suo e dell'azienda, anche a fini assicurativi, il pieno recupero delle conoscenze tecnico-pro-

fessionali che sarebbero state compromesse dall'episodio di amnesia di cui correttamente mi ha informato.

Ancora?

Alla fine si trattava solo di un noiosissimo impiccio burocratico. Altra carta. La commissione era sparita com'era apparsa. Bisognava preparare una lettera in cui specificare e allegare tutte le relazioni che erano state fatte su di me in questi ultimi mesi e tutti gli esami che avevo sostenuto.

Mi misi al lavoro e la spedii. Poi fissai un nuovo appuntamento con il direttore generale. Era per il 18 dicembre. Ma non ci speravo più che fosse l'ultimo.

«O mi chiedi tu il trasferimento a Codogno o io là non ti ci mando» mi disse il direttore generale, appena misi piede nel suo ufficio. Non mi aveva neanche salutato.

«Non capisco. Non mi hai forse chiesto tu di andarci?» gli risposi.

«Ascoltami bene. Tu hai sentito il tuo avvocato ma anch'io ho parlato con il mio e, a questo punto, mi devo tutelare. Se ti trasferisco io, tu mi puoi denunciare per mobbing.»

Rimasi in silenzio. Mi aveva colpito la sua aggressività. Mi ero abituato a lui come quello che alla mia mail provocatoria aveva risposto: «Niente male. Passa di qua che ci facciamo due chiacchiere». E in tutto questo tempo, a parte la prima volta che voleva spedirmi via con una bella pensione d'invalidità per farmi parcheggiare nei posteggi dei disabili, aveva sempre usato con me toni bassi e amichevoli, anche se abbastanza melliflui, evitando il più delle volte il mio sguardo.

Adesso invece aveva parlato – quasi gridato – con una certa protervia e un atteggiamento insolitamente duro. Mi guardava fisso negli occhi. Io mi ero seduto, e abbassai le palpebre, cercando una risposta non tanto alla sua domanda, quanto alla sua aggressione. Ero come spaventato.

«Be', che fai? Dormi? Perché non mi rispondi?»

«Intanto smettila di urlare, altrimenti mi alzo e me ne vado.»

«Piantala di girarci attorno e rispondimi. Te lo ripeto a bassa voce. Io non voglio farmi fottere da te e dai tuoi avvocati. O mi chiedi tu il trasferimento per motivi personali, o non se ne fa nulla.»

«Vuoi che faccia domanda io? Non c'è problema. Guarda, non ho nemmeno bisogno di chiamarli i miei avvocati. E comunque mobbing non è fare o non fare una domanda di trasferimento. Mobbing è come sono stato trattato in tutti questi mesi.»

Non so per quanto tempo parlai. Gli dissi tutto quello che avevo dentro, raccontandogli le umiliazioni che avevo subito. Le avevo subite da medico, non da malato. Perché io ero tornato un medico, e mi ero fatto un mazzo così per riprendere la mia professione, facendo nuovamente mie tutte le nozioni che erano finite nel buco nero. In due anni avevo fatto quello che da studente avevo fatto in sette. E ci ero riuscito grazie alla mia volontà e alla mia memoria. La mia memoria, lo capiva?

Lui non mi interruppe mai.

«Mi hai abbandonato» gli dissi. «Non hai mai avuto fiducia nel mio ritorno. Ma non ti serbo rancore. E ti spiego anche perché. Per tre motivi. Il primo è etico: frasi come "vuoi bene agli altri come a te stesso", o parole come "lealtà" e "generosità", io cerco per quanto possibile di non renderli concetti astratti. Il secondo è che non conviene alla mia salute. Come tu ben saprai, ci sono evidenze scientifiche clamorose che fare e ricevere il bene fa bene al cervello. A qualunque età.»

Ed è vero, la gente non lo sa, ma è proprio così. Dalle neuroscienze all'epigenetica, le nuove scoperte ci dicono che, per esempio, *pruning* e sinaptogenesi della corteccia prefrontale, alterate dagli stimoli negativi, possono essere antagonizzate da stimoli positivi. Se ti senti preso in cura, aumenta la metilazione delle basi azotate del tuo Dna cerebrale, e questo si traduce in un'aumentata sintesi di neurotrasmettitori «buoni», dal cortisolo alla serotonina. In pratica, se sei e ti senti amato, vivi meglio e più a lungo.

«Io ci tengo moltissimo ai neuroni che mi sono rimasti» continuai. «Non ho nessun interesse a sprecare neurotrasmettitori odiando. Il terzo motivo è perché voglio un futuro. Voglio tornare a fare il medico. È la cosa che desidero di più. E fare il medico, per me, soprattutto dopo quello che mi è successo, significa ascoltare le persone, parlare con loro e prendersi cura di loro. Nella mia nuova avventura, oltre agli aspetti scientifici, voglio occuparmi in modo preminente degli aspetti relazionali connessi al rapporto medico-paziente. E il valore aggiunto sarà l'essere stato per davvero dall'altra parte della barricata, l'aver vissuto da paziente e da disabile. I percorsi integrati, dall'urgenza, alla riabilitazione, alla cronicità, di cui tanti politici e amministratori si riempiono la bocca, io li ho vissuti sulla mia pelle.»

Lui sorrise. «Mi hai detto cose pesanti, sulle quali non sono del tutto d'accordo» disse. «Ma sai una cosa? Sono contento. Ho ritrovato il Pier che conoscevo.»

Si alzò, venendomi incontro. Dopo tanti mesi di pena e fatica, stava finendo a tarallucci e vino.

«Fammi avere la tua richiesta di trasferimento ed entro Natale avrai la tua delibera.» Mi tese la mano. «Bentornato, Pier.»

Già. Me l'avevano detto in tanti.

Il giorno dopo venne pubblicata la delibera. Ero assegnato all'ospedale di Codogno, come direttore di struttura complessa. Be', ne avevo fatta di strada da quella barella nel pronto soccorso dell'ospedale di Pavia. Ero rinato. Ero caduto e risorto chissà quante volte. Ero tornato.

«Come ti senti a indossare di nuovo il camice?» mi aveva chiesto Ivo.

Eravamo nel suo studio al quinto piano dell'ospedale di Alessandria, dove Ivo faceva il direttore del dipartimento di emergenza-urgenza. Aveva insistito lui perché andassi a fare qualche settimana di tirocinio prima di riprendere il lavoro come primario. «Così ti presenti già rodato» mi aveva ripetuto.

In realtà, dopo che avevo informato gli amici dell'Academy di aver ottenuto nuovamente l'idoneità a primario, avevo avuto il mio bel da fare a declinare gli inviti a frequentare le loro strutture. Sarei potuto andare dovunque, da Udine a Roma, tranne che a Lodi. Avevo ringraziato tutti, ma la scelta l'avevo già fatta. Sarei andato ad Alessandria da Ivo, il mio maestro, il mio amico.

Mi sentivo in debito con lui, non solo per la vicinanza che mi aveva dimostrato negli ultimi mesi. Il debito risaliva a ben prima del 2001. L'avevo ascoltato a un congresso. Lui era già famoso.

«Non nego di essere un po' agitato» avevo risposto. «In fondo sono passati quasi due anni da quando mi ricordo di aver visitato un paziente in ospedale.»

«Tranquillo, è come andare in bicicletta. Anche se non ci vai per anni appena risali in sella ti ricordi in un attimo come si fa...» Si era interrotto e mi aveva guardato negli occhi. Eravamo scoppiati a ridere come due cretini.

«È che mi dimentico sempre che tu ti sei dimenticato. Il demente sono io, e non tu» aveva concluso dandomi una pacca sulla spalla. «Dai, scendiamo a sentire il briefing dei miei collaboratori.»

Avevo partecipato al passaggio di consegne, poi mi ero rimesso ad ascoltare e visitare i pazienti. A rifare il medico.

Aveva proprio ragione Ivo. Era stato come andare in bicicletta.

XXX

Sono entrato piano, guardandomi attorno. Ricordo bene tutto. Una collega mi ha visto e mi ha detto: «Buongiorno capo». Erano le otto del mattino. Quella notte non ho dormito. Venendo al lavoro ho messo il solito cd di Guccini, per darmi una calmata. Poi sono sceso, ho chiuso la macchina e ho guardato il cielo. C'era una signora con un cappotto leggero che spingeva suo figlio piccolo sul passeggino. Mi è passata accanto, me la sono impressa nella mia nuova memoria. «Abbi cura dei tuoi ricordi» diceva Bob Dylan «perché non puoi viverli di nuovo.» Ma io ho una cura immensa dei miei ricordi, adesso. Li costruisco mentre vivo.

La mia parte l'ho fatta. Sono riuscito a fare della mia vita quello che volevo. Il resto non dipende da me. Ogni tanto mi chiedo se, in realtà, non avessi voluto davvero cancellare quei dodici anni e tutti quei dolori e tutta quella fatica, dalle malattie di Kunta alle liti con i figli nel momento più difficile, quello dell'adolescenza, e poi i contrasti sul lavoro, e tutti i successi effimeri e le delusioni, forse più profonde ancora della verità. Non lo saprò mai. Però, so adesso che li rivoglio indietro, e li rivoglio tutti, anche con l'angoscia delle mie sofferenze. Perché ho imparato a ricordare. Perché so che cosa vuol dire.

Se nel mio inconscio avevo fatto un patto con il diavolo per poter dimenticare e ricominciare dal 2013, ora piango di disperazione. Vorrei tornare indietro, chiedergli di ridarmi quello che ho avuto.

Da anni i ricercatori stanno studiando un medicinale per cancellare i ricordi negativi, lasciando intatti solo quelli positivi. In effetti, un farmaco di questo tipo sarebbe capace di aiutare le vittime di eventi traumatici a vivere meglio, penso per esempio a quanti hanno subito una violenza o un'ingiustizia terribile. Io, che ho vissuto quel che ho vissuto, non ci credo. Il filosofo George Santayana diceva che «coloro che non sanno ricordare il passato sono condannati a ripeterlo». Ma io ho voluto ripeterlo, nella mia angoscia per averlo perduto. Ho cercato disperatamente di ripeterlo. E non ci sono riuscito. Semplicemente, perché sono un'altra persona. La vita è una sola, e non è un modo di dire. È unica per ognuno di noi. Se tu cambi, ne avrai un'altra. Come quella che ho avuto io adesso.

Quando sono entrato nel mio nuovo studio, ho appeso il cappotto all'attaccapanni e posato la foto dei miei figli e di mia moglie – la mia famiglia – sulla scrivania. Di fronte c'erano gli scaffali riempiti di spessi volumi di medicina. Anche quelli sgualciti su cui ho studiato, persino di notte, negli anni dell'università. Nel mio vecchio studio non c'era niente di mio.

I miei ricordi di lavoro si fermavano all'ospedale di Crema. Qui a Codogno era tutto diverso. Bisogna fare una discesa per entrare nella «camera calda», la stanza dove arrivano le ambulanze e vengono «sbarellati» i pazienti. È una struttura nuova, con una sala d'attesa ampia, il bancone del triage aperto e accogliente, una zona con quattro postazioni tutte con i monitor, sorvegliate dalle telecamere, e una grande sala antishock, quella dove si portano di corsa i malati più gravi, molto ben attrezzata. I colori pastello dei muri e dell'arredamento, declinati in tinte coordinate, mi avevano dato subito un'impressione di tranquillità.

Ne avevo bisogno.

L'altra mattina mi ero svegliato cercando Kunta. Ma alla mia sinistra il letto era vuoto. Lei non c'era. Stava combattendo la sua battaglia per la sopravvivenza, in una stanza del centro trapianti di midollo osseo. L'avevo lasciata la sera prima, poggiando la mano sul vetro, con un sorriso, dalla parte del corridoio dei visitatori. Lei aveva ricambiato, posando teneramente la propria mano, dalla sua parte del vetro, all'interno della camera sterile.

Erano ormai sedici giorni che era lì dentro. Se l'era vista brutta quando la febbre era salita e le sue difese immunitarie si erano azzerate. Ma aveva superato anche quella prova. E la buona notizia era che adesso il trapianto aveva attecchito. Lei si sentiva meglio. Ora era in grado di alzarsi dal letto e di venire a far combaciare la sua mano alla mia sul vetro.

Nel lungo tempo della degenza erano venuti anche i miei figli. Eravamo una famiglia unita, dalla paura e dal dolore. Sapevo che ci avrebbero aspettato altri giorni difficili. Sapevo anche che li avevo già vissuti, prima di dimenticarli. L'avrei fatto anche questa volta. Mi toccavano di nuovo, ma erano diversi. Il destino fa strane cose quando scherza con noi.

Quella mattina, il mio primo giorno di lavoro da primario a Codogno, ero passato a salutare i miei figli nelle loro stanze da letto. Dormivano rannicchiati, entrambi nella stessa posizione. Li avevo accarezzati, come si fa con i bambini. «Grazie, papà» mi aveva detto Filippo. Ero entrato in bagno e avevo acceso la luce. Avevo aperto il rubinetto e mi ero sciacquato il viso. Poi avevo alzato lo sguardo e mi ero specchiato. Mi ero osservato bene, per lungo tempo. E questa volta mi ero riconosciuto. Non avevo finito di lottare. Avevo riallacciato la mia vita. E adesso avevo un mucchio di cose nuove da ricordare.

Andai nella stanza dei medici. Uno di loro mi disse che c'era un giornalista che aspettava di là in corridoio.

«Cosa vuole?» chiesi.

«Vuole parlare con te» mi dissero.

Non avevo tempo. Adesso avrei avuto una vita da raccontare. E non basta il tempo per raccontare una vita. Dissi che avrei visitato io la paziente nella postazione numero 4. Avevo intravisto dalle telecamere che era sola. Domandai chi fosse e come mai non avesse nessuno.

«È la signora Maria Venturi» mi rispose la collega che mi aveva chiamato capo. «Viene da una casa di riposo e sta aspettando il ricovero per un'iniziale sepsi da polmonite. Ho paura che ci sia rimasta poca stoffa su cui lavorare. Comunque ha iniziato a rispondere al carico di cristalloidi. Se la caverà anche questa volta.»

Andai di là e la salutai, provando tenerezza per quei capelli di paglia bianca che brillavano come filamenti sotto la luce al neon.

«Buongiorno, signora» dissi.

Lei mi guardò stancamente, con l'aria prosciugata e il corpo ingobbito e umiliato, come se fuori soffiasse una terribile tempesta che avrebbe potuto schiantare queste mura color pastello e spazzare via tutto. Capii che cercava un riparo. Anch'io l'avevo cercato.

In quei dodici anni che avevo dimenticato, mia moglie aveva avuto un linfoma e tre recidive. Mia madre era morta. Avevo avuto grane pesanti sul lavoro e in casa, ero stato soffocato dallo stress. Vale la pena dimenticare? No, non credo. Le cose brutte ci pensa la memoria, da sola, con il tempo, ad attutirle e a scolorirle. Quelle belle, be', quelle devi pensarci un po' anche tu. Mentre le vivi. Vedrai che ti resteranno dentro.

«Si stenda qui, signora» le dissi.

Lei lo fece. Ricordo bene quando mi fecero sdraiare su una barella allo stesso modo, e sentivo il braccio e la gamba destra paralizzati mentre farfugliavo parole che non riuscivo a dire.

La guardai sorridendo.

«Mi dia una mano. E ce la faremo.»

Basta così. Non servono altre parole. Basta così.

Scuse e ringraziamenti

Vorrei porgere le mie scuse a tutti coloro che, quando li ho rincontrati per la prima volta, ci sono rimasti male perché non li ho riconosciuti, così come vorrei scusarmi con tutti quelli di cui ho deluso le aspettative, quando ho compiuto scelte per loro incompatibili con la persona che ricordavano. Vorrei davvero capissero che quella persona che hanno conosciuto, ora, non esiste più.

Ringrazio Ivo e tutti gli altri colleghi dell'Academy of Emergency and Medicine Care perché mi hanno aspettato per continuare la strada assieme.

Ringrazio Carlo, Valeria e tutto lo staff del Centro nazionale di informazione tossicologica di Pavia per avermi accolto e stimolato allo studio.

Ringrazio Lucio, Giuseppe e Anna, Paola, Eugenia, Doriana, Milena, Marinella e Barbara, cioè le «ragazze della formazione», per avermi protetto e coccolato.

Ringrazio Gabriella, Gabriele e tutti gli strizzacervelli che mi hanno curato e continuano a farlo nonostante i miei pregiudizi.

Ringrazio i miei preti don Carluccio e don Roberto per le loro omelie domenicali e le loro costanti preghiere.

Ringrazio Francesco Anzelmo e Beppe Cottafavi per avermi spinto a raccontare la mia storia e Valentina Vegetti e Marco Parodi per averla sistemata e corretta.

Ringrazio i giornalisti Cristina Vercellone del «Cittadino» di Lodi e Felice Staboli della «Provincia» di Cremona per aver dato inizio a questa fantastica avventura.

Ringrazio in modo specialissimo Pierangelo Sapegno per essere riuscito nell'impresa di mettersi nei miei panni, provando a ragionare come un marziano. Senza di lui questo libro non sarebbe mai stato scritto.

Ringrazio mia moglie Assunta e la mia figlioccia Elisabetta semplicemente per esistere e resistere circondate da un branco di maschi.

Ringrazio il Gorilla e il Serpente per essere vissuti ed essere stati sostituiti da Filippo e Tommaso, i miei figli, di cui sono ora un padre orgoglioso.

Ringrazio tutti gli altri componenti della mia famiglia allargata, Danilo, Luciana, Emanuela, Danio, Angela, Giuseppe, Simona, Giulia e Michele per essere stati appunto una famiglia.

Un saluto infine a mio padre che, sono sicuro, sarà ancora più fiero di suo figlio.

MISTO
Carta da fonti gestite in maniera responsabile
FSC
www.fsc.org
FSC® C115118

SOCIETÀ ITALIANA DEGLI AUTORI ED EDITORI
SIAE
S.p.A. Aut. AR 00 12/2015

N000881

Mondadori Libri S.p.A.

Questo volume è stato stampato
presso ELCOGRAF S.p.A.
Stabilimento - Cles (TN)

Stampato in Italia - Printed in Italy